Manger/vom Hofe · Heidelberg im poetischen Augenblick

Heidelberg im poetischen Augenblick

Die Stadt in Dichtung und bildender Kunst

Herausgegeben von

Klaus Manger und Gerhard vom Hofe

Mit Beiträgen von
Gerhard Buhr, Günter Häntzschel,
Gerhard vom Hofe, Klaus Manger, Peter Pfaff, Friedrich Strack,
Jörn Bahns und Sigrid Wechssler sowie einer
Bibliographischen Notiz von Udo Benzenhöfer

R. v. Decker's Verlag, G. Schenck
Heidelberg 1987

Umschlaggestaltung
unter Verwendung eines Aquarells von Georg Philipp Schmitt,
„Sohn Guido aquarellierend am Fenster" (siehe Seite 41)

CIP-Kurztitelaufnahme der Deutschen Bibliothek

Heidelberg im poetischen Augenblick :
d. Stadt in Dichtung u. bildender Kunst / hrsg. von
Klaus Manger u. Gerhard vom Hofe. Mit Beitr. von Gerhard Buhr ...
sowie e. bibliogr. Notiz von Udo Benzenhöfer. –
Heidelberg : v. Decker, 1987.
ISBN 3-7685-4186-X
NE: Manger, Klaus [Hrsg.]; Buhr, Gerhard [Mitverf.]

Satz: Lichtsatz Michael Glaese GmbH, 6944 Hemsbach
Druck: Graphischer Großbetrieb Friedrich Pustet, 8400 Regensburg

ISBN 3-7685-4186-X

Dank der Herausgeber

Heidelberg im poetischen Augenblick ist dieser Band gewidmet. Dank der freundlichen Bereitschaft des Verlages kann er im Jahre des 600jährigen Bestehens der Universität erscheinen. Seine Aufsätze befassen sich mit Dichtungen von Martin Opitz, Friedrich Hölderlin, Ludwig Achim von Arnim und Clemens Brentano, Mariane von Willemer und Johann Wolfgang von Goethe sowie Joseph von Eichendorff und Gottfried Keller, die dem *Genius loci* verbunden sind. Die in diesen Dichtungen geprägte poetische Topographie Heidelbergs deutlicher zu bestimmen, als dies vielleicht bisher der Fall war, ist hier versucht worden.

Die literaturwissenschaftlichen Beiträger Günter Häntzschel, Gerhard Buhr, Friedrich Strack und Peter Pfaff haben sich erfreulicherweise bereit erklärt, am Gelingen des Bandes mitzuwirken. Ihnen danken die Herausgeber sehr herzlich. Dank kommt auch Udo Benzenhöfer für die zur Verfügung gestellte Bibliographische Notiz zu. Besonderer und ebenso herzlicher Dank gebührt Jörn Bahns, dem Direktor des Kurpfälzischen Museums in Heidelberg, und seiner Mitarbeiterin Sigrid Wechssler, die den Bildteil besorgt, auf Bildwünsche bereitwillig Rücksicht genommen und die Bildlegenden verfaßt haben.

Heidelberg, im Oktober 1986

Gerhard vom Hofe
Klaus Manger

Inhalts-verzeichnis

was denkende Künstler aus der Natur genommen und in die Natur hineingelegt

Goethe, Tagebuch: 26. August 1797

Einleitung der Herausgeber

Heidelbergs poetische Topographie

Zwiesprache entfaltet sich im Banne Heidelbergs. Darauf deuten die poetischen Antworten hin, mit denen die Künste in verschiedenen Sprachen und mit unterschiedlichem Aufwand auf die Reize der Landschaft reagieren, in welche die Stadt sich bettet. Schon die textzeugenlose Vorzeit läßt erkennen, daß dem Ort, da der Neckar aus seinem Tal in die sich davor öffnende Rheinebene eintritt und die Mittelgebirge vor beider Flüsse Vereinigung gleichsam haltmachen, von jeher Bedeutung zukam. Keltische Ringwälle, Römerbrücke über den Neckar, römisches Kastell, die Klosteranlagen auf dem Heiligenberg, die mächtige Burganlage[1] stammen ihrerseits aus poetischer Zeit. „In dütschen Landen ist ein gegennis: in den ingengen der berge, nit fer gelegen von dem Ryn des konigs der wasser: der selben gegenis uff beyde syten zwey hoche berg uff gespitzet bis in den lufft [...]. Dar in ist gelegen ein stat mechtig kriegs, vnd uberflußikeyt des ertrichs, stetlich geziert von ußluten vnd von heimschen: die do genant wirt von den bern eines kleynen gewechse heydelberg von den Deutschen."[2] Wie in diesem Enkomion von 1458 auf Heidelberg von dem Humanisten Peter Luder aus der Bibliotheca Palatina gilt die Bewunderung immer der natürlichen Harmonie von Stadt und Landschaft. Die alten Zeugnisse von menschlicher Niederlassung an diesem Ort liegen den Zeugnissen der Poesie weit voraus, die sich seit Oswald von Wolkensteins „Ich rüm dich, Haidelwerg"[3] bis in unsere Gegenwart herauf zunehmend verdichten. Dies gilt in einem doppelten Sinne. Während die Anzahl der poetischen Reflexe auf Stadt und Landschaft in gebundener wie in ungebundener Sprache, in graphischen, farbigen und zuletzt auch in tönenden Bildern sich stetig vermehrt, sind der Kunst gültige und bleibende Gestaltungen des ‚poetischen Heidelberg' doch nur in wenigen glücklichen Augenblicken wirklich gelungen.

Landschaftlicher Reiz und poetisches Widerspiel steigern sich in wechselnder Zwiesprache. Auf verhältnismäßig engem Raum vereint das einzigartig in der Natur gelegene Heidelberg Hänge und Flachland, Berg und Tal, Wälder, Flußauen, selbst Weinberge, Gärten und Parks, die Flußniederung mit einer ihr eigenen (noch in diesem Jahrhundert erfahrbaren) Wildnis, aber auch das Offene und das Enge. So verbinden und mischen sich in der Kreuzung der Nordsüdachse, in welcher die Mittelgebirge an die Rheinebene grenzen, mit der Ostwestachse, welche dem in den Odenwald eingeschnittenen Flußlauf des Neckars folgt, das Intime mit dem Majestätischen und die Idylle mit einer gewissen Erhabenheit des Ortes. Landschaftliche Vielfalt und mannigfaltige Vegetation erscheinen sowohl im Licht der leicht verzögert auf- und dafür um so nachhaltiger untergehenden Sonne als auch im Farbenschmuck der sich üppig bemerkbar machenden Jahreszeiten. All dies vermögen unsere Sinne leicht zu fassen. Denn sie werden von einem intimen Ort affiziert, der, ohne sogleich alle Reize zu entbergen, doch überschaubar ist, aber auch manches Entfernte zugleich preisgibt. Zuweilen pflegt der Ort mit den Sinnen ein launisches Spiel zu treiben. Dann erscheinen der Winter auf der Höhe und der Frühling aber in der Ebene hart gefügt, oder die von Westen durchbrechenden Sonnenstrahlen bannen die abziehenden Wetter ins Tal. Der Beobachtende läuft Gefahr, dem Sog dieser Erscheinungen nicht entrinnen zu können, indem er in die reichlich vorhandenen Klischees sogenannter romantischer Stimmungen flieht. Aber die sinnlichen Erfahrungen bilden das natürliche Potential, aus dem die poetische Topographie dieser Stadt lebt.

Der Genauigkeit poetischer Wahrnehmung ist es gegeben, ein solches Naturereignis, als welches Heidelberg im Zusammenspiel der Phänomene auf die Sinne wirkt, zu spiegeln, zu formulieren und menschlicher Nachdenklichkeit zuzuführen. Es ist nicht die Menge der Lobpreisungen, die der Stadt, ihrer Universität, der Residenz oder auch der idealen Lage huldigen und die Signatur ihrer poetischen Topographie prägen. Im Vergleich mit anderen Städten geriete Heidelberg da leicht ins Hintertreffen. Auch in seinen Sehenswürdigkeiten, in allen seinen poetisch geschauten und künstlerisch gestalteten Details, deren Zusammenwirken ja eine Stadt ihre individuelle Physiognomie verdankt, bleibt Heidelberg durchaus vergleichbar. Seien es Fluß, Berge oder Burg, seien es Residenz oder Universität, Kirchen, Bürgerhäuser, Brücke, Brunnen: in allen diesen Einzelheiten läßt sich Heidelberg sogar überbieten. Dennoch bildet Heidelberg ein singuläres Kapitel innerhalb der Geschichte der Poetisierung nationaler Orte und Landschaften. Nirgendwo sonst erscheint ein derart ästhetisch und historisch zugleich gesättigter Ort wie das als idealtypisch erkannte Heidelberg. In seiner Landschaft sind das Naturschöne mit der Zeitgeschichte vermittelt und der objektiv kulturgeschichtliche Gehalt mit dem subjektiven einer Topographie der Innerlichkeit verbunden. Es ist auffällig:

sobald man nach Zeugnissen sucht, die durch die Erscheinungen des Ortes aufgeregt wurden, weisen sie keineswegs auf Merkwürdigkeiten der Stadt und Zivilisation, sondern immer vor allem, wie der humanistische Lobpreis auch, auf die Natur, in welche die Stadt sich schmiegt. Wenn wir die Heidelberg-Dichtungen Hölderlins oder Eichendorffs als ‚Naturdichtungen' betrachten, die sie im zwiefachen Sinne sind, dann schärfen sie den Blick für die besondere Einverwandlung von Natur ins künstlerische Medium.

Aus solcher Verwandlung der vor Ort geschauten und empfundenen Natur dürfte wohl am ehesten begreifbar sein, wie ein bestimmter Ort zu einer bestimmten Zeit einen Dichter dergestalt berühren und inspirieren kann, daß aus diesem glückvollen Moment der Geschichte, dem Kairos Heidelbergs, ein *unvergleichliches* Dokument zutage tritt. Darin vermag die Stadt ihre Singularität poetisch zu erweisen und das dem Kairos entsprungene Dichterwort ihren Zauber zu feiern. Diese Tatsache gilt für die bildende Kunst nicht minder.

Die Heidelberg-Dichtungen, die im Spätmittelalter mit Oswald von Wolkenstein einsetzen, sind zunächst noch ganz auf den Ton des Fürstenlobs gestimmt und entbehren noch des neuzeitlich geprägten Blicks für das Ästhetisch-Individuelle. Ihr Fundus gestattet, sie im Rahmen ihrer Epochen, welche die Literaturgeschichtsschreibung kennt, wiederzufinden und auch aus diesem Kontext heraus zu verstehen. Um aber dem singulären Verhältnis von Poesie und Landschaft im Hinblick auf die poetische Topographie Heidelbergs gerecht werden zu können, muß man keine enzyklopädische Versammlung der enkomiastischen Literatur und auch keine Literaturgeschichte im Spiegel der Stadt anstreben. In der Absicht unseres Heidelberg-Bandes liegt nicht der Versuch einer Deutungsgeschichte, welche den vorliegenden Anthologien von Heidelberg-Dichtungen mehr oder weniger periodisch folgt. Zu beidem verschafft, soweit vorhanden, die Bibliographische Notiz im Anhang des Bandes Zugang.

In Hinsicht auf Heidelberg im poetischen Augenblick kann sich die Auswahl darauf beschränken, jene Heidelberg-Bilder zur Sprache zu bringen, die in bildender Kunst und vor allem in Dichtung die Singularität des Ortes bezeugen. In ihnen gewinnen persönliche Begegnungen mit dem Ort jene Gültigkeit, die dem individuellen Blick intimer Wahrnehmung Dauer verleiht.

In den Anfängen der Stadtporträts wird das Panorama des Ortes detailgenau künstlerisch abgebildet. In der Renaissance lenkt der Künstler das Augenmerk des Betrachters auf Repräsentanz. Seine Darstellung stellt Glanz und Macht des Kurfürsten zur Schau. Stadt und Residenz vermitteln das Bild geordneter Macht- und Lebensverhältnisse in natürlicher Einheit. Die Poeten dieser Zeit hingegen richten, wenn sie nicht gerade dem Fürsten huldigen, ihren Blick auf eher Peripheres. Sie widmen sich dem beziehungsreichen Detail. Das sind etwa die Brücke und ihr Affe im Epicedium des Jacobus Micyllus[4] oder, eine halbe Wegstunde nahe dem Schloß, der Wolfsbrunnen beim kurfürstlichen Jagdhaus, dem sich Martin Opitz zuwendet.[5] Er, der „Vater der deutschen Dichtkunst“,[6] wie ihn Johann Christoph Gottsched nennt, steht stellvertretend für eine typologische und figurative Erfassung des Ortes. Seine barocke Sicht rückt an den Anfang der Reihe von Beiträgen, die es sich vorgenommen haben, Heidelbergs poetische Topographie exemplarisch vorzustellen. Darum sind auch die Lieder auf den Winterkönig Friedrich V. nicht berücksichtigt worden. Als im 19. Jahrhundert die Geschichte der Stadt stärkere Beachtung findet, ist es verhältnismäßig rasch um ihre originäre poetische Aneignung geschehen. In abgegriffenen Formeln wird, was als Inbegriff des nun pauschal ‚romantisch‘ genannten Heidelbergs sich nur schwer behaupten kann, zur gängigen Münze, aus der sich trefflich Gewinn ziehen ließ und auch fortan ziehen läßt. Noch immer vermittelt die Beachtung, die der Fremdenverkehr der in ihrer Geschichte mehrfach geprüften, doch von den Kriegsverwüstungen des 20. Jahrhunderts weitgehend verschont gebliebenen deutschen Stadt schenkt, eine eindrucksvolle Bilanz dafür, wie ungebrochen die Anziehungskraft des Ortes ist.

Mit dem überwiegend rezeptiven und reproduktiven Verhältnis zur Stadt entsteht eine Ansicht, die, von den Techniken vervielfacht, dem immer schon darauf vorbereiteten Besucher seine Unbefangenheit rauben kann. Diese Ansicht gerät sogar selber in die Gefahr, jene Erscheinungen, die dem einmal erzeugten und im Verhältnis zur wechselnden Geschichte weitgehend konstanten Heidelberg-Bild folgen oder gefolgt sind, gewissermaßen zu überleben. Auf dieses Problem einer Historisierung der poetischen Topographie Heidelbergs geht der den Band beschließende Beitrag näher ein. Die Ausführungen zu Gottfried Keller, der die Geschichtlichkeit Heidelbergs und seiner Poetisierung, bedeutungsvoll wie nachdenklich, wohl zuerst erkennt und aus der bereits gewonnenen Distanz zur Romantik ein Resumé ziehen kann, markieren somit das Ende einer Epoche klassisch-romantischer Poetisierungen der Stadt und ihrer Landschaft.

Im Zentrum der hier versammelten Interpretationen und Darstellungen stehen die für die poetische Topographie Heidelbergs prominenten Zeugnisse von Friedrich Hölderlin, von Achim von Arnim und Clemens Brentano als Sammlern von

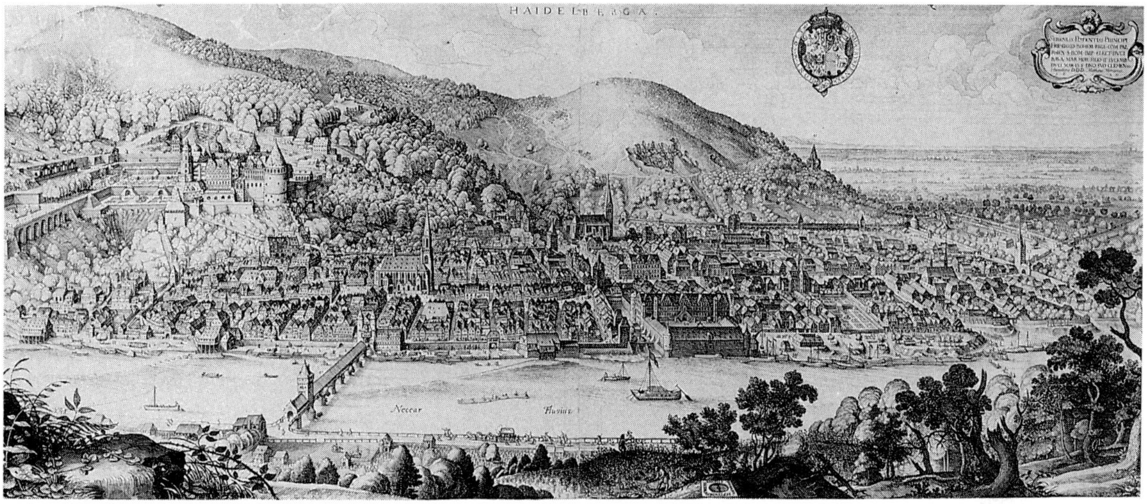

Matthäus Merian (1593—1650)
Großes Panorama von Stadt und Schloß Heidelberg, 1620
Kupferstich von zwei Platten; 440 : 1058 mm; Inv.Nr. S 2268

„Des Knaben Wunderhorn“ und Exponenten der Heidelberger Romantik. Zu den Höhepunkten des poetischen Heidelbergs zählen die dichterisch kristallisierten Erinnerungen der Mariane von Willemer, in denen sie der mit Goethe gemeinsam erlebten wenigen, doch nie vergessenen Herbsttage des Jahres 1815 gedenkt, die Heidelberg als in einen „westöstlichen Garten“ verwandelt erscheinen lassen. Schließlich gebührt Eichendorff besondere Aufmerksamkeit, dessen Dichtungen das in Stadt und Landschaft fortträumende Lied wohl am nachhaltigsten mit dem poetischen Zauberwort berühren und in eine unendliche Melodie verwandeln.

***

„Heidelberg ist selbst eine prächtige Romantik; da umschlingt der Frühling Haus und Hof und alles Gewöhnliche mit Reben und Blumen, und erzählen Burgen und Wälder ein wunderbares Märchen der Vorzeit, als gäb es nichts Gemeines auf der Welt.“[7] Eichendorffs späte Erinnerung an seine Studienzeit in Heidelberg in den Jahren 1807 und 1808, zur Blütezeit der Heidelberger Romantik, ruft nach einem knappen halben Jahrhundert noch immer das Bild hervor, in welchem das Poetisch-Romantische dieser Stadt, ihrer Lage wie ihrer Aura, zusammenstimmen, wie es Eichendorff selbst und seine Zeitgenossen erfahren haben. Das Licht verklärender Erinnerung kann das einst aufgenommene Bild kaum verändern. Die präteritale Form des Berichts gibt die autobiographische Schrift beim Stichwort „Heidelberg“ unvermittelt auf, indem sie ins Präsens wechselt. Heidelberg ist nicht nur Erinnerung, Heidelberg ist fortwährende Gegenwart. Hier am Ort vormals wirkungsreicher Begegnung mit den Freunden des romantischen Kreises ist nicht nur Eichendorff im Kairos neuzeitlicher Poesie, Kunst und Wissenschaft der paradigmatisch poetische Charakter der Stadt und Landschaft Heidelbergs aufgegangen. Hier scheint beispielhaft anschaulich geworden zu sein, was mit einem Wort des Novalis dem romantischen Dichter aufgegeben und als ästhetischer Imperativ gelten sollte: das „Romantisiren“ der Welt als eine „qualitative Potenzirung“ des Gemeinen, Gewöhnlichen und des prosaischen Lebens, dem, obzwar verborgen, ein „hohe(r) Sinn“ inkarniert zu sein scheint und ein „geheimnißvolles Ansehn“ zu enthüllen bleibt.[8]

Im Spiegel der Natur entdeckt sich dem romantischen Blick ein Wunder, das anschauliche Zusammenspiel von Kunst und Natur voller Bedeutung. Die schöpferische Lust sich frühlingshaft erneuernder Natur scheint hier vor Ort mittels wiederholt erfahrener Inspiration wie von selbst in Poesie sich zu verwandeln. So können bildende Kunst und Literatur im Blick auf den liebend angeschauten Ort als „komplementarische Natur“[9] begreiflich werden. Und umgekehrt scheint sich hier wie nirgendwo sonst Natur in ein gesprächiges Buch zu verwandeln, der Topos vom Buch der Natur erst wahrhaft Erfüllung zu finden. So offenbart sich der Generation um 1800 der Genius loci im Medium sinnlicher Anschauung als einer poetischen Wahrnehmung: *natura loquitur.*[10] Solche Rede aber erheischt künstlerische Antwort. Heidelbergs Topographie, derart erfahren, poetisch dargestellt und künstlerisch ins Bild gesetzt, wird nun zum Schlüsselerlebnis. In dieser Zeit um 1800 wird man sich erstmals des Naturschönen der Heidelberger Landschaft als einer eigenen Qualität bewußt. Jetzt sucht man sich einer bewußt ästhetisch angeschauten Natur zu vergewissern, die fortan einer vorausliegenden metaphysischen, moralischen oder religiösen Deutung durchaus entbehren kann.

Die Heidelberger Landschaft gilt weder primär als ein ausgezeichnetes Modell für die zweckmäßige Natur noch als ideologischer Ausdruck eines ‚modernen‘ Naturgefühls, welches in rousseauistischer Manier einen Zufluchtsort vor Entfremdungen der Zivilisation geltend macht. Freilich verzichtet die Romantik ungern auf metaphysische Bedeutung, so wenig wie die poetisierte Welt auf Religion. Dafür ist vornehmlich Eichendorff ein repräsentativer Zeuge. Seiner Heidelberger Landschaft bleibt ein objektiver symbolischer Sinn und nicht bloß die subjektive Wahrheit einer Empfindung eingeschrieben. Im glücklichen Augenblick der Geschichte öffnet sich dem ästhetischen Blick in einer Synopse von sinnlichem und geistigem Auge[11] der Vorhang zum Zauberspiel einer dem Lokalen inhärenten Naturschönheit von höherer Bedeutung. Eichendorff und einige seiner Zeitgenossen vernehmen die Ansprache der Natur am geschichtlichen Ort inmitten reizvoller Landschaft, deren geographische Lage selbst den Blick in die Zeitentiefe zu stimulieren vermag. Hölderlins „schicksalskundige Burg“ sowie Eichendorffs raunende Wälder und in den „Dingen“ tönende Lieder, in denen die „Märchen der Vorzeit“ poetische Wirklichkeit gewinnen, bieten hinreichend Merkmale dafür, wie sich der Topos Heidelberg poetisch entfaltet. Diesem Topos in neuer Aktualisierung wird nun zugetraut, Geschichten erzählen zu machen und Geschichte zu verlebendigen.

Das „Harmonischentgegengesezte“[12] dieser bevorzugten Landschaft, das die sinnliche Wahrnehmung zu poetischer Gestaltung drängt, findet bereits in der romantischen Entdeckung einen ihm adäquaten Ausdruck, bleibt indessen auf die Poetisierungen der Zeit um 1800 nicht beschränkt. Gleichwohl ist Heidelbergs

„Romantik" fortan von diesem geschichtlichen Kairos und der aus ihm entsprungenen historischen Romantik nicht mehr zu trennen. Noch auf den späten Eichendorff wirkt der alte Zauber unvermindert und erweist seine Gegenwart nicht nur als Reminiszenz, sondern auch als fortwirkendes Zitat, sogar als Selbstzitat seines einst in Heidelberg ausgebildeten Landschaftsstils.[13] Seither birgt das Erkennen der idealen Landschaft Heidelbergs immer auch diese Schicht erinnerter Romantik, durch welche die Tradition des Ortes bereichert worden ist. Allerdings ist ihm dadurch auch das Siegel historischen Bewußtseins aufgeprägt und einem Besucher der unbeschwerte Zugang zur Vergangenheit verstellt.

In Eichendorffs Charakterisierung Heidelbergs ist noch ein anderer Umstand merkwürdig. Wenn man den Kontext seiner fragmentarisch gebliebenen autobiographischen Schriften berücksichtigt, dann fällt auf, daß der kritisch sichtende, der jungen Romantik distanziert gegenüber stehende und literarhistorisch reflektierende Autor unvermittelt die Stillage wechselt und ins Poetische moduliert. Scheinbar unversehens gerät ihm das erinnerte Heidelberg-Bild zu romantischer Dichtung. Jenen „nachhaltenden Klang", welchen die Begegnung mit den Freunden der Heidelberger Romantik hinterlassen, noch einmal als ein fernes Echo zu beschwören, das erscheint nur möglich mit den Mitteln sinnlich-poetischer Rede. So erneuert das Andenken Heidelbergs die Kraft einstiger Inspiration und wird im Sinne Goethes zu einer „wiederholten Spiegelung"[14] eigener Heidelberg-Dichtung. Mit der Erinnerung wird die Magie des Heidelberg-Topos spontan geweckt, so daß jenes erinnerte Bild geradezu automatisch eine romantisch poetische Form gewinnt. Darin allein scheint es seinen einzig angemessenen Ausdruck zu finden. Im unmittelbaren Zusammenhang damit stellt sich dann auch wieder die oft erprobte dichterische „Formel" ein, Eichendorffs Selbstzitat seines Landschaftsstils, worin die ursprüngliche Wahrnehmung wie in einen höheren Aggregatzustand überführt, poetisiert und „gereinigt", verwandelt und ein für allemal aufbewahrt ist, ohne ins Klischee abzugleiten. So imaginiert Eichendorff hier wie in seinen Erzählungen und Liedern auch in stets neuen Variationen und Modifikationen den Topos Heidelberg. Eichendorffs poetisches Heidelberg-Bild mit seinen ‚Modulationen' dokumentiert beispielhaft die romantische Naturaneignung. Entdecken des romantischen Zaubers und Bewahren im Wiederentdecken sind im romantischen Bewußtsein unauflöslich miteinander verknüpft.

Natur und Kunst müssen in diesem Vorgang gleichberechtigt zusammenwirken. Mit der „einfachen Nachahmung der Natur"[15] ist es nicht getan. Goethe erkennt schon im Jahre 1775 angesichts des Schweizer Hochgebirges die „Unzulänglichkeit" des zeichnerischen Verfahrens und begreift die Notwendigkeit der poetischen Sprache als eines Mittels der Naturdarstellung, ja die große Bedeutung der Einbildungskraft als eines konstitutiven Moments für die künstlerische Vermittlung einer Landschaftsvorstellung.[16] Solche ‚Poetisierung' der geschauten Natur findet dort ihre Grenze, wo die unverwechselbare Individualität der wahrgenommenen Landschaft ins bloß Allgemeine und Typische zu verschwimmen droht und das Romantisch-Poetische ein unstatthaftes Eigenrecht beansprucht. Eichendorff hat, übrigens nicht anders als Winckelmann angesichts des Kunstschönen in seiner Statuenbeschreibung[17] auch, auf die Ähnlichkeit von Gegenstand und Darstellung nicht verzichtet. Trotz der deutlichen Tendenz zur poetischen Objektivierung und der Absage an eine Kopie des Naturschönen ist die Wiedererkennbarkeit der gemeinten Landschaft, also hier Heidelbergs, durchaus beabsichtigt. Obschon die idealtypisch empfundene Landschaft in und um Heidelberg als Paradigma einer lebendigen Kulturlandschaft aufgefaßt wird und ihre sinnlich erfaßte Physiognomie in eine geistige transformiert ist, bleibt der mimetische Bezug gewahrt. Natur und Kunst, Natur und Kultur stehen hier am romantischen Ort par excellence in ungewöhnlicher Weise im Einklang und werden in ihrer Harmonie erkannt. Der Künstler vermag dies harmonische Verhältnis ins rechte Licht zu setzen und es bewußt zu machen.

Natur als Subjekt, in der herkömmlichen Begriffssprache der Poetik: *natura naturans* als schöpferische Kraft, und Natur als Objekt: *natura naturata* als nachgeahmte Natur, erscheinen in der Vollkommenheit einer weder ihrer selbst noch dem Menschen entfremdeten Natur.[18] Ein Dichter wie Eichendorff verschließt vor den tatsächlichen prosaischen Verhältnissen keineswegs unkritisch die Augen. Die poetische Wirklichkeit des verklärten Heidelberg-Bildes ist darum nicht als Ausdruck von Zivilisationsflucht, Technikressentiment oder irgendeiner anderen Spielart von ‚romantischem' Eskapismus mißzuverstehen. Seit der Aufklärung und insbesondere seit dem Siegeszug des Rousseauismus mögen sich solche Assoziationen vielleicht einstellen. Obwohl die Dimension der Zeitgeschichte in den klassisch-romantischen Heidelberg-Bildern nie ganz ausgeblendet ist, wie ‚schicksalskundige' Zeichen der Kultur in ihnen immer wieder erkennen lassen, deuten diese Bilder doch selten auf eine Flucht in die Idylle oder komplementär dazu auf ein ideologiekritisches Korrektiv.[19] Andererseits dient die ideale Landschaft Heidelbergs auch nicht als bloß subjektive Empfindungslandschaft. Der Naturraum wird weder bei Hölderlin noch bei Eichendorff zu einem Reservat allein subjektiver Empfindungen oder zu einer Topographie reiner Innerlichkeit. Vielmehr gehen hier die dem Dichter aus der sinnlichen Wahrnehmung zuwachsenden Energien so vollständig und konzentriert in das Werk ein, daß die Selbständigkeit der Natur bewahrt bleibt. Während sich die Kunst ihrer ästhetisch vergewissert, setzt sie aber doch auch zugleich die Differenz von Natur und Poesie im Einklang. Eichendorffs Formel „es war als hätt" oder sein immer wieder begegnendes „als ob" weisen auf gewisse Vorbehalte im poetischen Zugriff zur Natur hin und lassen erkennen, daß dem in poetischem Licht erscheinenden Naturbild das Moment kritischer Reflexion keineswegs fremd ist.

Der Prozeß poetischer Transformation von Naturwahrnehmung ist unumkehrbar. Deshalb findet sich auch der geographisch identifizierbare und also wiedererkennbare Ort nach seiner Poetisierung in einem anderen Zustand, im Modus einer qualitativ veränderten Wirklichkeit wieder. Diese Verwandlung einer Landschaft in ihren poetischen Zustand erlaubt es nun auch, in ihrem Fokus über die Identität von Vorlage und Nachbildung hinaus romantische Landschaft paradigmatisch zu erfahren. So gewinnt Heidelbergs Landschaft Modellcharakter. Der Ursprung ästhetisch-romantischer Anschauung und deren poetische Darstellung bleiben mit dem Datum der Heidelberger Romantik verbunden. Spätere Versuche einer Wiedererweckung oder gar einer Rettung der Historie bleiben oft genug deshalb vergeblich, weil sie das irreversible Verhältnis von Entstehung und Wirkung nicht beachten. Der Historismus des 19. Jahrhunderts hat die im geschichtlichen Augenblick fixierbare Romantisierung der Idealtopik Heidelbergs ins Bewußtsein gerufen und den Verdacht genährt, daß die romantische Naturanschauung, welche jene schöpferischen Akte der Poesie und Kunst herausgefordert hat, unwiederholbar ist und vielleicht bloß historisch noch als wahr erscheint.

So jedenfalls sieht es Gottfried Keller 1849 während seines Studienaufenthaltes in Heidelberg. Wenn er von der Anhöhe des Gaisbergs in die Rheinebene blickt und die Kaiserdome von Speyer und Worms in einem Augenblick erfaßt, so ist er sich bewußt, daß auch seine Anschauungsweise noch vom romantischen Kairos profitiert, sofern sie, der Perspektive romantischen Sehens folgend, mit demselben Blick Landschaftsraum und Raum der Geschichte faßt.

***

Den Ermöglichungsgrund des Romantischen in Anschauung und Darstellung der Natur bestimmt Goethe in seinen „Maximen und Reflexionen“ präzise: „Das sogenannte Romantische einer Gegend ist ein stilles Gefühl des Erhabenen unter der Form der Vergangenheit oder, was gleich lautet, der Einsamkeit, Abwesenheit, Abgeschiedenheit.“ [20]

Die Erkenntnis romantischer Naturschönheit bleibt gebunden an ein Empfinden, an „ein stilles Gefühl“, welches das Angeschaute um der Erkenntnis willen erst von sich entfernen muß, um die romantische Wahrheit erfassen zu können. Sogar eine Entrückung des Geschauten ins Vergangene scheint eine notwendige Voraussetzung dafür zu sein, daß die Natur als Landschaft im Anblick ästhetisch gegenwärtig ist. [21] Räumliche und zeitliche Distanz von betrachtendem Subjekt und Naturausschnitt, Ausdruck von Reflexion, welche Differenz und Distanz bewußt macht, bewirken erst die Erkenntnis des Poetisch-Romantischen der Natur. In diesem Sinne können beispielsweise die außerordentlich spannungsvollen Rückenansichten in den Bildern von Caspar David Friedrich verstanden werden. In ihnen überläßt sich, erstens, der einsame Mensch fern der Gemeinschaft dem Eindruck der Natur. Er steht aber, zweitens, nicht in, sondern vor der Landschaft wie, gewissermaßen in Doppelung, der Betrachter vor dem Bild. Die Bildfigur befindet sich zwar in ihrer Abgeschiedenheit der geschauten Natur gegenüber, bleibt aber in den Kunstcharakter der Bildkomposition integriert. Somit repräsentiert sie den die Natur wahrnehmenden Menschen, der seinerseits vor dem Bilde steht und allein eine in dessen Kunstschönheit verwandelte Natur zu erblicken vermag. Wenn der Betrachter sich so über die Schulter blickt, gewinnt er zugleich Abstand und Reflexionsfreiheit. Sie gibt ihm nun, drittens, die Möglichkeit, auch die künstlerische Vermittlung und romantische Poetisierung zu bedenken. Die dem Augenblick zukommende Melancholie nimmt den Betrachtenden gefangen, hält ihn im Banne des Bildraums, solange er nicht davon abgelenkt wird. Kehrt er sich indessen, viertens, um, dann erscheint er zwar für den Außenstehenden in seinem Verhältnis zur Bildfigur gespiegelt, tritt aber selbst zugleich in den der Kunstanschauung komplementären Raum seiner eigenen Naturwirklichkeit. Aus solcher distanzierten Optik wird, Goethes Bestimmung entsprechend, das „Romantische“ erst erfahrbar, im Stillen, in zeitlicher und örtlicher Isolation. [22] Die Anschauungsform des „Romantischen“, welche die Poetisierungen Heidelbergs um 1800 ermöglicht, charakterisiert Goethes Beobachtungen zufolge ein Moment der zeitlichen Distanz. Naturbetrachtung steht demnach immer schon „unter der Form der Vergangenheit". So öffnet sie im Zeichen bewußt gemachter Vergangenheit den Blick in die Dimension der Geschichte. Eine glaubwürdige Wahrnehmung des „Romantischen" der Stadt Heidelberg und ihrer Lage kann nicht von Erinnerung und Geschichte absehen. Das Schloß selbst ist dafür das beste Beispiel. Denn erst als Ruine ist es zur „schicksalskundigen Burg" geworden, welche die Zeitentiefe öffnet und das „Romantische" aus der Vergangenheit heraus vergegenwärtigt. Schon im ausgehenden 18. Jahrhundert konzentriert sich der poetische Blick auf die in den Jahren der Napoleonischen Befreiungskriege zum Nationalsymbol erhobene Schloßruine.[23] Friedrich Matthissons „Elegie in den Ruinen eines alten Bergschlosses geschrieben" beschwört die mittelalterlich-ritterlichen Traumbilder vom „Tatenglanz der Heldenzeit".[24] Und Ludwig Uhland nimmt dies Thema auf, wenn er „Auf dem Schlosse zu Heidelberg" die „grauen Ahnenbilder" der Vorzeit grüßt.[25]

Entdeckung und künstlerisch wie dichterisch facettenreiche Gestaltungen dieses „Romantischen" der Heidelberger Schloßruine gehen einher mit der Entstehungs- und frühen Wirkungsgeschichte des deutschen Nationalgedankens, dessen politische und kulturgeschichtliche Profilierung mit dem Kreis der Heidelberger Romantiker und Görres an ihrer Spitze zu Recht verbunden wird. In diesen Zusammenhang gehört die Wiederbelebung der sogenannten Volksbücher und der Volkspoesie.[26]

Die anschauliche Kultur- und Bildungslandschaft Heidelbergs wird über den Kristallisationspunkt der Schloßruine hinaus zur Zeit der Romantik als sedimentierte deutsche Geschichte begriffen. So besinnt man sich, Erinnerungen bis in die alte deutsche Geschichte zurückzuverfolgen, wie sie sich dem Gedächtnis des Volkes in Gestalt von Sagen, Märchen und vor allem Liedern eingeprägt haben und tradiert werden. In Sammlungen halten die Dichter Einkehr in den poetischen Schatzkammern ihrer Vorfahren.[27] Wenn der Heidelberger Verleger der Romantik Johann Heinrich Zimmer selbst „plattdeutsche Döhnchen" von Philipp Otto Runge zugesandt erhält,[28] wenn die sogenannten Volksbücher häufig auf ausländischen Vorlagen beruhen, so tut das dem Genius loci keinen Abbruch, sondern bezeugt vielmehr, daß die romantischen Bestrebungen, allem nationalliterarischen Pathos zum Trotz, ins Weite greifen. Wenn der Beitrag zu „Des Knaben Wunderhorn" diesen Grundzug bestätigt, so geschieht es mit dem präzisierenden Nachweis, daß Achim von Arnim und Clemens Brentano ihre Vorlagen teilweise recht willkürlich bearbeiten und dem Volke allerlei Ausländisches unterschieben, aber dem wirklich auf

Johann Ulrich Kraus (1655—1719)
Panorama von Heidelberg, um 1683
Radierung; 355 : 940 mm; Inv.Nr. S 1444

das Lokale Bezogenen dann ausgerechnet das Lokalkolorit entziehen. Was auf das Konto der nationalpolitischen Bestrebungen geht, darf jedoch im Sinne der Romantiker nicht als Widerspruch zu ihrer poetischen Arbeit betrachtet werden. Die Bearbeiter tilgen beispielsweise bei Opitz die auf den Neckar gemünzten Verse, wodurch der Rhein als deutscher Fluß par excellence um so stärker gewichtet ist. Nicht von ungefähr fällt Gottfried Kellers Blick auf die Kaiserdome am Rhein, dessen Lauf, als romantische „Hieroglyphe“ gelesen, den Verlauf deutscher Geschichte widerspiegelt.

Die Entstehung der Liedersammlung „Des Knaben Wunderhorn“, die nicht notwendig mit Heidelberg als Sammelort verbunden ist, scheint gleichwohl aus dem Zauberbann dieser Stadt Gewinn gezogen zu haben. Und zweifellos ist Heidelbergs Ruhm gerade mit dieser Anthologie erheblich vermehrt worden, wie denn auch die Heidelberger Romantik mit dieser Sammlung unlösbar verknüpft ist. Die darin zusammengetragenen Lieder, auch durch Vertonungen von Schumann, Brahms, Gustav Mahler im bürgerlichen Bildungsbewußtsein, erinnern Leben des Volkes und Geschichte. Viele dieser gesammelten und von den Romantikern zum Teil bearbeiteten Texte atmen in ferner und doch vertrauter Atmosphäre. Die Grenzen zwischen den alten namenlos überlieferten Liedern des Volkes, in denen beispielsweise Verse wie diese begegnen: „Da unten in jenem Tale/Da treibt das Wasser ein Rad“, und den neuen romantischen Dichtungen etwa Eichendorffs, worin es im Augenblick des Abschieds von Heidelberg widerklingt: „In einem kühlen Grunde/Da geht ein Mühlenrad“, lassen sich oft kaum ziehen, so vollkommen gelingt die romantisch-moderne Anverwandlung der alten Weisen.[29]

***

Erinnerungen, die das staunende Anschauen der Natur wachruft, sind in Gefahr, ins Nebulöse zu tauchen oder in Nostalgie zu verschwimmen. Das Naturschöne wird dann zum bloßen Inzitament pseudoromantischer Empfindungen, und die Sprache der Landschaft trifft auf einen verhangenen Blick. Die geweckten Erinnerungen verselbständigen sich, lösen sich ab vom Geschauten und gleiten ins Richtungslose. Grüblerische Verinnerlichung verliert sich und damit den notwendigen Halt, den eine ungetrübte Wahrnehmung und Objektivierung der Natur vereiteln kann. „Herzensergießungen“ eines – auf welchem Wege auch immer – verwundeten Ich-Gefühls nehmen die ästhetisch geschaute Natur zumeist doch bloß zum

Anlaß sentimentalisch-lustvoller Klage, und oft genug wird die damit herabgewürdigte Natur zum vermeintlichen Sprachrohr des Subjekts funktionalisiert. Ihre Sprache wird als eine ästhetisch wirkende Anrede überhaupt nicht mehr vernommen. Den objektiven Charakter einer Gegend auszublenden kann wie eine Narkose wirken, während doch eine Landschaft zu genießen zu den heilsamen Augenblicken menschlicher Erfahrung gehört, solange der Natur ihr Eigenrecht und ihre Ausdruckskraft zugebilligt werden. Wenn das wahrgenommene Naturschöne vom privaten Empfinden gänzlich aufgesogen wird, dann sind der Trivialisierung des romantischen Zaubers und seiner Sentimentalisierung Tür und Tor geöffnet. Und wenn das Vertrauen in die Sprache und ihre poetische Kraft, die das Geschaute ins Werk setzen soll, gestört oder gar verloren ist, dann sinkt der Topos des romantischen Heidelberg rasch in die Niederungen der Klischees ab. Der ursprüngliche Reiz der Heidelberger Landschaft wird mittels seiner vermeintlich beliebigen Vervielfältigungsmöglichkeit zum Abziehbild, zum käuflichen Genuß, dem die drangvolle Schaubude Vorschub leistet. Das persönliche Erleben ist korrumpiert und wird unter billigen Andenken vollends erstickt.

Die Macht feilen Vergnügens gefährdet die ernstgemeinten Versuche, dem Ort, der Landschaft und ihrer ästhetisch wahren Anschauung gerecht zu werden. Den Romantikern ist dies bewußt. Auch deswegen suchen sie vor dem Absturz in die Flut der Klischees Zuflucht in einer die kritische Reflexion auszeichnenden poetischen Sprache, die ihrerseits wiederum gegen Imitation und Verballhornung nicht gefeit ist. Gleichwohl findet diese poetische Sprache ihre dem historischen Augenblick adäquate Gültigkeit schon darin, daß sie ihrem Gegenstand nicht um den Hals fällt, sondern, wie C. D. Friedrichs Rückansichten zeigen, sich gleichsam über die Schulter blickend auf Distanz bleibt. Erst dieser die ästhetische Distanz wahrenden poetischen Anstrengung verdanken wir jenen wissend naiven, leicht und leise schwingenden Volksliedton, der uns so unnachahmlich umschmeichelt. Aus solcher spannungsreichen Sprachbalance ist Eichendorffs unvergleichlicher Landschaftsstil erwachsen. Die Dichter und bildenden Künstler verstehen in freilich verschiedener Weise das ‚Romantische' Heidelbergs nicht primär und schon gar nicht ausschließlich als Ingrediens der hier beobachteten Naturschönheit, sondern – was zu zeigen auch in der Absicht der Beiträger zu diesem Band liegt – als Resultat einer transformativen Poetisierung und ihres poetischen Kalküls.

Die Metamorphose vom Naturschönen ins Kunstschöne, von Reizungen der Landschaft in poetisches Leben ergibt ein Heidelberg-Bild, das über die Klischees erhaben ist. Es sammelt jene Elemente, die im Kitsch vereinzelt und vereinfacht nebeneinander liegen, in seine Einheit und Ganzheit. Doch ist auch dieser Weg ein unumkehrbarer. Noch so viele Andenken wollen sich nicht zum Bild fügen. Aber sie führen an den Ort, der Natur- und Kunsterlebnis in anthropomorphe Metaphern zu übersetzen lockt: Du Schöne! Du Feine! An Ehren reich! Heidelberg wird, da gibt auch seine Topographie sich her, zur Geliebten. Die Reize seiner subtilen Erotik rufen einen gefährlichen Taumel hervor, der Sehnsüchte nährt und enttäuschte Hoffnungen zurückläßt. Nietzsche, der mit der Hamletlehre der „wohlfeilen Weisheit von Hans dem Träumer“[30] begegnet, hätte gesagt: Heidelberg ist Ophelia! Davon scheint jene Sangesfreude nichts zu wissen, der es gegeben ist, in wahrer Selbstvergeßlichkeit zu tönen: „Ich hab' mein Herz in Heidelberg verloren!“ In der Besinnungslosigkeit des lauten Augenblicks vollzieht sich ein Abschied von niemandem. Doch hat der Kitsch seinen wahren Kern. Beim Versuch, diesen freizulegen, werden wir auf das latent erotische Vergnügen hingelenkt, das Heidelberg zu bieten verspricht. Typisch für die Huldigungen an die Stadt ist, daß es vor allem die Durchziehenden waren, die ihr damit zu ihrer Berühmtheit verholfen haben. Der leichtfertige und kurzfristige Umgang mit ihrer immerwährenden Jugend, der Eros flüchtiger Begegnung tritt dabei jedoch auch in dauernde Rivalität mit der Alma mater der Universität. Von dem durch sie vermittelten Lebensernst abzulenken, ist jedoch die Besinnungslosigkeit des Jahrmarkts durchaus geeignet. Daß man sich aber in Heidelberg überwältigender Reize in besonderem Maße erwehren muß und sich über die Abgründe hinwegzusetzen gezwungen ist, die sich mitunter zwischen Lebenslust und Lebensernst auftun, diese Herausforderung spricht für seine Bedeutung und bestätigt auch aus dieser Sicht, was im poetischen Augenblick zu fassen gelingt.

Der poetisch begriffene höhere Aggregatzustand der Naturwahrnehmung und seine Vermittlung im Medium geschichtlicher Semantik schützen vor dem unversehenen Abgleiten ins Sentimentale. Die ästhetische Reflexion und die Frage nach ihren geschichtlichen Voraussetzungen unterscheidet den romantischen Künstler, dem die Schöne sich zu entziehen scheint, von seinen unzähligen Nachahmern, die gegen das Triviale schwerlich gefeit und deren stürmischen Eroberungen sie sich längst und wohlfeil obendrein preisgegeben hat.

In die Zwiesprache von Naturreizen und Poesie mischt sich Liebesgeflüster. Die Idealtopik der Heidelberger Landschaft scheint im Wechsel der Töne auf eine Antwort im menschlichen Liebesverlangen zu dringen, dessen Unerfülltheit einzugestehen dieser Ort offenkundig eher als andere drängt. Wie es zunehmend mißlingt, die schöne Landschaft unbefangen wahrzunehmen, so wird menschliche Zweisamkeit vornehmlich an ‚romantischem' Ort irritiert oder gestört. Jedenfalls gilt dies für das geschichtliche Bewußtsein der Liebe und für die wache Sensibilität. Der glückvolle Augenblick des Eros und der ästhetische Zauber der „prächtigen Romantik" Heidelbergs fallen zumeist auseinander. Der Kairos Heidelbergs bleibt dem Kairos der Liebe entrückt. So wird in den Dichtungen die entfernte Geliebte ersehnt oder ihre Untreue beklagt und Trennung betrauert. Doch als Trost bleibt das gelungene Gedicht, welches den Zauber Heidelbergs bewahrt.

„Hier war ich glücklich, liebend und geliebt", schließt Mariane von Willemers Gedicht. Gibt es vielleicht doch die Erfahrung einer Koinzidenz des erotischen Kairos und der ‚Romantik' Heidelbergs? Die Betonung im zitierten Vers liegt sowohl auf „Hier" als auch auf „war". Im Unterschied zu Eichendorff, der beim Gedächtnis Heidelbergs ins Präsens fällt, wechselt Mariane von Willemer in Erinnerung erlebten Glücks ins Imperfekt. Denn wie die Überschrift des Gedichts und der ihm zu Goethes Geburtstag 1824 beigefügte Brief unmißverständlich zum Ausdruck bringen, deutet das „Hier" auf Heidelberg. Die anspielungsreichen Verse blicken neun Jahre zurück und tauchen im „Dämmerlichte" der Erinnerung in jene Erlebniswirklichkeit, aus welcher die in Heidelberg entstandenen Gedichte des „Divan" hervorgegangen sind, in der auch das Geburtstagsgedicht noch lebt. Im Gruß des Gedichteingangs und in den unsentimentalen Schlußstrophen bekennt sich das liebende und geliebte Ich zum erfahrenen Liebesglück, ohne in Wehmut zu vergehen. Der Heidelberger Schloßpark verwandelt sich in diesem poetischen Augenblick in einen westöstlichen Garten auch des „Divan", in welchem „hohe Lieder" die Geliebte umtönen, womit er sich im Spiegel der Tradition exemplarisch als Ort der Liebe ausweist. Wie der Schlußvers des Gedichts dem Eingeweihten zu erkennen gibt, ist es eine in hohem Maße entsagungsvolle Liebe, die, indem Suleika aus der poetischen Gegenwart und ihrer Rolle heraustritt, Mariane von Willemer dem liebend Geliebten in Weimar bewahrt. Denn nach jenen gemeinsamen Heidelberger Herbsttagen hat es kein Wiedersehen gegeben. Dem zunächst privaten und dann ins Gültige der Poesie gehobenen Glück des Goethe gewidmeten Gedichts ist der Anspruch von Hölderlins Heidelberg-Ode ebenso unvergleichbar wie der von Eichendorffs Dichtungen oder wie die Intentionen der „Wunderhorn"-Herausgeber. So ist Heidelberg für Hölderlin nicht allein der Ort persönlicher Erfahrungen, sondern „der Vaterlandsstädte/Ländlichschönste" bestätigt ihm auch die Berufung zum Nationalautor.

„Wann und wo entsteht ein klassischer Nationalautor? Wenn er in der Geschichte seiner Nation große Begebenheiten und ihre Folgen in einer glücklichen und bedeutenden Einheit vorfindet“ und, nur diese weitere Bestimmung soll aus Goethes hier zitierter Abhandlung „Literarischer Sansculottismus“ noch herangezogen sein, „wenn er selbst, vom Nationalgeiste durchdrungen, durch ein einwohnendes Genie sich fähig fühlt, mit dem Vergangnen wie mit dem Gegenwärtigen zu sympathisieren.“[31]

Nicht ausdrücklich vom „Nationalgeiste durchdrungen“, jedenfalls nicht im Sinne der politisch aufgeregten Heidelberger Romantiker, aber doch seinem „einwohnenden Genie“ folgend und dem Zauber nachgebend, welcher ihn „einst“ auf die Brücke „angefesselt“, hat Hölderlin seine Heidelberg-Ode anläßlich eines nur kurzen Besuchs konzipiert. Auch dies Gedicht bildet einen, was Weite des Herzens, Größe der Darstellung und sinnbildliche Struktur angeht, klassischen Kairos Heidelbergs. Die mit der natürlichen und poetischen Topographie der Stadt vertraute Dichtung bettet mit der Apostrophe „Mutter“ „der Vaterlandsstädte/Ländlichschönste“ in die umgebende Natur ein, umfängt ihren Raum, der wie die Burg von Geschichte ebenso wie von Ferne und Nähe weiß. Hölderlin fügt, dieser kunstvolle Prozeß einer kühnen Metaphorisierung wird in dem entsprechenden Beitrag analysiert, die Elemente der geographischen Gegebenheit, der Natur und der darin erkannten anthropomorphen Qualitäten ineinander und überlagert die ins Gedicht gebannte Topographie mit den Bedeutungen einer Topographie des Lebens und des Poetisch-Mythischen. Der in diese Ode gerettete poetische Augenblick einer Verzauberung macht Heidelberg in seiner in sich mannigfaltig unterschiedenen Physiognomie, zurückverwandelt ins Mythische, unverloren.

***

Dem historischen Kairos klassisch-romantischer Poetisierungen Heidelbergs kommt die vorausliegende Entdeckungsgeschichte des ästhetischen Naturbegriffs entgegen.[32] Ja, die Geschichte der Entdeckung von Heidelbergs idealer Lage, seiner Schönheit und ‚Romantik‘ um 1800 bildet selber ein wichtiges Kapitel innerhalb der Entwicklung der Natur- und Landschaftsanschauung im Rahmen der europäischen Kulturgeschichte. Der Ursprung des neuen Naturgefühls und Landschaftsempfindens fällt mit dem Durchbruch autonomen Selbstgefühls und der Genese des Individualitätsgedankens am Beginn der Neuzeit zusammen. Petrarcas

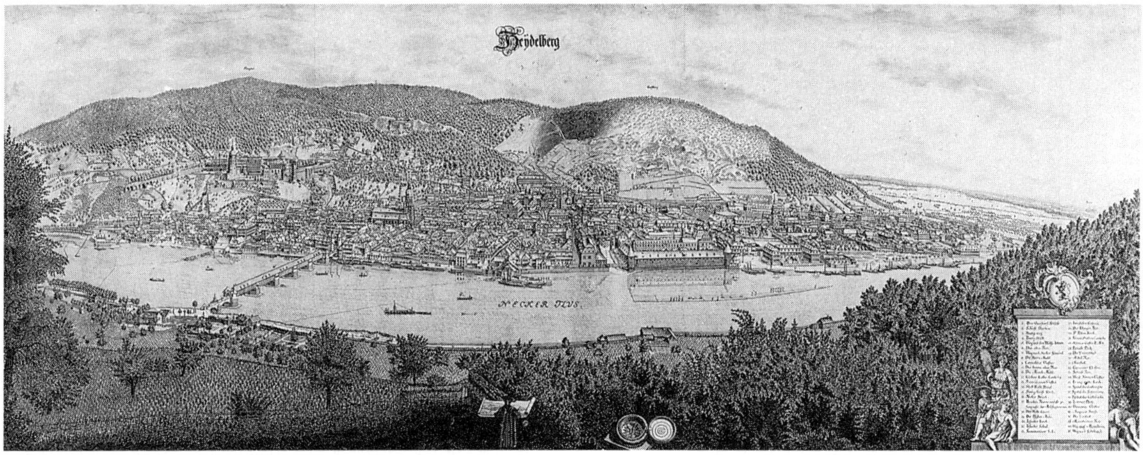

Peter Friedrich von Walpergen (1730—1807)
Panorama von Heidelberg, 1763
Feder/Tusche; 615 : 1685 mm; Inv.Nr. Z 2148

Besteigung des Mont Ventoux im Jahre 1327 gilt als die Geburtsstunde eines „genießenden Hinausgehen(s) in die Natur“[33], das doch auch schon dazu angetan ist, den Blick zugleich auf das Innere zu lenken.

Doch erst der Prozeß fortschreitender Aufklärung und technischer Naturbeherrschung bringt im 18. Jahrhundert eine bewußt ästhetische Aneignung der Natur hervor. Die ‚unschuldige‘ Naturlandschaft wird bald als idyllischer Zufluchtsort vor der Zivilisation beschworen, die selbst erst ihre Entdeckung ermöglicht hatte. Eine neue Form des Reisens, man denke etwa an Hallers „Alpen“ oder an Goethes Tagebuch der Schweizer Reise, fördert das ausgesprochen ästhetische Interesse am Naturschönen.

Die Entdeckung der Schönheit Heidelbergs als eines künstlerisch wie literarisch fruchtbaren locus classicus poetischer Topographie spiegelt einen für die Zeit vor und um 1800 typischen Vorgang wider: den Prozeß einer Erkenntnis „selbständiger Naturschönheit“ als Kunst.[34] Die Natur wird nun aus ihren bislang gültigen heteronomen Deutungsvoraussetzungen gelöst. Ihre Schönheit kommt nicht mehr ausschließlich oder doch vorrangig als die Manifestation einer metaphysischen, theologischen oder moralischen Wahrheit in Betracht. In diesem Zusammenhang spielen die Entwicklung der Landschaftsmalerei und der „Lustgärtnerei“, wie Kant die Gartenkunst nennt, im 18. Jahrhundert eine bahnbrechende Rolle. Denn sie haben der ästhetischen Wahrnehmung neue Bereiche erschlossen und dem ästhetischen Urteil Prinzipien vermittelt. Das in der Geschichte der Landschaftskunst in Fortführung des ‚Naturalismus‘ der Holländer seit Lorrain und Poussin ausgebildete und sublimierte Bildschema einer idealen Landschaft hat der begrifflichen Bestimmung der spezifisch ästhetischen Qualitäten der Naturschönheit entscheidend vorgearbeitet.

Landschaft als bewußt gestalteter Ausschnitt schöner Natur gewinnt vor allem in den architektonisch strukturierten Parks das Ansehen der Kunst. Angesichts drohenden Verlustes der Anschauung und Erfahrung von Totalität im Zeitalter wissenschaftlicher Zergliederung läßt sich im Medium der Landschaftskunst der Eindruck einer Ganzheit bewahren.

Die Reize des organischen Wildwuchses in den naturbelassenen Englischen Gärten, die sich vom Typus der streng geometrisch geordneten Französischen Gärten gegen Ende des Aufklärungsjahrhunderts mehr und mehr abkehren und nun favorisiert werden, helfen die „selbständige Naturschönheit“ als eine von äußeren Zwecken unabhängige ‚Zweckmäßigkeit‘, ja die Natur selber als eine Kunst zu entdecken. So wird im ausgehenden 18. Jahrhundert in Landschaftsmalerei und „Lustgärtnerei“ die „selbständige Naturschönheit“ als eine „Technik der Natur“ und als „ein System nach Gesetzen“ ästhetischer Teleologie begriffen. Kants „Kritik der Urteilskraft“ liefert die abschließende philosophische Begründung für diesen historischen Vorgang, dessen theoretische Reflexion in Deutschland wohl mit Sulzer beginnt.[35]

Ein relativ frühes Zeugnis für die Bedeutung der Landschaftskunst im Hinblick auf die Entdeckung des poetischen Heidelberg-Bildes verdient hier besondere Aufmerksamkeit. Goethe charakterisiert Heidelberg und seine ideale Lage im Tagebuch seiner dritten Schweizer Reise, auf der er wieder einmal kurzfristig die Stadt besucht hat. Unter dem Datum vom 26. August 1797 steht die Eintragung: „Die Stadt in ihrer Lage und mit ihrer ganzen Umgebung hat, man darf sagen, etwas Ideales, das man sich erst deutlich machen kann, wenn man mit der Landschaftsmalerei bekannt ist, und wenn man weiß, was denkende Künstler aus der Natur genommen und in die Natur hineingelegt haben“.[36]

Goethes Notiz ist in mancherlei Hinsicht aufschlußreich. Sie verweist zunächst auf die Bedeutung der Tradition der Landschaftskunst für die rationale Klärung idealtypischer Wahrnehmung. Der Blick für das Bedeutende und ästhetisch Ideale Heidelbergs und seiner Lage bleibt an eine Wahrnehmungsweise gebunden, die in ein komplementäres Verhältnis zur ästhetischen Reflexion rückt. Sie muß zu einer künstlerischen Darstellung finden, wenn sie das in der Natur Geschaute interpretiert.

Goethes Beobachtung deutet außerdem mit dem Hinweis auf die Funktion der Landschaftsmalerei, somit aber zugleich der Kunstgeschichte, ein später von den Romantikern erkanntes Problem an. Die Entdeckung der idealtypischen Landschaft und Schönheit Heidelbergs zeitigt als historische Wahrnehmung eine ihr eigene Konsequenz. Was die Natur in der hier sichtbaren Konkretion auszeichnet, ist im Bildschema der tradierten Landschaftskunst bereits in abstracto vorgezeichnet. Die ideale Lage Heidelbergs findet sich also schon imaginiert, bevor das geistige Bild in der vor Augen liegenden Wirklichkeit wiedererkannt wird.[37] Diese merkwürdige Entdeckung, platonischem Denken eine vertraute Anamnesis, bestätigt eigentlich nur, was die Landschafter in ihren Spielarten der heroischen, arkadischen, mythischen, idealen und rousseauistisch-idyllischen Bildschemata schon vorgebildet haben. Goethe sieht die individuelle Naturschönheit Heidelbergs, erkennt durchaus deren objektive phänomenale ‚Wahrheit‘. Und er begreift gleichzeitig, daß sie auf die künstlerische Gestaltung angewiesen ist, da diese erst ihre Reize objektiviert und strukturiert zur Darstellung bringt, d.h. die Fülle der einzelnen Momente zu einem Ganzen fügt. Der Gebildete erkennt im Betrachten der Stadt und ihrer Umgebung die kunstgeschichtlich tradierte Topik einer Bildungslandschaft. Das vermeintlich erstmals Geschaute erweist sich als das schon Bekannte. Bloß die individuellen Besonderheiten der Heidelberger Landschaft bezeichnen die Differenz zum überkommenen Schema. Freilich präformiert nicht allein die Landschaftskunst den poetischen Blick auf die Stadt und ihre Lage. „Denkende Künstler“ verstehen die ästhetische Qualität der Natur für sich zu nutzen. So wirken Natur und Kunst in der poetischen Topographie historisch und harmonisch zusammen.

Die Erkenntnis des paradigmatisch Naturschönen Heidelbergs hat zur Folge, daß eine Verwandlung sinnlich erfahrener Natur ins künstlerische oder literarische Gebilde beinahe mühelos zu gelingen scheint. Besondere Zwänge mimetischer Darstellung werden dadurch abgebaut. Die Transformation landschaftlicher Gegebenheiten in eine poetische Topographie gestattet ästhetische Freiheiten der Stilisierung. Eine „einfache Nachahmung der Natur“ scheint überhaupt nicht geboten. Die Verwandlung einer vor Augen liegenden Landschaft in den Modus ihrer poetischen Topographie erreicht verschiedene Grade der Nachahmung. In dieser Hinsicht differieren die Entwicklungen der bildenden Kunst und der Dichtung, denen sonst manche parallele Erscheinungen nachzuweisen sind, zum Teil doch erheblich. Gelegentlich kann ein deutlicher Wirklichkeitsbezug in poetischer Darstellung verfremdet, wenn nicht gar aufgehoben werden. So erheben etwa Eichendorffs poetische Landschaften das romantische Modell Heidelberg zum Typus romantischer Landschaft überhaupt. Oder es werden – um ein anderes Beispiel qualitativer literarischer Verwandlung zu geben – in Hölderlins Ode die Elemente des Heidelberg-Topos in den Kontext eines idealisch-mythischen Gedichtraums integriert. Infolgedessen werden sie als geographisch lokalisierbare Momente einer realen Kulturlandschaft nahezu entbehrlich. Gleichwohl ist ihre mögliche Wiedererkennbarkeit keineswegs gleichgültig, da selbst noch der Mythos ätiologisch fundiert und also auf den konkreten Ort Heidelberg zurückbezogen bleibt. Der mythisch gedeutete Topos Heidelbergs ist noch historisch begründet und darum nicht beliebig austauschbar.

***

In welchem Maße die künstlerischen und poetischen Heidelberg-Bilder, die etwa in dem halben Jahrhundert zwischen 1790 und 1840 entstanden sind, als Modifikationen eines Grundtypus mit ziemlich konstanten Kompositionselementen wie Stadt, Hängen, Wäldern, Schloß, Fluß, Brücke und Rheinebene erfaßt werden können, ergibt schon ein Sichten der ersten bedeutenden künstlerischen Darstellungen vor und kurz nach 1800. Optik und Perspektive wechseln von der frühen Ansicht von Norden mit dem Stadtpanorama und dem Blick auf die Residenz zum immer beliebter werdenden und in der Romantik bevorzugten Blick von Osten über Schloß und Stadt hinweg in die Weite der Rheinebene, als blicke man aufs Meer. Dies Bildschema, das in Heidelberg seit Jacques Fouquières „Hortus Palatinus" von 1620 eine eigenständige Genealogie begründet, kann später etwa von Christian Philipp Koester 1818 mit dem Schema der idealen Landschaft und der zwischen 1770 und 1800 bevorzugten Form der „Bildungslandschaft" mühelos verschmolzen werden. Diese Ansicht von Osten favorisieren nicht nur die romantischen Maler, sie kehrt auch am Ende von Eichendorffs „Robert und Guiskard" wieder. Und auch Gottfried Keller wählt in der Mitte des 19. Jahrhunderts noch einmal diesen romantischen Blickwinkel.

Dagegen hat die Aussicht vom erst im vorigen Jahrhundert ersonnenen „Philosophenweg" auf die Stadt, bevorzugter Malerblick eigentlich erst in der nachromantischen Zeit, in der berühmten und bis 1800 übrigens auch am häufigsten dargestellten deutschen Vedute Sebastian Münsters aus dessen „Cosmographia universalis" von 1544 ein freilich ganz unromantisches Vorbild. Die Ansicht dieser Renaissance-Vedute von Norden auf die Stadt lenkt das Augenmerk auf die repräsentative Residenz des seinerzeit mächtigsten Kurfürsten im Reich. Und die detailgetreue Topographie, offenkundig streng mimetisch, fungiert als Illustration der Machtverhältnisse.

Wollte man mit der Repräsentanz ausstrahlenden Vedute eine Typologie begründen, so folgten der auf den äußeren Herrschaftsraum verweisenden Darstellung der Renaissance und des Barock der Lobpreis und die Idyllisierung der Landschaft zu Beginn des 18. Jahrhunderts, wobei die Auffassung der Natur zuweilen kulissenartig bleibt. Ganz im Gegensatz dazu spiegeln die Stimmungslandschaften des späten 18. Jahrhunderts eine im Innern empfundene Natur, die schließlich in Ideallandschaften übersetzt wird.[38]

Zu den wesentlichen Voraussetzungen einer im Zeichen von Melancholie und Vergänglichkeit stehenden ‚Romantik' gehört die Zerstörung des Schlosses und der fortschreitende Verfall der Schloßanlage. Mit der Ruine läßt sich die seinerzeit modische Ritterromantik verbinden. Und der ‚gotische' Geschmack wie auch das im Aufklärungsjahrhundert kultivierte ossianische Lebensgefühl können in der verfallenden Burg poetische Nahrung finden. Vor allem aber öffnet die Schloßruine die Augen für die Dimension der Geschichte. Und zur Zeit der Heidelberger Romantik inspiriert sie romantisch-patriotischen Gesang. Um 1800 rückt das Schloß eindeutig ins Zentrum des künstlerischen Interesses.

In den schon erwähnten Ansichten von Osten, also in der romantischen Landschaftsmalerei von Koester, Strüdt, Rottmann, Fohr oder Fries bildet das Schloß zumeist den Vordergrund. Die in Goethes Tagebuchaufzeichnung vom 26. August 1797 genannten Kompositionselemente der idealen Landschaft Heidelbergs kommen nun jedoch auch zur Darstellung. In diesen romantischen Bildern fällt der Blick auf „das alte verfallene Schloß in seinen großen und ernsten Halbruinen", wie Goethe sagt, schweift hinunter zur Alten Brücke, wie man sie von der östlichen Terrasse des Hortus Palatinus oder auch vom Schloßaltan aus sieht, die sich „in einer Schönheit" zeige „wie vielleicht keine Brücke der Welt". Weitere Aufmerksamkeit gilt dem Brückentor, dem Blick etwa von der Höhe des Weges zum Wolfsbrunnen über die Schloßruine und die Stadt hinweg in die Ebene. Diese romantische Ansicht faßt die sprichwörtlich gewordene romantische Sehnsucht nach Weite, Ferne, Unendlichkeit augenfällig ins Bild. Die solchermaßen berühmt gewordene „Ansicht von Osten" auf und über Heidelberg hinweg vermittelt aber zugleich einen archetypischen Blick. In ihm gewinnt das aus der nahen Schönheit des Ortes entspringende Sehnen, das sich in der Ferne verliert, eine sinnenfällige Bedeutung. Die auf diese Weise noch in der schönsten Landschaft unbefriedigte Anschauung[39] findet zum ästhetischen Genuß erst durch die transfigurative Kraft des malerischen Lichtes – und so auch durch das Zauberwort der Poesie. Darin offenbart sich der poetische Augenblick. In diesem Sinne heißt es bei Goethe: „Wem die Natur ihr offenbares Geheimnis zu enthüllen anfängt, der empfindet eine unwiderstehliche Sehnsucht nach ihrer würdigsten Auslegerin, der Kunst."[40]

1 Vgl. Günter *Heinemann:* Heidelberg, München ²1984, S. 9ff., 122ff. u. ö.
2 Bibliotheca Palatina. Katalog zur Ausstellung vom 8. Juli bis 2. November 1986, Heiliggeistkirche Heidelberg, Bildband, hg. v. Elmar Mittler in Zusammenarbeit mit Vera Trost und Markus Weis (Heidelberger Bibliotheksschriften 24), Heidelberg 1986, E 1.5: Abb. von fol. 159ʳ aus der Sammelhandschrift mit den *Laudes Palacii et Palatini* (Cod.Pal.Lat.870): Peter *Luders* Lobrede auf Pfalzgraf Friedrich I. in deutscher Übersetzung von Matthias *von Kemnat.* Vgl. Rudolf *Kettemann* im Textband zur Ausstellung, hg. v. Elmar Mittler in Zusammenarbeit mit Walter Berschin, Jürgen Miethke, Gottfried Seebaß, Vera Trost und Wilfried Werner, S. 193–195.
3 Text und Quellennachweis in der Anthologie mit Gedichten auf Heidelberg: Dir schenken ein kunstlos Lied. Heidelberg-Gedichte. Eine Anthologie, hg. v. Udo *Benzenhöfer* und Eva *Erdmann,* Essen 1985, S. 6f. und 110.
4 Vgl. Arthur *Henkel:* In Mortem Simii Heidelbergensis. Zu einem Epikedium des Jacobus Micyllus, in: A. H., Der Zeiten Bildersaal. Studien und Vorträge (Kleine Schriften 2), Stuttgart 1983, S. 9–24. Text bei Benzenhöfer und Erdmann (Anm. 3), S. 78 und 110.
5 Text bei Benzenhöfer und Erdmann (Anm. 3), S. 18 und 110.
6 Johann Christoph *Gottsched,* Lob- und Gedächtnisrede auf den Vater der deutschen Dichtkunst, Martin Opitzen von Boberfeld, 20. August 1739. Vgl. Klaus *Garber:* Martin Opitz – „der Vater der deutschen Dichtung". Eine kritische Studie zur Wissenschaftsgeschichte der Germanistik, Stuttgart 1976, S. 44.
7 Joseph von *Eichendorff:* Erlebtes: II. Halle und Heidelberg, in: Werke, hg. v. Wolfdietrich Rasch, München ⁴1971, S. 1527.
8 *Novalis* (= Friedrich von Hardenberg): Schriften Bd. II, hg. v. Richard Samuel in Zusammenarbeit mit Hans-Joachim Mähl und Gerhard Schulz, revidiert von Richard Samuel und Hans-Joachim Mähl, Stuttgart, Berlin, Köln und Mainz ³1981, S. 545, Fragment 105.
9 *Novalis:* Werke und Briefe, hg. v. Alfred Kelletat, München 1962, S. 415.
10 Vgl. Ernst Robert *Curtius:* Europäische Literatur und lateinisches Mittelalter, Bern ²1954, S. 306ff. 323ff. Und mit Blick auf die romantische Deutung des Topos: Alexander *von Bormann,* Natura loquitur. Naturpoesie und emblematische Formel bei Joseph von Eichendorff, Tübingen 1968. – Zur Wirkungs- und Deutungsgeschichte dieses Topos vgl. Hans *Blumenberg,* Die Lesbarkeit der Welt, Frankfurt am Main 1986 (= stw 592).
11 Zur Unterscheidung der beiden Sehweisen vgl. Caspar David *Friedrich:* Auge und Landschaft. Zeugnisse zu Bild und Wort, interpretiert von Gerhard Eimer, Frankfurt am Main 1974 (Insel Taschenbuch 62), S. 32ff. Zum Problem der wahrnehmungstheoretischen Voraussetzungen vgl. Manfred *Smuda,* Natur als ästhetischer Gegenstand und als Gegenstand der Ästhetik, in: ders. (Hg.), Landschaft, Frankfurt am Main 1986 (= STB materialien 2069), S. 44–69.
12 Friedrich *Hölderlin:* Sämtliche Werke. Große Stuttgarter Ausgabe, hg. v. Friedrich Beißner, Bd. IV, 1, Stuttgart 1961, S. 246, 6f.
13 Vgl. Richard *Alewyn:* Eine Landschaft Eichendorffs, in: R. A., Probleme und Gestalten. Essays, Frankfurt am Main 1974, S. 203–231.
14 Vgl. *Goethes* Entwurf „Wiederholte Spiegelungen", in: *Goethes* Werke, Bd. 12: Schriften zur Kunst. Schriften zur Literatur. Maximen und Reflexionen. Textkritisch durchgesehen von Erich Trunz und Hans Joachim Schrimpf. Kommentiert von Herbert von Einem und Hans Joachim Schrimpf, München ⁹1981 (Hamburger Ausgabe), S. 322f.
15 Vgl. *Goethes* Aufsatz „Einfache Nachahmung der Natur, Manier, Stil", in: *Goethes* Werke, Bd. 12 (Anm. 14), S. 30–34.

16 Vgl. die Einleitung von Helmut J. *Schneider* in: Deutsche Landschaften, ausgewählt und eingeleitet von H. J. Schneider, Frankfurt am Main 1981, S. V–XXII. – Vgl. zur Frage der konstitutiven Bedeutung der Einbildungskraft: Werner *Flach*, Landschaft. Die Fundamente der Landschaftsvorstellung, in: Manfred *Smuda* (Hg.), Landschaft, a. a. O. (Anm. 11), S. 11–28.

17 Vgl. Hans *Zeller:* Winckelmanns Beschreibung des Apollo im Belvedere, Zürich 1965.

18 Vgl. Hans *Blumenberg:* Nachahmung der Natur. Zur Vorgeschichte der Idee des schöpferischen Menschen, in: Studium Generale 10 (1957), S. 266–283. – Zur Begriffsgeschichte vgl. den Artikel „Natura naturans/naturata", in: Histor. Wörterbuch der Philosophie Bd. 6, Basel/Darmstadt 1984, Sp. 504–509.

19 Vgl. Renate *Böschenstein:* Idylle, Stuttgart 1967, S. 62 ff.

20 *Goethe:* Maximen und Reflexionen, Nr. 868, nach: *Goethes* Werke, Bd. 12 (Anm. 14), S. 488.

21 Vgl. Joachim *Ritter:* Landschaft. Zur Funktion des Ästhetischen in der modernen Gesellschaft, in: J. R., Subjektivität. Sechs Aufsätze, Frankfurt am Main 1974, S. 141–163.

22 Im Hinblick auf diese Explikation des „Romantischen" ist der Buchtitel der 1808 in Heidelberg erschienenen ‚Zeitung für Einsiedler' suggestiv, weil die Abgeschiedenheit der ‚Tröst-Einsamkeit', wie der gleichfalls 1808 bei Mohr & Zimmer in Heidelberg erschienene Band heißt, auch nur stille Hoffnungen zu nähren vermag.

23 Vgl. Volker *Sellin:* Heidelberg im Spannungsfeld deutsch-französischer Konflikte. Die Schloßruine und ihre Stilisierung zum nationalen Symbol im Zeitalter der Französischen Revolution und Napoleons. Der Vortrag erscheint in: Heidelberg im säkularen Umbruch. Traditionsbewußtsein und Kulturpolitik um 1800, hg. v. Friedrich *Strack*, Stuttgart 1987.

24 Text und Quellennachweis bei Benzenhöfer und Erdmann (Anm. 3), S. 22–24 und 109.

25 Text und Quellennachweis bei Benzenhöfer und Erdmann (Anm. 3), S. 37 und 112.

26 Vgl. Joseph *Görres:* Die teutschen Volksbücher, hg. v. J. Prestel, Leipzig o. J. (Insel Bücherei 382). Ludwig Achim *von Arnim:* Von Volksliedern, in: Des Knaben Wunderhorn. Alte deutsche Lieder, hg. v. L. A. von Arnim und Clemens Brentano, Heidelberg ^{2}1819 (Heidelberg ^{r}1974). Zum Thema: Hans-Joachim *Kreutzer:* Der Mythos vom Volksbuch. Studien zur Wirkungsgeschichte des frühen deutschen Romans seit der Romantik, Stuttgart 1977. Hermann *Bausinger:* Formen der Volkspoesie, Berlin 1968. Elisabeth *Blochmann,* Die deutsche Volksdichtungsbewegung in Sturm und Drang und Romantik, in: DVjs 1 (1923), S. 419–452.

27 Neben der Sammlung von Liedern für ‚Des Knaben Wunderhorn' gab es Pläne zur Sammlung von Sagen, Volksbüchern und Märchen. So schreibt Clemens *Brentano* am 2. April 1805 an Achim von Arnim: „Einer meiner lebendigsten und liebsten literarischen Plane ist eine fortlaufende Zeitschrift für deutsche Volkssage." Und in seinem Brief vom 12. Dezember 1809 an J. G. Zimmer heißt es: „Sodann erinnere ich Sie an unsere alte Idee von den Kindermärchen; ich habe seit der Zeit mancherlei dazu gesammelt und würde mit Freuden in Nebenstunden das Ganze recht einfach und tüchtig bearbeiten." Otto *Reichel,* Der Verlag von Mohr und Zimmer in Heidelberg und die Heidelberger Romantik, Diss. München, Augsburg 1913, S. 62 und 47.

28 Vgl. Johann Georg Zimmer und die Romantiker. Ein Beitrag zur Geschichte der Romantik, nebst bisher ungedruckten Briefen, hg. v. Heinrich W. B. *Zimmer,* Frankfurt am Main 1888, S. 271.

29 Vgl. Arthur *Henkel:* Versuch über ‚Des Knaben Wunderhorn', in: A. H., Der Zeiten Bildersaal (Anm. 4), S. 172.

30 Die Geburt der Tragödie 7: Friedrich *Nietzsche:* Werke in drei Bänden, hg. v. Karl Schlechta, Bd. 1, München 1966, S. 48. „Denn ein Weib muß es sein beim Romantiker": Karl *Joël,* Nietzsche und die Romantik, Jena und Leipzig 1905, S. 26.

31 *Goethe,* Literarischer Sansculottismus, in: *Goethes* Werke, Bd. 12 (Anm. 14), S. 240f.

32 Vgl. Jörg *Zimmermann:* Zur Geschichte des ästhetischen Naturbegriffs, in: J. Z. (Hg.), Das Naturbild des Menschen, München 1982, S. 118–154.

33 Joachim *Ritter:* Landschaft (Anm. 21), S. 150.

34 *Kant:* Kritik der Urteilskraft, 2. Buch, § 23, hg. v. Karl Vorländer (1924), Hamburg 1983, S. 89.

35 Johann Georg *Sulzer:* Unterredungen über die Schönheit der Natur, Berlin 1750 (Frankfurt am Main ^{r}1971). – Vgl. ferner zum Thema: Siegmar *Gerndt*, Idealisierte Natur. Die literarische Kontroverse um den Landschaftsgarten des 18. und frühen 19. Jahrhunderts in Deutschland, Stuttgart 1981.

36 *Goethes* Tagebuch vom 26. August 1797, nach: Gedenkausgabe der Werke, Briefe und Gespräche. 28. August 1949, hg. v. Ernst Beutler, Bd. 12, Zürich 1949, S. 108ff.

37 Vgl. Jens Christian *Jensen:* Heidelberg in der Bildkunst um 1800. Der Vortrag erscheint in: Heidelberg im säkularen Umbruch. Traditionsbewußtsein und Kulturpolitik um 1800, hg. v. Friedrich *Strack*, Stuttgart 1987.

38 Vgl. zum Thema der Landschaftsmalerei, ihrer Theorie und Geschichte: *Jean Paul*, Poetische Landschaftsmalerei, in: Vorschule der Ästhetik, § 80: Werke, hg. v. Norbert Miller, Bd. 5, München 1963, S. 288–292. *Goethes* Skizze über „Landschaftliche Malerei", in: *Goethes* Werke, Bd. 12 (Anm. 14), S. 216–220. Carl Gustav *Carus:* Briefe über Landschaftsmalerei. Zuvor ein Brief von Goethe als Einleitung (^{2}1835), hg. v. Dorothea Kuhn, Heidelberg ^{r}1972. – Vgl. Jens Christian *Jensen:* Caspar David Friedrich. Leben und Werk, Köln ^{7}1985, sowie: Heidelberg in der Bildkunst um 1800 (Anm. 37). – Zur Typologie und Geschichte vgl. Heinrich *Lützeler*, Vom Wesen der Landschaftsmalerei, in: Studium Generale 3, 1950, S. 210–232.

39 Vgl. Carl Gustav *Carus:* Briefe über Landschaftsmalerei (Anm. 38). Hans Robert *Jauß:* Aisthesis und Naturerfahrung, in: Das Naturbild des Menschen, hg. v. Jörg Zimmermann, München 1982, S. 155–182.

40 *Goethe:* Maximen und Reflexionen, Nr. 720, nach: *Goethes* Werke, Bd. 12 (Anm. 14), S. 467.

Jacques Foucquières (um 1590/91–1659)
„Hortus Palatinus“ – Ansicht von Schloß und Stadt Heidelberg, um 1618
Öl auf Leinwand; 178,5 : 263 cm; Inv.Nr. G 1822

Foucquières wählt einen für seine Zeit ungewöhnlichen Standpunkt östlich über Stadt und Schloß, um den damals als achtes Weltwunder geltenden, von Salomon de Caus im Auftrage Kurfürst Friedrichs V. angelegten Heidelberger Schloßgarten wirkungsvoll darstellen zu können.

Gerrit Berckheyde (1638—1698)
Heidelberg von Nordosten, um 1670
Öl auf Leinwand; 64,5 : 101,5 cm; Inv.Nr. G 120

Für die Darstellung des Stadtpanoramas hat Berckheyde einen Standort auf der von einer Reitergruppe belebten Ziegelhäuser Landstraße gewählt. Er gibt die Stadt und das hochragende Schloß wieder, wie sich die Ansicht etwa zur Zeit der Hochzeit der Liselotte von der Pfalz dargeboten hat. Wenige Jahre später, im Orléansschen Krieg, wird das Schloß dann von französischen Truppen zerstört.

Friedrich Rottmann (1768—1816)
Heidelberg vom Neuenheimer Ufer, um 1800
Umrißradierung, mit Aquarell und Deckfarben koloriert; 355 : 498 mm; Inv.Nr. S. 2955[1]

In elegantem Bogen überspannt die Brücke den Neckar. Stadt und Schloß liegen im klaren Licht der Morgensonne.

Carl Philipp Fohr (1795—1818)
Schloß und Stadt Heidelberg von Osten, um 1815
Öl auf Holz; 57,3 : 84,6 cm; Inv.Nr. G 2419

Fohr wählt den von den Romantikern entdeckten, je nach Tages- und Jahreszeit atmosphärisch wechselnden Blick nach Westen in die Rheinebene. Die von ihm wiedergegebene Sonnenuntergangsstimmung läßt an Empfindungen denken, die in Eichendorffs Gedicht „Abendlandschaft" anklingen.

Carl Rottmann (1797–1850)
Heidelberg von Osten, 1815
Aquarell über Bleistift; 555 : 745 mm; Inv.Nr. Z 1453

Christian Philipp Koester (1784–1851)
Stadt und Schloß Heidelberg von Osten, gegen 1818
Öl auf Leinwand; 78,2 : 109,3 cm; Inv.Nr. L 48 (Leihgabe des Ministerium für Wissenschaft und Kunst Baden Württemberg)

Christian Friedrich Müller (1776–1821) nach Zeichnung von Ernst Fries (1801–1833)
Heidelberger Schloß von der Herrenmühle aus, 1820
Kreidelithographie, koloriert; 262 : 340 mm; Inv.Nr. S. 1547

Johann Hürlimann (1793—1850) nach Johann Jacob Meyer (1787—1858)
Heidelberg vom Ziegelhäuser Ufer, 1820/21
Aquatinta, koloriert; 192 : 269 mm; Inv.Nr. S. 2440b

Meyer hat für seine Darstellung etwa den gleichen Standort wie Berckheyde (s. S. 30) gewählt. Während Berckheyde aber das Schloß der damals noch regierenden Kurfürsten wie eine Krone über der Stadt gibt, hat Meyer die Ruine im Sinne gewandelter romantischer Vorstellungen als Teil der Landschaft aufgefaßt und nahezu ganz in den Kontur des Berges eingefügt.

Christian Philipp Koester (1784—1851)
Blick auf Heidelberg von einer Hütte über dem Haarlaß, 1830
Öl auf Leinwand; 21,7 : 29,6 cm; Inv.Nr. 2057

ERNST FRIES (1801—1833)
Stift Neuburg und das Neckartal östlich von Heidelberg, 1833
Öl auf Leinwand; 27,5 : 38,5 cm; Inv.Nr. G 200

Stift Neuburg, im Besitz von Goethes Neffen, dem Rat Schlosser, wird zu einem Zentrum der katholisch geprägten Richtung der Romantik und beherbergt auch die erste Goethe-Gedenkstätte. Mariane von Willemer ist bis ins hohe Alter zu Gast in dem geselligen Haus gewesen.

WILLIAM TURNER (1775–1851)
Heidelberg von Westen, um 1840
Öl auf Leinwand; 63,2 : 87,6 cm; Inv.Nr. G 1904

AUGUST LUCAS (1803—1863)
Das Schlößchen in Rohrbach bei Heidelberg, 1845
Feder/Tusche, Pinsel/Aquarell; 487 : 258 mm; Inv.Nr. Z 4677

Das Schlößchen ist aus pfalzgräflich-zweibrückischem Besitz in den des badischen Hauses übergegangen. Es bildete zur Zeit Eichendorffs das herrschaftliche Zentrum des selbständigen Dorfes Rohrbach südlich von Heidelberg.

Georg Philipp Schmitt (1808—1873)
Sohn Guido aquarellierend am Fenster, 1848
Aquarell über Bleistift; 603 : 444 mm; Inv.Nr. Z 1518

Der Blick aus dem Fenster geht über den Universitätsplatz und die beiden Heilig-Geist-Kirchen auf das Schloß. Im Zimmer sitzt der Sohn Guido (1834—1922), der selbst Maler geworden ist.

Georg Otto Eduard Saal (1818–1870)
Blick vom Ziegelhäuser Ufer auf Heidelberg bei Mondschein, 1851
Öl auf Leinwand; 62,5 : 94 cm; Inv.Nr. G 2488

Die Stadtansicht wird eingefaßt von der Stichbogen-Arkatur einer Terrasse, die zum Haus Fallenstein gehört. Bei dem Ehepaar Fallenstein, den Großeltern des Begründers der Soziologie in Heidelberg, Max Weber, ist der Historiker Georg Gervinus zu Gast.

THEODOR VERHAS (1811—1872)
Heidelberger Schloß von Süden, 1856
Feder, aquarelliert; 241 : 346 mm; Inv.Nr. Z 1609

„Die Keusche Venus mit den gelerten Musis" Martin Opitz in Heidelberg

von

Günter Häntzschel

Nicht nur die im vorliegenden Band versammelten Beiträge über Hölderlin, das „Wunderhorn", Goethe und Mariane von Willemer, Eichendorff und Keller zeigen, daß Heidelberg perspektivenreich Gegenstand, Motiv, Symbol oder stimmungshafter Hintergrund der Dichtung gewesen ist; auch in poetischen und autobiographischen Texten oder Briefen von Friedrich „Maler" Müller, Christian Friedrich Daniel Schubart, Wilhelm Heinse, Heinrich Jung-Stilling, Friedrich Matthisson, Achim von Arnim, Max von Schenkendorf, Nikolaus Lenau, Friedrich Hebbel, Josef Viktor von Scheffel und anderen erscheinen Stadt und Umgebung in ihrer stimulierenden Wirkung auf die Autoren.[1]

In Martin Opitz' Dichtung hat Heidelberg dagegen nur wenige Spuren hinterlassen. Bezeichnenderweise denkt Joseph von Eichendorff, als er während seiner Heidelberger Studienzeit 1807 einmal mit seinem Bruder Wilhelm den Wolfsbrunnen besucht, nicht an Opitz' bekanntes Sonett „Vom Wolffsbrunnen bey Heidelberg", sondern er ist durch den Roman „Klara du Plessis und Klairant" von August Heinrich Julius Lafontaine, den er gerade las, „romantisch" eingestimmt. „Mit wunderbaren Gefühlen giengen wir über die linken Berge durch Gärten, Sträucher u. enge Felsenpfade, mit der immerwährenden Aussicht über das liebliche Nekarthal unter uns, u. die gegenüberstehenden flaunig belaubten Berge, bis sich endlich der Weg senkte u. uns das unbeschreiblich einsame Thal des Wolfsbrunnen in seine gantz eigne magische dunkle Stille aufnahm. Ein kleines uraltes steinernes Haus nebst einem ebenso alten gantz schwartzen Springbrunnen steht bedeutungsvoll am Eingang in dieses Felsenthal, wo der gehörnte Siegfried auf der Jagd von einer Prinzessin erschossen worden u. andere altdeutsche Mährchen ruhen. In dem alten Hause war alles öde u. still; nachdem wir aber einigemal gegen die Thüre Sturm gelaufen waren, erschien endlich ein kleines Mädchen, das uns den Eingang zu den ausgemauerten Bassins, in die der klare Wolfsbrunnen aufgefangen wird, u. die sich terrassenmäßig über einander erheben, eröffnete. Hier standen wir nun, im Hintergrunde rings von fast ganz kahlen grauen Bergen umschlossen auf demselben Orte, wo Clara stand, als sie ihren Clairant wiedersah, u. fütterten mit Brodtkrumen die Forellen, die größten theils Riesen in ihrer Art. Darauf verließen wir mit wahrer Rührung diesen merkwürdigen Ort wieder, deßen tiefste Einsamkeit mit einer gantz eignen großen Bangsamkeit fast das Hertz erdrükt. Es war ein trüber Tag, u. der Himmel lag schwer u. dunkel auf den Bergen".[2]

Tatsächlich hatte Lafontaine in seinem Roman die besondere Atmosphäre des Wolfsbrunnens in einer Weise eingefangen,[3] die Eichendorffs eigener stimmungsvoll-intuitiven Naturschilderung viel näher lag als die artifizielle allegorische Darstellung von Opitz. Zwischen Eichendorffs poetischen Ambitionen zu dieser Zeit und Opitz, dessen Dichtung auch von anderen Romantikern abgelehnt oder zwiespältig beurteilt wurde,[4] liegen Welten. Noch in seiner „Geschichte der poetischen Literatur Deutschlands" von 1857 schreibt Eichendorff, auch wenn er Opitz' Bedeutung als geistigen und poetischen Vermittler für die deutsche Literatur anerkennt: „*Opitz,* der überhaupt mehr Ausländisches als Eigenthümliches hat, mehr reproducirte als erfand", verdankt „seine außerordentliche Erfolge [...] eben dem zeitgemäßen Unternehmen, die beiden Grundelemente der Reformation, Verstand und Moral, *gegen* die Phantasie auf die Dichtkunst anzuwenden und sich hierzu der humanistischen Studien zu bedienen [...]". Seine Poesien empfindet der Romantiker als „künstlich, tendenziös, conventionell und geziert. Er dichtete mit dem bloßen Verstande; daher war Alles Form und Nachahmung, daher der Bruch mit der Musik, dieser Seele der Lyrik. Am empfindlichsten rächte sich dies natürlicherweise an den beiden lyrischen Polen: in seinem geistlichen und in seinem Liebesliede [...]. Seine Liebe [...] ist eben nur ein marmorner Cupido, der aus künstlich verschnittenen Hecken nach gelehrten Herzen zielt, und niemals trifft. Er empfand nicht, wenn er sang, und verachtete daher selber, was er sang."[5]

Freilich, zwischen Eichendorffs und Opitz' Poetologie gibt es keine Gemeinsamkeiten. Eichendorff urteilt ganz aus seiner Zeit und seiner eigenen Dichtung heraus. Indem er unterschwellig die erlebnismäßigen, subjektiven, stimmungshaften Qualitäten der Lyrik romantischer Provenienz als die Ideale der Dichtung überhaupt versteht, muß er notwendigerweise zu negativen Bewertungen von Opitz kommen.

Denn Opitz, der als Begründer und Reformator einer anspruchsvollen deutschen Dichtung nicht auf eine deutschsprachige Tradition zurückblicken konnte, sondern zielstrebig und systematisch daran ging, die deutsche Dichtung auf humanistischer Grundlage zu erneuern, sie auf das Niveau der antiken Poesie und das der Renaissanceliteraturen der europäischen Nachbarländer zu erheben, war in erster Linie ein gelehrter Dichter. Nicht persönliche Gefühle oder Stimmungen wollte er in seinem Werk wiedergeben, nicht um subjektive Natureindrücke war es ihm zu tun, vielmehr ging es ihm bekanntlich darum, die tradierten poetischen Verfahrensweisen und festen Systeme auf rhetorischer Basis im Deutschen zu adaptieren, künftigen deutschen Poeten ein Arsenal von Mustern, Vorlagen und Schemata verfügbar zu machen und diese auch theoretisch zu stützen.

Dennoch bleibt zu fragen, ob Opitz, zumal in seinen Anfängen, nur der poeta doctus war und nur in lebensferner Manier nach „gelehrten Herzen" zielte, ob Eichendorffs Urteil also auch auf die dichterischen Leistungen aus seiner Heidelberger Studienzeit zutrifft, oder ob nicht doch etwas von seiner persönlichen Aura spürbar wird, das Romantik und Frühbarock möglicherweise verbindet, auch wenn die kopernikanische Wende der Lyrik Klopstocks die beiden Epochen trennt.

Der 1597 im schlesischen Bunzlau geborene Martin Opitz, Sohn eines Fleischers, lutherischer Konfession, zeichnete sich schon auf der Bunzlauer Lateinschule durch ungewöhnliche Begabung aus. Er setzte seine Ausbildung auf dem Gymnasium in Breslau fort, wo er die Aufmerksamkeit führender Vertreter des schlesischen Späthumanismus erregen konnte und sich mit lateinischen Gedichten bereits einen Namen machte. Als er 1617 auf dem Akademischen Gymnasium zu Beuthen an der Oder sich auf das Universitätsstudium vorbereitete, wurde er dank seiner gelehrten Kenntnisse von dem kaiserlichen Rat und Kammerfiskal Tobias Scultetus zum Erzieher seines Sohnes angestellt. Neben weiteren lateinischen Gedichten, meist Freunden, Gelehrten und besonderen Gelegenheiten gewidmet, zeugt die bekannte Verteidigungsschrift der deutschen Sprache, der 1617 verfaßte „Aristarchus sive de contemptu linguae Teutonicae", von Opitz' Bemühen, nach dem Beispiel anderer Nationen auch eine Kunstdichtung in deutscher Sprache zu entwickeln. Er selbst legt erste Proben vor und setzt sie während seiner Aufenthalte in Görlitz und Frankfurt an der Oder fort, wobei er schon seit 1619 das später in seinem „Buch von der deutschen Poeterey" (1624) propagierte alternierend-akzentuierende Prinzip anzuwenden versucht, wenn auch noch unsicher tastend. Nach kurzem Aufenthalt in Leipzig finden wir Opitz in Heidelberg wieder, wo er sich am 17. Juni 1619 in die Universitätsmatrikel einschreibt.[6]

Opitz fand schon vor 1619 Aufmerksamkeit und Beachtung, diese begrenzte sich aber auf seine Freunde und auf seine jeweilige nähere Umgebung. Überregionale Bedeutung, ja Bewunderung, allgemeine Anerkennung bei den Gelehrten und Dichtern erzielt er erst mit der von seinem Freund Julius Wilhelm Zincgref herausgegebenen Edition seiner „Teutschen Poemata", die Gedichte bis 1620 enthält, aus kriegsbedingten Verzögerungen aber erst 1624 in Straßburg erscheint. Durch sie wurde Opitz zunächst sogar bekannter als durch seine von ihm selbst redigierte Sammlung der „Acht Bücher Deutscher Poematum" im Jahr darauf. Jene erste, von Zincgref veranstaltete Ausgabe versammelt, soweit es sich um Gedichte handelt, die

Opitz' baldigen Ruhm als „Vater der deutschen Dichtung"[7] mitbegründeten, zu großen Teilen Texte, die in Heidelberg entstanden, dort überarbeitet oder konzipiert waren. Der Heidelberger Aufenthalt, auch wenn er nur von Juni 1619 bis zum Oktober des folgenden Jahres dauerte, muß demnach in besonderem Maße stimulierend und fruchtbar gewesen sein.

Fragen wir zunächst, was Opitz bewogen haben konnte, dorthin zu ziehen. Das Renommee Heidelbergs als eines der Hauptorte des deutschen Humanismus – hier hatten unter anderen Peter Luder, Johann von Dalberg, Jakob Wimpfeling, Rudolf Agricola, Johann Reuchlin und Konrad Celtis gewirkt – und die Reichtümer der nicht minder berühmten Bibliotheca Palatina hatten schon vor Opitz manche Schlesier angezogen. 1618 war zum Beispiel einer seiner Freunde aus dem Beuthener Gymnasium, Johann von Landskron, für den Opitz auch ein Gedicht geschrieben hatte, zum Studium nach Heidelberg gekommen. Opitz selber war von zweien seiner Gönner, von Tobias Scultetus und Caspar Cunrad, dem Breslauer Humanisten, brieflich an den berühmten Heidelberger Gelehrten Janus Gruter empfohlen worden. Für Janus Gruter, Professor der Geschichte an der Universität Heidelberg und Bibliothekar der Bibliotheca Palatina, Verfasser einer Fülle von gelehrten und poetischen Werken und Herausgeber lateinischer Texte aus den Handschriften der Heidelberger Bibliothek,[8] hatte Opitz kurz vor seinem Eintreffen in Heidelberg einen Sammelband von sieben seiner, überwiegend in lateinischer Sprache verfaßten und vorher separat veröffentlichten Texte zusammengestellt. Dieser Sammelband mit einem vorausgesetzten handschriftlichen Widmungsgedicht sowie mehrere Zeugnisse in Briefen und in an Gruter gerichteten Gedichten lassen auf ein enges Verhältnis zwischen Opitz und Gruter schließen.[9]

Opitz, der in Heidelberg Philologie und Altertumswissenschaft studiert und Erzieher im Hause des bekannten Pfälzischen Hofrats und Gelehrten Georg Michael Lingelsheim wird, an den ihn einige seiner schlesischen Gymnasiallehrer empfohlen hatten, begegnet dort den jüngeren Vertretern des frühbarocken Dichterkreises, für die das Haus Lingelsheim das geistige Zentrum bildete.[10] Unter ihnen tritt Opitz als literarisch bedeutendste Persönlichkeit hervor. Wie exponiert die Stellung des jungen Dichters war, zeigt sich daran, daß Zincgref in erster Linie Opitz' „Teutsche Poemata" herausgibt,[11] dagegen aber poetische Texte von Jacobus Creutz, Janus Gebhard, Isaac Habrecht, Heinrich Albert Hamilton, Balthasar Venator, Caspar Kirchner, Balthasar Wesselius und sich selbst sowie diejenigen der älteren Gruppe, Paulus Melissus Schede, Petrus Denaisius und Friedrich Lingelsheim, die bereits verstorben waren, in den Anhang verweist.[12] Tatsächlich ist keiner von ihnen mit Ausnahme des dort ebenfalls vertretenen Georg Rudolph Weckherlin, der Opitz ferner stand, und Zincgref selber bekannt geblieben.

Politisch findet Opitz die Stadt in unruhiger und angespannter Lage vor. Es ist der Beginn des Dreißigjährigen Krieges, und die Pfalz mit ihrer Hauptstadt Heidelberg ist gerade in dieser Zeit, 1619, in die politischen Auseinandersetzungen verwickelt. Opitz erlebt die Ursachen und Auswirkungen durch Lingelsheim, Mitglied des Geheimen Rats des pfälzischen Kurfürsten, aus nächster Nähe mit. Kurfürst Friedrich V. von der Pfalz, der Führer der protestantischen Union, wird nämlich im August 1619 in Prag durch die Stände zum König von Böhmen und Herzog in Schlesien gewählt und verläßt im September Heidelberg mit der Hoffnung auf einen Sieg über die Habsburger unter Kaiser Ferdinand II. Wie intensiv dieses politische Ereignis, von dessen Ausgang ja auch das Schicksal seiner Heimat Schlesien abhing, auf Opitz gewirkt haben muß, zeigt die Tatsache, daß er sich bei den mehrtägigen Festlichkeiten, die anläßlich der Abreise des Kurfürsten von Stadt und Universität begangen wurden, mit einer lateinisch geschriebenen Rede zu Wort meldet. Diese „Oratio ad Serenissimum ac Potentissimum Principem Fridericum Regem Bohemiae“ war ursprünglich für den Abschied Friedrichs V. aus Heidelberg gedacht, wurde ihm aber erst bei seinem Einzug in Breslau 1620 überreicht.[13] Die patriotische und die Sache des Protestantismus verteidigende Rede ist zugleich ein Dokument für die damalige Stimmung in Heidelberg, läßt ihr Text doch vermuten, daß Opitz sie unter dem unmittelbaren Eindruck dieser politischen Zeremonie geschrieben hat: „His oculis vidimus, quam tristi laetitia abeuntem te senes et juvenes, viri pariter ac foeminae prosequebantur: ita salus publica, et privata orbitas diversis affectibus gaudium simul et moerorem committebant. [...] Ipse Nicer clementissimus fluviorum jam, qui olim Romanis, barbaris sibi videbatur. Ipsa haec augusta sedes tua, haec templa, haec turres, moesta quadam specie Solem suum prosequebantur. Ne de hominibus dicam: quorum ingens multitudo cum passim se effuderat, in vasta solitudine deseri tamen se quisque existimabat“.[14]

Neben dieser Rede, die 1620 bei dem Heidelberger Verleger Gotthard Voegelin gedruckt wurde, und einem ebenfalls lateinischen „Panegyris“ auf Ludwig Camerarius, einen Freund Lingelsheims, der als Diplomat Friedrichs V. und neuer böhmischer Vizekanzler für die schlesischen Angelegenheiten verantwortlich war,[15] verfaßte Opitz in Heidelberg auch deutsche Gedichte, die seine patriotische Gesinnung und seinen Haß auf die Habsburger Monarchie verraten: der erst 1644 veröffentlichte Aufruf „Auff, auff, wer teutsche freyheit liebet" und „Ein Gebet, daß Gott die Spanier wiederumb vom Rheinstrom wolle treiben", das – versehen mit der Jahreszahl 1620 – die von Zincgref veranstaltete Gedichtausgabe beschließt, sind von ihnen erhalten. Die Einnahme und Plünderung des pfälzischen Gebiets durch das spanische Söldnerheer unter Ambrosio Spinola im Herbst 1620 regen Opitz zu dem Plan seiner „Trost-Gedichte In Widerwertigkeit Deß Krieges" an, die er im folgenden Jahr verfaßt, aber erst 1633 erscheinen läßt. Auch dieses bekannte Werk geht also auf die Heidelberger Zeit zurück. Opitz verarbeitet darin die Gefahren, die von Spinola ausgingen und die bald als so drohend empfunden wurden, daß Opitz schließlich Heidelberg verläßt, als sich ihm die günstige Gelegenheit bietet, als Hofmeister eines adligen Dänen die Niederlande zu bereisen und den von ihm verehrten Daniel Heinsius in Leiden aufzusuchen. Nach der Weiterreise nach Jütland kehrt Opitz im Sommer 1621 nach Schlesien zurück.

Nachdem Friedrich V. in der Schlacht am Weißen Berge bei Prag besiegt worden war und Schlesien wieder dem Kaiser zufiel, die Hoffnungen aus der Heidelberger Zeit sich also zerschlugen, war Opitz gezwungen, die Zeugnisse seiner Habsburg-Attacken zu tilgen. So erklärt sich auch die Schnelligkeit, mit der er schon ein Jahr nach dem Erscheinen der von Zincgref redigierten Ausgabe eine eigene in Breslau, 1625, veröffentlichen läßt, die „Acht Bücher Deutscher Poematum", gewidmet „Dem Durchleuchtigen/Hochgeborenen Fürsten und Herren/Herren Ludwigen/ Fürsten zu Anhalt". So erklären sich auch Opitz' Entschuldigungen und Proteste gegen die Zincgrefsche Ausgabe in Briefen an seine Bekannten,[16] die nicht nur metrischer und poetischer Unzulänglichkeiten halber erfolgen, sondern auch politische Gründe haben. Zincgrefs Vorrede, sein kämpferisches Gedicht „Vermanung zur Dapfferkeit" und Opitz' „Aristarchus", in dem die Überfremdung des Vaterlandes mit der Verachtung der deutschen Sprache zusammen behandelt sind, und den Zincgref ohne Opitz' Autorisation aufgenommen hatte, gaben der Ausgabe einen patriotisch-politischen Charakter.[17] In seiner eigenen Ausgabe läßt Opitz die gegen den Kaiser und die Habsburger gerichteten Gedichte weg oder mildert und neutralisiert ihren politischen Gehalt. Auch der „Aristarchus" fehlt. Hier offenbaren sich die „diplomatischen Wendungen" Opitzens, von denen Eichendorff spricht.[18] Dem noch ohne feste Anstellung in ungesicherten Verhältnissen lebenden, mittlerweile aber schon 28jährigen Dichter schien es wohl nützlicher, sich den politischen Einstellungen seiner Umgebung anzupassen. Hätte er die habsburgfeindlichen Proben seiner ersten Gedichtausgabe in ihrer ursprünglichen

Gestalt weiterhin aufgenommen und die in Heidelberg konzipierten, protestantisch gefärbten „Trost-Gedichte In Widerwertigkeit Deß Kriegs" zu dieser Zeit veröffentlicht, so wäre ihm weder seine diplomatische Karriere als Sekretär des katholischen Präsidenten der kaiserlichen Kammer in Breslau, Carl Hannibal v. Dohna, gelungen, noch hätte er von Kaiser Ferdinand die Würde eines „poeta laureatus" und später den Adelstitel bekommen.

Doch diese Änderungen gegenüber der Zincgrefschen Ausgabe sind nicht die einzigen. In der Vorrede zu seiner eigenen Edition betont Opitz, „das in solchen Getichten offte eines geredet/vnnd ein anderes verstanden wird / ja das jhm ein Poet die Sprache vnnd sich zu vben wol etwas fürnimpt / welches er in seinem Gemüte niemals meynet; wie dann Asterie/Flavia/Vandala vnnd dergleichen Namen in diesen letzten Büchern nichts als Namen sind / vnnd so wenig für wahr sollen auffgenommen werden / so wenig als glaublich ist / daß der Göttliche Julius Scaliger so viel Lesbien/Crispillen/Adamantien/Telesillen/Pasicompsen / vnnd wie sie alle heissen / geliebet und gepriesen habe."[19] Das heißt: Opitz hebt den artifiziellen und gelehrten Charakter seiner Dichtung hervor – dem entspricht die metrische Perfektion der überarbeiteten Texte nach den Regeln, die er mittlerweile in seinem „Buch von der deutschen Poeterey" diktiert hatte –, er sucht aber den persönlichen Hintergrund, seine Lebens- und Liebesspuren, als Fiktion auszugeben. In der Vorrede zur ersten Ausgabe war davon noch nicht die Rede. Im Gegenteil, er hatte dort sogar die „Liebes sachen" und die „Freyheit" seiner poetischen Vorgänger verteidigt und sich selbst in diese Tradition gestellt, „der ich angesehen meine blühende Jugent, die *Keusche* Venus mit den gelerten *Musis* zugleich verehrt habe."[20] Auch aus einem späteren Brief von Opitz an seinen Freund Christoph Coler über die Heidelberger Zeit gewinnt man den Eindruck von einem freien, ungezwungenen Leben. Offenbar ist der junge Student neben dem gelehrten Studium auch als Verfasser volkstümlicher Lieder hervorgetreten und hat Glück bei Mädchen und Frauen gehabt: „Ego earum nugarum, quas adolescens fere Heidelbergae et alibi excogitaveram, pretium nunc quoque hic fero. Omnes enim aedes, omnes platae cantiunculis meis perstrepunt, quae in compitis quoque uno alteroque obulo venduntur. Vivus intersum meae famae, si diis placet, et puellarum animos ac ancillas lepidus scilicet suaviludius obleto. Nunc ut ab his annorum delitiis remisi, ita tamen iuvat praeteritorum reminisci."[21] In seiner „Laudatio Opitii" bestätigt Coler Opitz' Selbsteinschätzung und entrüstet sich sogar über seine Freizügigkeit: „Jedoch gleichwie grosse Geister ebenfalls auch fehltreten, und wie selten jemand auf den Helicon steiget, ohne daß er sich verirre und ausschweiffe; allso hat auch unser Opitz hierbey einen Fehltritt begangen, maassen er sich manchmal das schöne Geschlecht zu sehr einnehmen, und die lieblichen Gesänge der weiblichen Sirenen verführen lassen. Es ist dieses zwar ein Uebel, welches in der Jugend auch viele andre grosse Männer, und besonders die Dichter betroffen hat, die gemeiniglich rechte Meister in der Liebe sind; allein deßwegen verlange ich es nicht unstrafbar zu nennen. Ich gestehe vielmehr zu, daß es allerdings für einen Schandfleck der sonst auch noch so gutten Gemüthsart zu halten ist."[22] Die neuere Forschung fragt sogar, ob Opitz nur vor der Gefahr, die von dem Heer Spinolas drohte, Heidelberg verlassen habe, oder nicht auch, um „eventuellen Folgen seiner Liebesaktivität zu entfliehen."[23]

Jedenfalls ist die Gedichtsammlung von 1624, die ja auch die in Heidelberg entstandenen Gedichte enthält, viel deutlicher als Opitz' spätere eigene Ausgabe geprägt von der Spannung zwischen Gelehrsamkeit und Erotik ebenso wie zwischen individueller Aussprache und tradierten Topoi oder eigenem Dichten und Übersetzen oder Nachahmen fremder Muster. Besonders auf die in Heidelberg verfaßten Gedichte trifft Janis Little Gellineks Beurteilung zu: „Opitz wußte höchst geschickt Elemente aus der Tradition oder aus bestimmten Quellen zu erwählen, die auf seine Situation paßten. Willkürlich entlehnte er nichts."[24]

Im Eingangsgedicht „An die Teutsche Nation" verteidigt Opitz in Anklang an Ovids „Amores" und Anakreon programmatisch die erotische Lyrik vor dem „besser Werck" der gelehrten oder geistlichen Dichtung, die er künftig vorlegen will. „Diß kleine Buch" aber, „die früchte meiner Jugendt", handelt vor allem

> Von Lieb vnd freundligkeit: Die bitter süsse Pein
> Die muste mir an statt der Heldenthaten sein.

Und wie das Thema der Liebe in diesem ersten Gedicht beginnt,

> Der blinden Venus werck, die süsse gifft zu lieben
> Vnd schöne Zauberey, in diesem Buch beschrieben,
> Nimm erstlich an von mir, du werthes Vatterlandt,
> Nimm an der Liebe sach, als meiner Liebe pfandt,

so wird es leitmotivisch in der „Beschluß Elegie" wieder aufgegriffen:

> Das blinde liebes werck, die süsse Gifft der Sinnen,
> Vnd rechte Zauberey hat letzlich hier ein end.

Auch hier erfolgt abschließend der Hinweis auf die künftige Dichtung anderer Thematik:

Die frucht der liebes lust beschließ ich gantz hierein,
Ein ander höher Werck, der anfang meiner Tugent
Wo dieses vndergeht, soll nimmer sterblich sein.

Diese beiden in Heidelberg entstandenen Gedichte bilden den Rahmen um das von Zincgref zusammengestellte Opitzsche Werk, in dem auf vielfache Weise der Konflikt zwischen Liebe und Gelehrsamkeit behandelt ist. Selbstverständlich darf die „Beschluß Elegie“ nicht biographisch in dem Sinn verstanden werden, daß Opitz von nun an tatsächlich das Gebiet der erotischen Lyrik verläßt,[25] dennoch kann man anhand derjenigen Liebesgedichte, die Opitz aus der Zincgrefschen Ausgabe nicht in seine eigene übernimmt, sehen, daß er Texte, die unmittelbar auf sein eigenes erotisches Verhalten hätten schließen lassen können, in Vergessenheit bringen will. Meist sind dies zugleich Gedichte, die in noch etwas ungelenker Form, ohne metrische Vollkommenheit oder in gegenüber den späteren Texten zu emotionaler Diktion verfaßt sind, die drastische, manchmal auch volksliedhafte Momente enthalten. Als Beispiele mögen hier folgende Gedichte[26] stehen:

Chansonnette

Mit Liebes Brunst behafftet sein,
Ist warlich eine schwere Pein,
Es ist kein Schmerz auff dieser Erdt,
Der recht mit ihm verglichen werdt:
Drumb will ich mich gantz embsiglich
Von dem Leyden allzeit scheiden,
Vnd die süsse Gifft vermeiden.
Auff daß nun nicht die schnöde Brunst
Mich lasse zu jhr tragen Gunst,
Soll Venus mich nicht treffen an
Auff jergendt einer Liebes Bahn,
Der Tugendt Weg ist ein schön Steg,
Darauff eben ich will schweben,
Vnd ihr ganz verpflichtet leben,
Recht vnd gar wol auch Pallas blieb
Allzeit befreyet von der Lieb,
Sie gab dem Fewer niemals raum,
Vnd hielte sich in stätem Zaum,
Auff grüner Heyd sie allezeit

Mit dem Hetzen sich thet letzen,
Vnd frey aller Sorg ergetzen.
Ich will ins künfftig fleissig auch
Nachfolgen dieser Göttin Brauch,
Denn Venus ist die gröste Last,
Cupido ist ein schädlich Gast.
Wen er einmal nur bringt zu fall,
Muß verderben, offt auch sterben,
Vnd für Frewden schmertz ererben,
Also belohnt er alle doch,
Die sich ergeben seinem Joch,
Und diß bedenck ich offt vnd viel,
Es mag lieb haben wer da will,
Ich bleibe mein allzeit allein,
Offt nach schertzen kommen schmertzen,
Wohl dem der das thut behertzen.

Epigramma

Ach schicke mir doch zu ein Küssichin, mein Leben,
Fürchstu, daß auff dem Weg es jemandt möcht auffheben?
Eh druck auff meinem Mundt dein zartes Mündelein,
So wirdt es vor Gefahr der Diebe sicher sein.

Sonnet
Als Ihm seine Asterie geschrieben

Wer solte dieses wol in sein Gemüthe bringen,
Daß vnder weiß vnd schwartz verborgen solche Freudt?
Daß nur ein einig Brieff nemm' alle Traurigkeit?
Kan auch der Augenlust so weit ins Hertze dringen?
Ich weiß die Sinne fast nicht höher mehr zuschwingen,
Vnd habe wol mit fleiß gelesen jederzeit,
Was von der Liebe nur gefunden weit vnd breit,
Es hat mich aber nichts vermocht so sehr zuzwingen,
Der Grich Anacreon, der Sappho schön Gedicht,
Vnd auch Ovidius sind jhm zugleichen nicht,
Der künstlich Amadis ist nie so hoch gegangen.
Glückseelig ist die Hand, die diesen Brieff gemacht,
Glückseelig ich die Dint vnd auch die Feder acht,
Vnd mehr glückseelig mich, der ich jhn hab empfangen.

An den Abendtstern

Ach jetzund wolt ich gleich zu meiner Bulschafft gehen,
Nun weicht die Sonne wegk, vnd du wilt auch entstehen,
Du schöner Abendtstern, die späte Nacht bricht an,
So daß ich heute nicht zu ihr gelangen kan.

Antwort deß Abendtsterns

Ich sonsten Hesperus, hab jetzundt mich gewendet,
Vnd werde Lucifer, ich bin vorher gesendet,
Sey nit bestürzt, daß ich den alten Lauff verkehr,
Weil deine Sonne kompt, so geh ich für jhr her.

Natürlich sind diese Gedichte nicht etwa direkte poetische Umsetzungen der Liebesabenteuer des Verfassers, aber sie spiegeln dennoch etwas von der erotisch gestimmten Atmosphäre seiner Heidelberger Zeit wider. Sie lassen vermuten, daß es Opitz reizte, eigene Erlebnisse und Erfahrungen in der Dichtung aufzusuchen. Ein Neben- und Ineinander von tradiertem Schema und persönlichen Aussagen darin versteckt finden wir in dem 1621 in Jütland, vier Monate nach der Flucht aus Heidelberg entstandenen, aber erst 1625 veröffentlichten „Galathee"-Lied.[27] Auf den ersten Blick scheint Opitz lediglich Muster der bukolischen Dichtung und insbesondere Daniel Heinsius' „Pastorael" zu adaptieren. Galathee und Corydon treten auch dort auf, und Tityrus und Daphnis sind ebenfalls geläufige Namen in der Hirtenpoesie. Dem entsprechen Strophenform und andere Einzelheiten. Auch die unpersönliche Diktion in der Er-Form am Anfang und Ende lassen zunächst nicht auf biographische Äußerungen schließen.

Vergleicht man jedoch, wie das Janis Little Gellinek getan hat, die Biographie Opitzens, so ergibt sich ein anderes Bild. Man erfährt nämlich aus seinen Briefen und anderen Gedichten, daß er tatsächlich in Heidelberg eine Geliebte hatte, die möglicherweise schwanger war, als er Heidelberg verließ; später sank sie offenbar zur Marketenderin oder Soldatendirne herab. Und obwohl sie schon 1623 gestorben sein muß, war Opitz ihr so zugetan, daß er noch Jahre später bedauernd von ihr spricht.

Aus diesen Fakten ergibt sich nun, daß Opitz im Kostüm der herkömmlichen Schäferpoesie eigene, autobiographische Erlebnisse vermittelt. „An der kalten Cimbersee" (v. 2), das heißt in Jütland, weilte er tatsächlich vier Monate (9–10) nach seiner Flucht aus Heidelberg. Und daß er wirklich noch einmal in die Stadt zurückkehrte, um Abschied von seiner Geliebten zu nehmen, wie in der fünften Strophe suggeriert wird, kann durchaus möglich sein. Gewißheit besteht wieder darin, daß Opitz alias Corydon mit Tityrus, hinter dem sich der Däne Friedrich a Buchwald-Pronstorff verbirgt, nach „Leyden" (45) kam, um Daphnis, das heißt sein großes Vorbild Daniel Heinsius, aufzusuchen, „Daphnis der berühmbte Mann/ Der so trefflich spielen kann" (47–48). Die ersehnte Begegnung mit Heinsius und dessen Lob Opitzens werden getrübt durch die schmerzvolle Erinnerung an die Geliebte im fernen Heidelberg:

> Vnd was hilfft es daß mein Spiel
> Alle die es hören loben/
> Du hergegen/ O mein Liecht/
> Die ich lobe hörst es nicht? (63–66)

Der Anblick der „Friesen" (67) und „Hirten" (76) in der Fremde erinnert den Autor wieder an die pastorale Situation, die er verlassen mußte:

> Galathee/ bey dir allein
> Wil ich jetzt vnd jimmer seyn. (89–90)

Und nun folgen die Strophen, die in unserem Zusammenhang besonders wichtig sind:

> Geh' jetzund hin zu dem Brunnen/
> Da des Wolffes strenge Macht
> Mutter Jetten vmbgebracht/
> Da sich offters durch der Sonnen
> Heisse Stralen angeregt
> Galathee zu dir gelegt;
>
> Da sie dich mit vielen Küssen
> in die weissen Armen schloß;
> Da du in der zarten Schoß
> Deine Lust recht kondtest büssen;
> Aber jetzt/ O Corydon/
> Ach wie weit bist du darvon! (91–102)

In abermaligem Verlassen der fiktiven bukolischen Szenerie gedenkt Opitz des konkreten Wolfsbrunnens bei Heidelberg, wo der Sage nach die schöne Zauberin Jetta von Wölfen zerrissen worden sein soll, als des Ortes, an dem die Liebenden zusammenkamen. Die Ausmalung der vertrauten Liebesvereinigung, „angeregt" „durch der Sonnen/ Heisse Stralen", wobei die erquickende Kühle des Brunnens mitgedacht wird, gibt durchaus etwas von der Atmosphäre dieses heimlichen Ortes wieder. In dem Bedauern darüber, daß in der vor kurzem noch so geliebten Gegend nun ein fremdes Heer sein Unwesen treibt, „Daß bey vns ein frembder Gast/ Auff den schönen äckern gräbet", (105–106), während der Liebende selber in der unwirtlichen Ferne weilen muß, kommen ihm immer wieder Erinnerungen an die Geliebte, die in den Zeilen

> Alle Nacht pflegt mir zu träumen
> Wie ich bey dem Necker sey/
> Wie ich aller Sorgen frey
> Bey den rauchen Kestenbäumen
> Mit dir/ liebe Galathee/
> Oepffel auff zu lesen geh (133–138)

komprimiert sind. Wieder ist durch die Erwähnung des „Necker" und mehr noch durch die der „rauchen Kestenbäume", die tatsächlich am linken Neckarufer stehen, ein Eindruck von dem spezifischen Charakter der Heidelberger Umgebung vermittelt. Mit den „rauchen Kestenbäumen"[28] wird hier auf die mit einer haarigrauhen Schale versehenen Eßkastanien hingewiesen, welche sich in Heidelberg wie in der Pfalz großer Beliebtheit erfreuen. Das Auflesen der „Oepffel" mag, als mythologische Anspielung gelesen, auf den ‚Apfel' als ein Attribut der Venus hindeuten und als Symbol sexuellen Genusses gelten,[29] bildet aber zunächst, zumal Apfel im weiteren Sinne allgemein ‚Frucht' bedeutet,[30] eine Reminiszenz an das gemeinsame Sammeln der Kastanien, ist eine Erinnerung an die in Heidelberg erlebten Freuden, zu denen der Liebende – so weit er auch momentan von ihnen entfernt ist – zurückzukehren sich sehnt:

> Dieses Vfer wil ich haben;
> Galathee in deiner Schoß
> kan ich werden frey vnd loß;
> Hier wil ich mein Leid vergraben:
> Hier soll weit von Angst vnd Pein
> Meiner Reise Ruhstadt seyn. (169–174)

Auf der Folie dieses Liedes, das aus der Ferne die Liebeserlebnisse aus der Heidelberger Zeit wieder in Erinnerung ruft, bekommt dasjenige Gedicht, das während der Heidelberger Zeit entstanden ist und ebenfalls den Wolfsbrunnen behandelt, einen etwas anderen Stellenwert als bisher angenommen.

Vom Wolffsbrunnen bey Heidelberg.

Oh edele Fonteyn mit Ruh vnd Lust vmbgeben,
Mit Bergen hier vnd dar, als einer Burg, vmbringt,
Printz aller schönen Quell, auß welchem Wasser dringt
Anmütiger dann Milch, vnd köstlicher dann Reben,
Da vnsers Landes Kron vnd Haupt mit seinem Leben,
Der werden Nymf, offt selbst die Zeit in frewd zubringt,
Da ihr manch Vögelein zu ehren lieblich singt,
Da nur ergetzlichkeit vnd keusche Wollust schweben,
Vergeblich bistu nicht in diesem grünen Thal,
Von Klippen vnd Gebirg beschlossen vberal,
Die künstliche Natur hat darumb dich vmbfangen
Mit Felsen vnd Gebüsch, auff daß man wissen soll
Daß alle Fröligkeit sey Müh vnd arbeit voll,
Vnd daß auch nichts so schön, es sey schwer zu erlangen.

Bisher hat man dieses Sonett vor allem unter dem Gesichtspunkt der „Entstofflichung eines sehr konkret gefaßten Themas" begriffen.[31] Der Brunnen sei „überhaupt nur vorhanden, damit an ihm eine moralische Sentenz demonstriert werde: Schönheit und Freude der Welt sind nicht ohne Anstrengung möglich;"[32] oder: „Die Mühe erhöht den Wert des Erworbenen. Nur das, was schwer zu erreichen ist, sei erstrebenswert."[33] Kennt man aber den Wolfsbrunnen aus dem „Galathee"-Lied als Ort der Liebesvereinigung für Opitz und liest man das Gedicht aus der damaligen Situation, so könnte das Sonett neben seiner allegorischen eine erotische Komponente haben. Schon die Namensgebung im Titel zeigt, daß Opitz nicht einen beliebigen Brunnen wählt, sondern gerade denjenigen, der für ihn so voller Erinnerungen und Erlebnisse ist. Die persönliche Anrede in der ersten Zeile unterstreicht die emotionale Substanz. „Ruh und Lust", die in der Umgebung dieses Brunnens zu genießen sind, weisen darauf hin, daß die benannte Örtlichkeit eine Stätte des Angenehmen und der Freude ist. Und gerade diese Bedeutung des Brunnens wird im zweiten Quartett betont: der Wolfsbrunnen, der den Kurfürsten gehörte, war der Lieblings- und Erholungsaufenthalt Friedrichs V. und seiner Gemahlin Elisabeth und ist für sie wie für Opitz ein Ort der „ergetzlichkeit und keuschen Wollust". Und wenn in den Terzetten am Bild des Brunnens gezeigt ist, „daß alle Fröligkeit sey Müh und arbeit voll", so könnte man über den allgemeinen Charakter dieser Sentenz hinaus auch Opitz' eigene Situation während seines Heidelberger Aufenthaltes hier mitreflektiert sehen, die sich auszeichnet durch unbekümmerte „Fröligkeit“ des Liebesgenusses und gleichzeitiger „Müh und arbeit“ des Studierens.

Mit dem „Buch von der deutschen Poeterey“ und seiner von ihm selbst zusammengestellten Gedichtausgabe von 1625 trat Opitz nicht nur als Reformator der deutschen Dichtung auf, er warb auch – als sozialer Aufsteiger dazu gezwungen – um Anerkennung bei der „Fruchtbringenden Gesellschaft“ und mußte besorgt sein um seine diplomatische Karriere. In der Heidelberger Zeit dagegen verlief Opitz' Leben trotz seines ersten politischen Engagements für Friedrich V. noch frei und ungezwungen. In dieser jugendlichen Phase brauchte er weniger Rücksichten zu nehmen, er hatte es nicht nötig, um Ämter, Ehren, Titel und Ansehen zu buhlen, seine persönlichen Empfindungen hinter vorgehaltenen Masken zu verbergen. Da er andererseits seine ersten dichterischen Anläufe und Proben schon abgelegt hatte, von den lateinischen zu deutschen Versuchen gekommen war und somit über einige Erfahrungen verfügte, ohne jedoch in Routine geraten zu sein, kann für Opitz die Heidelberger Zeit als gärend, bewegt und anregend gelten. Sie besteht aus den Spannungen zwischen Übersetzen und eigenem Dichten, Nachahmen und Schöpfen, Studium und Erotik, Gelehrsamkeit und Volkstümlichkeit.

Eichendorffs Urteil: „künstlich, tendenziös; conventionell und geziert“[34] ist für die Heidelberger Zeit zumindest überzogen. Daß andere Romantiker aus Heidelberg gegenteilige Qualitäten bei Opitz erkannten und wertschätzten, die spontanen, unmittelbaren, schlichten Züge seiner Lyrik, das zeigt die Tatsache, daß Armin und Brentano vier Gedichte von Opitz in ihre Sammlung von ‚Volksliedern‘ „Des Knaben Wunderhorn“ aufnehmen. Es sind dies die Lieder „Ich empfinde fast ein Grauen“, „Ist irgend zu erfragen“, „An die Morgenröthe“ und „Kompt last uns auß spazieren“. Zwei von ihnen stammen aus den „Teutschen Poemata“: „Kompt last uns auß spazieren“ und das zuerst unter dem Titel „Hirtenlied“ veröffentlichte „Ist irgend zu erfragen“. Auch wenn beide Texte Vorlagen von Daniel Heinsius erkennen lassen, gestaltet Opitz weitgehend selbständig. Es sind Lieder, die während der Heidelberger Zeit geschrieben wurden; im „Hirtenlied“ weisen die Erwähnungen von Rhein und Neckar deutlich darauf hin.[35] „Ich empfinde fast ein Grauen“, Nachdichtung einer Ode von Ronsard, die den Lebensgenuß und das fröhliche Beisammensein mit Freunden statt der Askese des Studierens preist, wurde zuerst im „Buch von der deutschen Poeterey“ veröffentlicht, „An die Morgenröthe“ dagegen erst nach Opitz' Tod in seinen „Weltlichen Poemata“ von 1644.[36] Clemens Brentano übernahm diese Lieder aus einer Opitz-Ausgabe von 1690, die er selbst besaß,[37] und Achim von Arnim dichtete einige Passagen um, während andere weggelassen wurden. Nach der von Brentano benutzten Ausgabe,[38] die nur geringfügige Veränderungen gegenüber den Erstdrucken aufweist, stehen die Opitz-Texte im vorliegenden Bande neben den „Wunderhorn"-Fassungen. Anhand dieser Paralleldrucke kann sich der Leser überzeugen, daß nur wenige Eingriffe genügten, um aus Opitz' Liedern ‚Volkslieder' im Sinne der „Wunderhorn"-Herausgeber zu gewinnen. Neben dem Hinzufügen einer Überschrift beziehungsweise ihrer Änderung werden ein mythologischer Name durch ein konkretes Naturbild ersetzt, das schon vorher im Gedicht erschien („Eh' uns Clotho fort gerafft" [22] „Eh' der Strom uns fortgerafft" [22] in: „Ueberdruss der Gelahrtheit"), ein antikisierender getilgt („Das Phyllis mich gefangen" [11] „Da Eine mich gefangen" [11] in: „Unerhörte Liebe"), konkrete Ortsangaben in allgemeinere Bezeichnungen umgewandelt. Das ursprünglich achtstrophige Preislied „An die Morgenröthe" wird zu einem dreistrophigen Lied komprimiert, in dem „Aurora" in den Mittelpunkt rückt und ehemalige mythologische Anspielungen wegfallen. Und in „Der Spaziergang" haben die „Wunderhorn"-Herausgeber das zentrale Motiv von Opitz gestrichen und statt dessen seine Einkleidung zum eigentlichen Thema gemacht. Beibehalten sind aber jeweils Metrum und Reime sowie viele der ursprünglichen Archaismen.

Opitz, in dessen Werk Heidelberg als Thema und Motiv keine deutlicheren Spuren hinterlassen hat,[39] bleibt durch seine Aufnahme in die fast zweihundert Jahre nach seinem Aufenthalt in Heidelberg dort erscheinende Sammlung „Alter deutscher Lieder" „Des Knaben Wunderhorn" mit der Stadt verbunden, wo er „die Keusche Venus mit den gelerten Musis zugleich verehrt" hat.[40]

Anmerkungen

1 Vgl. Philipp Witkop: Heidelberg und die deutsche Dichtung. Leipzig, Berlin: Teubner 1916; Rudolf K. Goldschmit: Heidelberg als Stoff und Motiv der deutschen Dichtung. Berlin, Leipzig: de Gruyter 1929. (Stoff- und Motivgeschichte der deutschen Literatur 5).

2 Joseph von Eichendorff: Sämtliche Werke. Historisch-kritische Ausgabe. Hg. von Wilhelm Kosch und August Sauer. Bd. 11: Tagebücher. Mit Vorwort und Anmerkungen von Wilhelm Kosch. Regensburg: Habbel o. J., S. 213 f., 20. September 1807. – Daß Opitz bei den Heidelbergern um diese Zeit sonst noch bekannt ist, läßt sich vermuten aus dem Zitat des Sonetts „Vom Wolffsbrunnen bey Heidelberg" in dem bekannten Buch von Helmina von Chezy: Gemälde von Heidelberg, Mannheim, Schwetzingen, dem Odenwald und dem Neckarthale. Heidelberg: Joseph Engelmann 1816, S. 115 f.

3 [August Heinrich Julius Lafontaine:] Klara du Plessis und Klairant. Eine Familiengeschichte Französischer Emigranten. Von dem Verfasser des Rudolphus von Werdenberg. Berlin: Vossische Buchhandlung 1795. Reprint mit einem Vorwort von Hans-Friedrich Foltin. Hildesheim, New York: Olms 1976, S. 570–572.

4 Vgl. Klaus Garber: Martin Opitz – „der Vater der deutschen Dichtung". Eine kritische Studie zur Wissenschaftsgeschichte der Germanistik. Stuttgart: Metzler 1976.

5 Eichendorff: Sämtliche Werke (Anm. 2). Fortgeführt und hg. von Hermann Kunisch. Bd. 9, 3: Geschichte der poetischen Literatur Deutschlands. Hg. von Wolfram Mauser. Regensburg: Habbel 1970, S. 128, 152, 154 f.

6 Vgl. für Biographie und Werk Marian Szyrocki: Martin Opitz. München: Beck ^{2}1974.

7 Dieser Ehrentitel stammt von Johann Christoph Gottsched: Lob- und Gedächtnisrede auf den Vater der deutschen Dichtkunst, Martin Opitzen von Boberfeld, gehalten anläßlich Opitz' 100. Todestages an der Universität Leipzig 1739. Vgl. Garber: Opitz (Anm. 4), S. 44.

8 Vgl. Conrad Bursian: Janus Gruter. In: Allgemeine Deutsche Biographie. Bd. 10. Leipzig: Duncker und Humblot 1879, S. 68–71.

9 Jörg-Ulrich Fechner (Hg.): Martin Opitz. Jugendschriften vor 1619. Faksimileausgabe des Janus Gruter gewidmeten Sammelbandes mit den handschriftlichen Ergänzungen und Berichtigungen des Verfassers. Stuttgart: Metzler 1970 (Sammlung Metzler 88). Dieser Sammelband ist eine der Vorlagen für die 1624 von Zincgref veröffentlichte Ausgabe der „Teutschen Poemata" von Martin Opitz, vgl. das Nachwort von Fechner, S. 1*–27*.

10 Vgl. Alexander Reifferscheid (Hg.): Quellen zur Geschichte des geistigen Lebens in Deutschland während des siebzehnten Jahrhunderts. Nach Handschriften. Band I: Briefe G. M. Lingelsheims, M. Berneggers und ihrer Freunde. Heilbronn: Henninger 1889; Dieter Mertens: Zu Heidelberger Dichtern von Schede bis Zincgref. In: Zeitschrift für deutsches Altertum 103 (1974), S. 200–241.

11 Martin Opitz: Teutsche Poemata. Abdruck der Ausgabe von 1624 mit den Varianten der Einzeldrucke und der späteren Ausgaben. Hg. von Georg Witkowski. Halle: Niemeyer 1902 (Neudrucke deutscher Litteraturwerke des XVI. und XVII. Jahrhunderts 189–192).

12 Auserlesene Gedichte Deutscher Poeten gesammelt von Julius Wilhelm Zincgref. 1624. Hg. von Wilhelm Braune. Halle: Niemeyer 1879 (Neudrucke deutscher Litteraturwerke des XVI. und XVII. Jahrhunderts 15).

13 Vgl. Kurt H. Wels: Opitzens politische Dichtungen in Heidelberg. In: Zeitschrift für deutsche Philologie 46 (1915), S. 87–95.

14 Zitiert nach Wels (Anm. 13), S. 89.

15 Vgl. Hermann Palm: Opitz und Ludwig Camerarius. In: H. P.: Beiträge zur Geschichte der

deutschen Literatur des XVI. und XVII. Jahrhunderts. Breslau: Morgenstern 1877. Reprint: Leipzig: Zentralantiquariat der DDR 1977, S. 149–157.

16 Vgl. Szyrocki: Opitz (Anm. 6), S. 58.

17 Vgl. Mertens: Zu Heidelberger Dichtern (Anm. 10), S. 232.

18 Eichendorff: Geschichte der poetischen Literatur Deutschlands (Anm. 5), S. 154.

19 Martin Opitz: Gesammelte Werke. Kritische Ausgabe. Hg. von George Schulz-Behrend. Bd. II: Die Werke von 1621 bis 1626. Stuttgart: Hiersemann 1979, S. 544.

20 Opitz: Teutsche Poemata (Anm. 11), S. 8.

21 Reifferscheid: Quellen (Anm. 10), S. 316.

22 Kaspar Gottlieb Lindner (Hg.): Umständliche Nachricht von des weltberühmten Schlesiers, Martin Opitz von Boberfeld, Leben, Tode und Schriften, nebst einigen alten und neuen Lobgedichten auf ihn. 2 Teile. Hirschberg: Krahn 1740. 1741. Teil I, S. 157–168 die von Christoph Coler verfaßte lateinische Biographie in deutscher Übersetzung. Zitat S. 168.

23 Szyrocki: Opitz (Anm. 6), S. 42; Janis Little Gellinek: Liebesgedichte und Lebensgeschichte bei Martin Opitz. In: Deutsche Vierteljahresschrift für Literatur- und Geistesgeschichte 42 (1968), S. 161–181.

24 Gellinek: Liebesgedichte (Anm. 23), S. 165.

25 Gegen die biographische Auslegung wendet sich Janis Little Gellinek: Die weltliche Lyrik des Martin Opitz. Bern, München: Francke 1973, S. 64f.

26 Opitz: Teutsche Poemata (Anm. 11), S. 61f., 76, 105, 116f.

27 Eine autobiographische Deutung bringt Gellinek: Liebesgedichte (Anm. 23), S. 164–172. Danach das Folgende. Vgl. auch Gellinek: Die weltliche Lyrik (Anm. 25), S. 93–96. Siehe Seite 67–71 des vorliegenden Bandes.

28 Vgl. Opitz: Gesammelte Werke (Anm. 19), Bd. II, S. 658: Die hier gegebene Erklärung ist zu korrigieren.

29 Ebd.

30 Vgl. Jacob und Wilhelm Grimm: Deutsches Wörterbuch. Bd. 1. Leipzig: Hirzel 1854, Sp. 533.

31 Günther Weydt: Nachahmung und Schöpfung bei Opitz. Die frühen Sonette und das Werk der Veronica Gambara. In: Euphorion 50 (1956), S. 1–26, Zitat S. 4f.

32 Anneliese Bach: Das Motiv des Brunnens in der deutschen Lyrik vom 17. Jhdt. bis zur Gegenwart. In: Germanisch-Romanische Monatsschrift 37 (1956), S. 213–231, Zitate S. 220.

33 Gellinek: Die weltliche Lyrik (Anm. 25), S. 112.

34 Eichendorff: Geschichte der poetischen Literatur Deutschlands (Anm. 5), S. 154.

35 Gellinek: Die weltliche Lyrik (Anm. 25), S. 86, 90.

36 Opitz: Gesammelte Werke (Anm. 19), Bd. II, S. 684; Gellinek: Die weltliche Lyrik (Anm. 25), S. 182.

37 Vgl. Clemens Brentano: Sämtliche Werke und Briefe. Historisch-kritische Ausgabe. Hg. von Jürgen Behrens, Wolfgang Frühwald, Detlev Lüders. Bd. 9, 1: Des Knaben Wunderhorn. Alte deutsche Lieder. Gesammelt von Ludwig Achim von Arnim und Clemens Brentano. Kommentar. Hg. von Heinz Rölleke. Stuttgart: Kohlhammer 1978, S. 143f., 260f., 495–497, 511. Dort jeweils genaue Erläuterungen, von denen hier die wesentlichen übernommen sind.

38 Des berühmten Schlesiers /Martini Opitii / von Boberfeld. / Bolesl. / Opera / Geist- und Weltlicher / Gedichte / Nebst beygefügten vielen an- / dern Tractaten so wohl Deutsch / als Lateinisch / Mit Fleiß zusammen gebracht / und von / vielen Druckfehlern befreyet / Die neueste Edition / Breslau: Jesaias Fellgibel 1690, S. 206f., 189f., 209f., 162f.

39 Fälschlicherweise beziehen Witkop: Heidelberg und die deutsche Dichtung (Anm. 1), S. 20 und Goldschmit: Heidelberg als Stoff und Motiv der deutschen Dichtung (Anm. 1), S. 5f. Opitz' „Sonnet An der Liebsten Vatterlandt" auf Heidelberg und sein „Sonnet An einen gewissen Berg" auf den Königstuhl. Schon Max Rubensohn: Der junge Opitz. In: Euphorion 2 (1895), S. 57–99; 6 (1899), S. 24–67, 221–271, hier 2 (1895), S. 98f., wies nach, daß mit dem ersten Sonett Görlitz, mit dem zweiten der Berg Landeskrone bei Görlitz gemeint ist.

40 Opitz: Teutsche Poemata (Anm. 11), S. 8.

Martin Opitz:

Vom Wolffsbrunnen bey Heidelberg

Du edele Fonteyn mit Ruh vnd Lust vmbgeben,
Mit Bergen hier vnd dar, als einer Burg, vmbringt,
Printz aller schönen Quell, auß welchem Wasser dringt
Anmütiger dann Milch, vnd köstlicher dann Reben,
Da vnsers Landes Kron vnd Haupt mit seinem Leben,
Der werden Nymf, offt selbst die Zeit in frewd zubringt,
Da jhr manch Vögelein zu ehren lieblich singt,
Da nur ergetzlichkeit vnd keusche Wollust schweben,
Vergeblich bistu nicht in diesem grünen Thal,
Von Klippen vnd Gebirg beschlossen vberal,
Die künstliche Natur hat darumb dich vmbfangen
Mit Felsen vnd Gebüsch, auff daß man wissen soll
Daß alle Fröligkeit sey Müh vnd arbeit voll,
Vnd daß auch nichts so schön, es sey schwer zu erlangen.

An die Teutsche Nation

Der blinden Venus werck, die süsse gifft zu lieben
Vnd schöne Zauberey, in diesem Buch beschrieben,
Nimm erstlich an von mir, du werthes Vatterlandt,
Nimm an der Liebe sach, als meiner Liebe pfandt.
Mein Sinn flog vber hoch: Ich wolte dir vermelden
Durch der Poesis kunst den lauff der grossen Helden,
Die sich vor dieser Zeit den Römern widersetzt,
Vnd ihrer Schwerter schärff in jhrem Blut genetzt.
Apollo nam mich an in seine Gunst vnd holde,
Vulcanus hatte schon gemacht von gutem Golde,
Die Feder meiner Faust: Ich war nun gantz bereit
Mit meines Geistes frucht zu brechen durch die Zeit.
Da kam der Venus Kindt, bracht eine Kron von Myrten
Vor meinen Lorbeerkrantz, verstieß mich zu der Hirten
In einen grünen Wald, wieß mir ein schönes Bild,
Die edle Nymf hat mir Gemüth vnd Sinn erfüllt.
In ihren äugelein hab ich das alles funden
Was ich mich in diß Buch zuschreiben vnderwunden,
Das irdische Gestirn hat meinem hohen Geist
In dieses enge Meer der Eitelkeit geweist.
In dieses enge Meer auff welchem meine Sinnen

Nichts als von Freundligkeit vnd Liebe dencken künnen,
Von Lieb vnd freundligkeit: Die bitter süsse Pein
Die muste mir an statt der Heldenthaten sein.
Ich thue, Asterie, nach deinem wolbehagen
Vnd will dein hohes Lob biß an die Sternen tragen:
So weit der Teutschen Red vnd Tugendt ist bekandt,
Soll auch dein Ehr vnd Preiß durchtringen alles Landt.
O hohe werthe Seel in Weißheit außerkoren
Zum Spiegel weiblicher vollkommenheit geboren,
Sey mir mit deiner Gunst, mit deiner Huld bereit,
Komm, komm, vnd laß vns gehn den Weg der Ewigkeit.
Du Teutsche Nation voll Freyheit Ehr vnd Tugendt,
Nimb an diß kleine Buch, die früchte meiner Jugendt,
Biß daß ich höher steig vnd deiner Thaten zahl
Werd vnablässiglich verkünden vberal.
Diß Buch ist mein beginn in Lieb vnd auch das ende:
Ein ander besser Werck zu dem ich jetzt mich wende,
Das soll vor diesem Buch so vielmahl besser sein,
Je besser Weißheit ist als Venus süsse Pein.

Beschluß Elegie

Das blinde liebes werck, die süsse Gifft der Sinnen,
Vnd rechte Zauberey hat letzlich hier ein end,
Das Kindt, das lose Kind, so mich verführen künnen,
Wird entlich gantz vnd gar von mir hinweg gewendt,
Nun suche wo du wilt dir andere Poeten,
Hier Venus hab ich mir gesteckt mein eigen Ziel,
Es ist auch deine gunst jetzt weiter nit von nöten,
All eitelkeit ich haß, es liebe wer da will.
Was meine schwache Hand vor dieser Zeit geschrieben,
Durch deinen Geist gefürt, das ist der Jugent schult,
Ich werd weiter nit von solcher lust getrieben,
Was dir gehässig ist, demselben trag ich huld,
Wann vrthel vnd verstand bei mir zu rahte sitzen,
Hast du zuvor regirt in meinem jungen sinn,
Jetzt seh ich daß dein Sohn sey ohne wohn vnd witzen,
Du aber selber bist ein Edle Kuplerin.
Die gantze Götterzunfft, was jemahls hat gefallen
Der blinden Heidenschafft, halt ich vor hohn vnd schmach,
Ich schende dich vnd Sie: Der Oberst vnder allen

Lest Plitz vnd Hagel stehn, vnd kreucht den Huren nach.
Der Bacchus wird nit eh, alß truncken, vbertretten.
Dich hat der starke Mars, Alcides Hylam lieb,
Priapus komt gar fein vnd züchtig vffgetretten,
Neptunus ist ein Schelm, Mercurius ein Dieb.
Dein wesen ist ein Marck, da leyd wird feil getragen,
Ein Winckel da verdruß vnd wehmuth innen steht,
Ein Herberg aller noth, ein Hauß voll schmertz vnd klagen.
Ein Schiff der pein, ein meer, da Tugent vndergeht.
Wo soll die schönheit sein, wann alles wird vergehen.
Die Lippen von Corall, diß Alabaster Bilt,
Die Augen, so ihr secht, gleich alß zwo Sonnen, stehen,
Der rote Rosenmundt, der weissen Brüste schilt?
Sie sollen, wie ich hör, alß Asch vnd Staub entfliehen,
Vnd gehen allzugleich den weg der Eitelkeit,
Pracht, Hoffart, Gut vnd Gelt, warumb wir vns bemühen,
Wird Wind vnd flügel noch bekommen mit der Zeit.
Ich laß es alles stehn: das ende meiner Jugent,
Die frucht der liebes lust beschließ ich gantz hierein,
Ein ander höher Werck, der anfang meiner Tugent
Wo dieses vndergeht, soll nimmer sterblich sein.

Ein Gebet, daß Gott die Spanier widerumb vom Rheinstrom wolle treiben
1620

Schlag doch, du starcker heldt, die Scheußlichen Maranen,
So leyder ihre Zelt vnd Blutgefärbten Fahnen
Auch jetzt in Teutschlandt bracht, an vnsern schönen Rhein,
Der Waffen tragen muß, vor seinen guten Wein,
Es ist genug gespielt mit eisernen Ballonen,
Du grosser Capitain, hör' auff, fang an zu schonen,
Es ist genug, genug, die Götter sein verheert
Durch die, so sie gemacht, Statt, Dorff, vnd Feld verkehrt,
Laß die, durch deren grimm die Ströme kaum geflossen
Von Leichen zugestopfft, nit außgehn vngenossen,
Vnd mache kundt, daß der, der dir zugegen strebt,
Stürtzt, oder bleibt er ja, jhm selbst zur straffe lebt.

Galathee

COridon der gieng betrübet
An der kalten Cimbersee /
Wegen seiner Galathee /
Die er vor so sehr geliebet /
Die jhm vor so sehr behagt
Eh' er ward von jhr verjagt.
  Seit daß ich hinweg bin kommen /
Seit daß wir geschieden seyn /
Sang er / hat des Mondes schein
Vier mal ab vnd zugenommen:
Galathee / so lange Zeit
Bin ich von dir allbereit.
  Nun du wirst dich noch besinnen
Daß ich bei dir gantz vnd gar
Fuß zu halten willens war /
Vnd auch kaum gesegnen können:
Rawe Heidelberg mich sehr /
Du viel tausend mal noch mehr.
  Galathee / ich were blieben /
Vngeschewt der Kriegesnoth;
Der verlacht Gefahr vnd Tod
Welcher trewlich pflegt zu lieben:
Aber es ist dir wol kundt
Daß es gar bey mir nicht stund.
  Ich zoh' hin von meinen Schaffen /
War auch schon biß an den Main;
Doch es wolte gantz nicht seyn /
Ich vermochte nicht zu schlaffen /
Biß ich wieder zu dir kam /
Vnd noch einmal Abschied nahm.
  Dann must' ich / was solt' ich machen?
Wieder auff mein Franckfurt zu:
Tityrus der sprach: wie nu?
Wie steht's jetzund vmb die Sachen?
Mich bedüncket gantz vnd gar /
Daß dir vor viel besser war.
  Tityrus ist recht gewesen;
Ich war jmmer ärger kranck:
Thyrsis gab mir einen Tranck /
Ob ich köndte so genesen;

Aber alle Kräuterkunst
War vergebens vnd vmbsunst.
  Keiner Müh' hab ich geschonet /
Schifft' hin in das Niederlandt;
Leyden wird die Stadt genandt /
Da der grosse Daphnis wohnet;
Daphnis der berühmbte Mann /
Der so trefflich spielen kan.
  Ich kam zu jhm / wolte singen
Wie zu Heidelberg vorhin:
Nein / es schlieff mir Muth vnd Sinn;
Alle Worte must' ich zwingen:
Bloß mein Schatten gieng allhier /
Ich war nirgend als bey dir.
  Doch er ließ es jhm gefallen /
Sagte: wol mein Coridon /
Fahre fort; dein guter Thon
Kan noch weit vnd breit erschallen:
Es war aber nicht vor mich;
Ich gedachte nur an dich.
  Bin ich vnten oder oben /
Es gilt alles eben viel /
Vnd was hilfft es daß mein Spiel
Alle die es hören loben /
Du hergegen / O mein Liecht /
Die ich lobe hörst es nicht?
  Nachmals kam ich zu den Friesen /
Sah' jhr schönes Vieh da stehn /
Vnd im feisten Grase gehn /
Vnd die Lämmer auff den Wiesen:
O wie wol ist doch daran /
Sprach ich / der so leben kan!
  Nun ich will euch gar nicht neiden /
Ja ich wüntsche noch darzu
Daß jhr lange Zeit in Rhu /
Lieben Hirten / möget weiden.
Aber ich hier vnbekandt
Flieh' anjetzt mein Vaterlandt.
  Ihr könnt singen bey den Quellen /
Daß man höret weit vnd breit
Von der schönsten Freundligkeit

Das gestade Wiederschellen:
Ich muß singen auff der See:
Wo ist meine Galathee?

O wie bistu so verdrungen!
Wo ist jetzt die Herrligkeit /
Corydon / wie vor der Zeit?
Nun sing wie du vor gesungen:
Galathee /bey dir allein
Wil ich jetzt vnd jmmer seyn.

Geh' jetzund hin zu dem Brunnen /
Da des Wolffes strenge Macht
Mutter Jetten vmbgebracht /
Da sich offters durch der Sonnen
Heisse Stralen angeregt
Galathee zu dir gelegt;

Da sie dich mit vielen Küssen
In die weissen Armen schloß;
Da du in der zarten Schoß
Deine Lust recht kondtest büssen:
Aber jetzt / O Corydon /
Ach wie weit bist du darvon!

Nun wir haben es erlebet /
Was du / Gott / verhangen hast /
Daß bey vns ein frembder Gast
Auff den schönen äckern gräbet:
Was wir haben ausgestrewt /
Wird von andern abgemeyt.

Wol dem der sein Feld kan bawen /
Lieben Schäffer /gleich wie jhr /
Darff sein Leben nicht mit mir
Nur dem blossen Winde trawen:
Ihr habt ewer Vatergut /
Ich muß auff die wüste Flut.

Nach dem hin vnd wieder ziehen /
Kam ich endlich doch hieher /
Galathee / weit vber Meer:
Weiter kan ich nun nicht fliehen;
Weiter fliehen kan ich nicht /
Weil mir Wind vnd See gebricht.

Wo die Schiffe vor geflossen /
Da liegt scharffes Eiß vnd Schnee;

Dieses Vfer da ich geh
Hat den Winter gantz verschlossen:
Vor der grünen Felder Lust
Ist hier lauter Reiff vnd Frost.

Nun ich wolte gerne leiden
Was ich jmmer leiden soll;
Ja / mir were gantz so wol /
Wann ich dich nicht dörffte meiden:
Alle Trawrigkeit vnd Pein
Fühl ich nur von wegen dein.

Alle Nacht pflegt mir zu träumen
Wie ich bey dem Necker sey /
Wie ich aller Sorgen frey
Bey den rauchen Kestenbäumen
Mit dir / liebe Galathee /
Oepffel auff zu lesen geh.

Dein Verstand vnd kluge Sinnen /
Die mir meine liessen nicht /
Deiner schönen Augen Liecht /
Die ich muste lieb gewinnen /
Deiner roten Lippen Ziehr
Sind ohn Vnterlaß allhier.

Gantz verstarret vnd erfroren
Durch den Schnee vnd strengen Nort
Irr' ich offters vmb den Port /
Ruffe dir die ich verlohren.
O vergebens / Corydon /
Sie ist allzuweit hiervon.

Täglich geht die Sonne nieder
Steht auch täglich wieder auff /
Vnd helt jhren alten Lauff:
Aber wann seh' ich dich wieder?
Ach / wie weit ist doch der Tag /
Daß ich dich vmbfangen mag!

Manches Land muß ich noch sehen /
Vnd mich lassen hin vnd her
Durch das weite wilde Meer
Manche rauhe Winde wehen /
Eh' ich / reicht mir Gott die Hand /
Schawen kan mein Vaterland.

Vnterdessen meine Frewde /

Galathee gehab dich wol /
Biß ich / wo ich leben soll /
Weit von Trawren vnd von Leide
Bey den meinen vnd bey dir
Bleiben werde für vnnd für.
  Dieses Vfer wil ich haben;
Galathee in deiner Schoß
Kan ich werden frey vnd loß;
Hier wil ich mein Leid vergraben:
Hier soll weit von Angst vnd Pein
Meiner Reise Ruhstadt seyn.
  Also sang er / daß die Wellen
Vnd das Vfer an der See
Galathee / O Galathee /
Sämptlich muste wiederschellen /
Biß die Abendröthe kam /
Vnd die Nacht den Tag weg nahm.

Martin Opitz
(1690)

Ich empfinde fast ein Grauen /
Daß ich / Plato / für und für
Bin gesessen über dir;
Es ist Zeit hinauß zu schauen /
Und sich bey den frischen Quellen
In dem grünen zu ergehn /
Wo die schönen Blumen stehn /
Und die Fischer Netze stellen.

Worzu dienet das studieren
Als zu lauter Ungemach?
Unterdessen laufft die Bach
Unsers Lebens das wir führen /
Ehe wir es inne werden /
Auff ihr letztes Ende hin /
Dann kömpt ohne Geist und Sinn
Dieses alles in die Erden.

Hola / Junger / geh' und frage /
Wo der Beste Trunck mag seyn /
Nimb den Krug / und fülle Wein.
Alles Trauren / Leid und Klage
Wie wir Menschen täglich haben
Eh' uns Clotho fort gerafft /
Will ich in den süssen Safft
Den die Traube gibt vergraben.

Kauffe gleichfals auch Melonen /
Und vergiß deß Zuckers nicht;
Schaue nur daß nichts gebricht.
Jener mag der Heller schonen /
Der bey seinem Gold' und Schätzen
Tolle sich zu kräncken pflegt /
Und nicht satt zu Bette legt:
Ich wil weil ich kan mich letzen.

Wunderhorn
Ueberdruss der Gelahrtheit
Opitz

Ich empfinde fast ein Grauen,
Daß ich, Plato, für und für
Bin gesessen über dir;
Es ist Zeit hinaus zu schauen,
Und sich bey den frischen Quellen
In dem Grünen zu ergehn,
Wo die schönen Blumen stehn,
Und die Fischer Netze stellen.

Wozu dienet das Studieren?
Als zu lauter Ungemach?
Unterdessen läuft der Bach
Unsers Lebens, uns zu führen,
Ehe wir es inne werden,
Auf sein letztes Ende hin,
Dann kömmt ohne Geist und Sinn
Dieses alles in die Erden.

Hola, Junge geh und frage,
Wo der beßte Trunk mag seyn,
Nimm den Krug, und fülle Wein.
Alles Trauren, Leid und Klage
Wie wir Menschen täglich haben,
Eh' der Strom uns fortgerafft,
Will ich in den süßen Saft
Den die Traube gibt, vergraben.

Kaufe gleichfalls auch Melonen,
Und vergiß des Zuckers nicht;
Schaue nur daß nichts gebricht.
Jener mag der Heller schonen,
Der bey seinem Gold und Schätzen
Tolle sich zu kränken pflegt,
Und nicht satt zu Bette legt:
Ich will, weil ich kann, mich letzen.

Bitte meine gute Brüder
Auff die Music und ein Glaß:
Kein ding schickt sich / dünckt mich / baß /
Als ein Trunck und gute Lieder.
Laß' ich schon nicht viel zu erben /
Ey so hab ich edlen Wein.
Wil mit andern lustig seyn /
Wann ich gleich allein muß sterben.

Bitte meine guten Brüder
Auf Musik und auf ein Glas:
Kein Ding schickt sich, dünkt mich, baß,
Als ein Trunk und gute Lieder.
Laß' ich schon nicht viel zu erben,
Ey so hab ich edlen Wein,
Will mit andern lustig seyn,
Wann ich gleich allein muß sterben.

Martin Opitz
(1690)

Ist irgen zu erfragen
Ein Schäffer umb den Rhein /
Der sehnlich sich beklagen
Muß über Liebes-Pein /
Der wird mir müssen weichen /
Ich weiß sie plagt mich mehr:
Niemand ist mir zu gleichen /
Und liebt er noch so sehr.

Es ist vorbey gegangen
Fast ietzt ein volles Jahr /
Das Phyllis mich gefangen
Mit Liebe gantz und gar;
Daß sie mir hat genommen
Gedancken / Muth und Sinn:
Ein Jahr ists / daß ich kommen
In ihre Liebe bin.

Seyt dem bin ich verwirret
Gewesen für und für /
Es haben auch geirret
Die Schaffe neben mir;
Das Feld hab' ich verlassen /
Gelebt in Einsamkeit /
Hab' alles müssen hassen
Warumb ein Mensch sich freut.

Wunderhorn
Unerhörte Liebe
Martin Opitz

Ist irgend zu erfragen
Ein Schäfer um den Rhein,
Der sehnlich sich beklagen
Muß über Liebespein,
Der wird mir müssen weichen,
Ich weiß sie plagt mich mehr,
Niemand ist mir zu gleichen,
Und liebt er noch so sehr.

Es ist vorbey gegangen
Fast jetzt ein ganzes Jahr,
Daß Eine mich gefangen
Mit Liebe ganz und gar,
Daß sie mir hat genommen
Gedanken, Muth und Sinn,
Ein Jahr ist's, daß ich kommen
In ihre Liebe bin.

Seitdem bin ich verwirret
Gewesen für und für,
Es haben auch geirret
Die Schaafe neben mir,
Das Feld hab ich verlassen,
Gelebt in Einsamkeit,
Hab alles müssen hassen,
Warum ein Mensch sich freut.

Nicht hab' ich können singen
Als nur ihr klares Liecht;
Von ihr hab' ich zu klingen
Die Lauten abgericht;
Wie sehr ich sie muß lieben /
Und ihre grosse Ziehr /
Das hab' ich fast geschrieben
An alle Bäum' allhier.

Kein Trincken und kein Essen /
Ja nichts hat mir behagt /
Ich bin nur stets gesessen /
Und habe mich beklagt:
In diesem schweren Orden
Verändert alles sich /
Die Herd ist mager worden /
Und ich bin nicht mehr ich.

Sie aber hat die Sinnen
Weit von mir abgekehrt /
Ist gar nicht zu gewinnen /
Als wär' ich ihr nicht werth;
Da doch was ich gesungen
Im Brittenland' erschallt /
Und auch mein Thon gedrungen /
Biß durch den Böhmer Waldt.

So hab' ich auch darneben /
Ich habe was bey mir /
Daß ich nicht wolte geben
Umb alles Vieh allhier
Daß an deß Neckers Rande
Im grünen Grase geht:
Mein Lob wird auff dem Lande
Und in der Stadt erhöht.

Jedoch nach diesem allen
Frag' ich nicht sonders viel /
Der Phyllis zu gefallen
Ich einig singen wil /
Weil nichts ist das auff Erden
Mir ohne sie gefällt;
Kan ihre Gunst mir werden /
So hab' ich alle Welt.

Nichts hab ich können singen,
Als nur ihr klares Licht,
Von ihr hab ich zu klingen
Die Lauten abgericht,
Wie sehr ich sie muß lieben
Und ihre große Zier,
Das hab ich fast geschrieben
An alle Bäume hier.

Kein Trinken und kein Essen,
Ja nichts hat mir behagt,
Ich bin nur stets gesessen,
Und habe mich beklagt:
In diesem schweren Orden
Verändert alles sich,
Die Heerd' ist mager worden,
Und ich bin nicht mehr ich.

Sie aber hat die Sinnen
Weit von mir abgekehrt,
Ist gar nicht zu gewinnen,
Hat mich noch nie erhört;
Da doch was ich gesungen
Weit in das Land erschallt,
Und auch mein Ton gedrungen
Bis durch den Böhmer Wald.

Die Schaafe, die am Flusse
Im tiefsten Grase stehn,
Sie horchten meinem Gruße,
Sie wollen zu mir gehn;
Es sammelt sich die Menge,
Es winken mir die Fraun,
Doch selbst in dem Gedränge,
Kann ich die Lieb nicht schaun,

Was soll mein Lied erschallen?
Viel lieber bin ich still,
Der Liebsten zu gefallen
Ich einig singen will:
Weil alles sie auf Erden
Allein zusammenhält,
Kann ihre Gunst mir werden,
So hab ich alle Welt.

Martin Opitz
(1690)

An die Morgenröthe

Wer sich auff Ruhm begiebet /
Und freye Tagen liebet /
Der liebet auch dein Liecht /
Aurora; du must machen
Den Fortgang aller Sachen /
Sonst hilfft der Vorsatz nicht.

Wann deine güldne Stralen
Die blauen Wolcken mahlen /
Du werthes Himmelkind /
So muß die Nacht verbleichen /
Es müssen für dir Weichen
So viel als Sternen sind.

Es ist die grosse Sonne /
Der Erden Lust und Wonne /
So herrlich als du:
Wann sie dich an will sehen /
So kan es nicht geschehen
Als nur von hinten zu.

Kompst du auß Zithons Armen /
Da muß das Feld erwarmen /
Da lachet Berg und Wald;
Das Graß muß Blumen bringen /
Die leichten Vögel singen /
Daß Erd' und Lufft erschallt.

Wer seinen Muth will letzen
Mit schneller jagt und hetzen /
Der stehet auff mit dir:
Du bist der brünste Mutter /
Dein Tau erzeugt das Futter
Für Wildt und alles Thier.

Wunderhorn
Aurora
Martin Opitz

Wer sich auf Ruhm begiebet,
Und freie Tage liebet,
Der liebt Aurorens Licht;
Dann Gras muß Blumen bringen,
Der Vögel leichtes Singen
Durch alle Lüfte bricht.

Wer Waffen trägt und krieget /
Wer an den Ketten lieget /
Wer auff dem Meere wallt /
Wer voll ist schwerer Sorgen /
Der spricht / wann wird es morgen?
Aurora / komm doch bald.

Auch ich bin dir ergeben /
Du letzest mir mein Leben /
Mit deiner schönen Ziehr /
Hierumb will ich dich preisen /
Und meinen Dienst erweisen /
O Göttin / für und für.

Laß mich nur diß erlangen /
Wann ich mein Lieb umbfangen /
So halt den Zügel an /
Halt an die Hellenblicke /
Biß ich zuvor mein Glücke /
Wie recht / gebrauchen kan.

Wer Waffen trägt und krieget,
Wer an den Ketten lieget,
Wer auf dem Meere wallt,
Wer voll ist schwerer Sorgen,
Der spricht: Wann wird es morgen?
Aurora komm doch bald!

Laß mich nur dies erlangen,
Wann ich mein Lieb umfangen,
So halt den Zügel an,
Halt an die hellen Blicke,
Bis ich zuvor mein Glücke
Wie recht, gebrauchen kann.

Kompt last uns auß spatzieren /
Zu hören durch den Wald
Die Vögel musiciren /
Das Berg und Thal erschallt.

Wol dem / der frey kan singen /
Wie ihr / ihr Volck der Lufft;
Mag seine Stimme schwingen
Zu der auff die er hofft.

Ich werde nicht erhöret /
Schrey ich gleich ohne Ruh;
Die so mich singen lehret
Stopfft selbst die Ohren zu.

Mehr wol dem der frey lebet /
Wie du / du leichte Schar /
In Trost und Angst nicht schwebet /
Ist ausser der Gefahr.

Ihr werdet zwar umbgangen /
Doch hält man euch in werth;
Ich bin von der gefangen /
Die meiner nicht begehrt.

Ihr könt noch Mittel finden /
Entfliehen auß der Pein;
Sie muß noch mehr mich binden /
Soll ich erlöset seyn.

WUNDERHORN
Der Spaziergang
Martin Opitz

Kommt laßt uns aus spazieren,
Zu hören durch den Wald,
Die Vögel musiziren,
Daß Berg und Thal erschallt.

Wohl dem der frey kann singen,
Wie du, du Volk der Luft,
Mag seine Stimme schwingen,
Zu der, auf die er hofft.

Mehr wohl dem der frey lebet,
Wie du, du leichte Schaar,
In Trost und Angst nicht schwebet,
Ist außer der Gefahr.

Quellen „Vom Wolffsbrunnen bey Heidelberg"; „An die Teutsche Nation"; „Beschluß Elegie"; „Ein Gebet, daß Gott die Spanier widerumb vom Rheinstrom wolle treiben" in: Martin Opitz: Teutsche Poemata. Abdruck der Ausgabe von 1624 mit den Varianten der Einzeldrucke und der späteren Ausgaben. Hg. von Georg Witkowski. Halle: Niemeyer 1902. (Neudrucke deutscher Litteraturwerke des XVI. und XVII. Jahrhunderts 189–192), S. 111f., 14f., 147–149.

„Galathee" in: Martin Opitz: Gesammelte Werke. Kritische Ausgabe. Hg. von George Schulz-Behrend. Bd. II: Die Werke von 1621 bis 1626. Teil 2. Stuttgart: Hiersemann 1979. (Bibliothek des literarischen Vereins in Stuttgart 301), S. 654–659.

„Ich empfinde fast ein Grauen", „Ist irgend zu erfragen", „An die Morgenröthe", „Kompt last uns auß spatzieren" in: Des berühmten Schlesiers / Martini Opitii / von Boberfeld. / Bolesl. / Opera / Geist- und Weltlicher / Gedichte / Nebst beygefügten vielen an- / dern Tractaten so wohl Deutsch / als Lateinisch / Mit Fleiß zusammen gebracht / und von / vielen Druckfehlern befreyet / Die neueste Edition / Breslau: Jesaias Fellgibel 1690, S. 206f., 189f., 209f., 162f.

Die entsprechenden Wunderhorn-Fassungen in: Clemens Brentano: Sämtliche Werke und Briefe. Historisch-kritische Ausgabe. Hg. von Jürgen Behrens, Wolfgang Frühwald, Detlev Lüders. Bd. 6: Des Knaben Wunderhorn. Alte deutsche Lieder. Gesammelt von Ludwig Achim von Arnim und Clemens Brentano. Teil I. Hg. von Heinz Rölleke. Stuttgart u. a.: Kohlhammer 1975, S. 53f., 114–116, 283, 291.

Unbekannter deutscher Künstler um 1600
Heidelberg von Nordosten mit Heiliggeist- und Peterskirche und Brücke, um 1600
Feder/Tinte und Bisterlavierung über Bleistiftspuren; 173 : 280 mm; Inv.Nr. Z 5151

MATTHÄUS MERIAN (1593—1650)
Der Wolfsbrunnen, 1620
Der Kupferstich gehört zu Merians „Topographia Palatinatus Rheni“ von 1620.

JOHANN JACOB MEYER (1787—1858) nach eigener Vorlage
Ansicht vom Wolfsbrunnen, 1820/1821
Aquatinta koloriert; 191 : 266 mm; Inv.Nr. S 2440[10]

Zu Hölderlins Ode *Heidelberg*

von

Gerhard Buhr

Am 3. Juni 1788 sah Hölderlin Heidelberg zum ersten Mal; er berichtete an seine Mutter:

Die Stadt gefiel mir außerordentlich wohl. Die Lage ist so schön, als man sich je eine denken kan. Auf beiden Seiten und am Rüken der Stadt steigen steile waldichte Berge empor, und auf diesen steht das alte, ehrwürdige Schloß – [. . .] Merkwürdig ist auch die neue Brüke daselbst. (VI, 35 [1])

Über weitere Besuche der Stadt schreibt Friedrich Beißner: *Spätere Besuche der Stadt (etwa bei der Heimkehr von Jena im Juni 1795, auf der Fahrt nach Frankfurt Ende Dezember 1795, auf der Durchreise nach Rastatt im November 1798 mit Sinclair, bei der Heimkehr von Homburg Ende Mai oder Anfang Juni 1800) sind nicht ausdrücklich belegt.*[2] Die Lesart vom *vertriebenen Wanderer / Der vor Menschen und Büchern floh* (II, 410 Z. 24f.) macht es, wie Ludwig Strauß nachzuweisen gesucht hat,[3] wahrscheinlich, daß Erfahrungen des Juni 1795 für die Ode maßgeblich geworden sind. Diese biographischen Zeugnisse aber sind für eine Interpretation des Gedichtes, für das Verständis des inneren idealischen Lebens mit dessen Verhältnis zum bestimmten Leben, zur Darstellung, so wenig ergiebig, daß hier, cum grano salis, das Motto zu Goethes *Römischen Elegien* zu gelten hat: *Wie wir einst so glücklich waren! / Müssen's jetzt durch euch erfahren.* Zu folgen ist, unter Berücksichtigung der Lesarten und der Überarbeitung, dem Druck der Ode in dem in Frankfurt erschienenen Almanach *Aglaia. Jahrbuch für Frauenzimmer auf 1801. Herausgegeben von N. P. Stampeel* (II, 408), welchen die Große Stuttgarter Hölderlin-Ausgabe wiedergibt (II, 14f.).[4]

Das Gedicht ist *Bild* dessen, *das sich genau betrachtet weder recht denken* läßt *noch auch vor den Sinnen* liegt (IV, 275), der unendlicheren lebendigeren Vereinigung von Mensch und Welt. Das Wesen dieser Vereinigung ist das Göttliche; dessen Bild, in welchem das Göttliche zu Göttern gestaltet wird, nennt Hölderlin die *Mythe* (IV, 281). Ihrem Charakter nach ist die Mythe in dem objektiven, dem *inneren Gehalt* und in der Darstellung *(äußerer Gehalt, Vortrag) intellectuell historisch* (IV, 280f.). Dies besagt nicht, daß die Mythe Gedanken und Reales vereine, sondern daß sie das, was das Gedankliche an sich formal abstrakt charakterisiert, *die Selbstständigkeit, die gegenseitige Beschränkung, das negative gleiche Nebeneinanderseyn,* und das, was die physischen, historischen Verhältnisse charakterisiert, *den innigen Zusammenhang, das Gegebenseyn des einen zum andern, die Unzertrennlichkeit,* vereinigt und so den Widerspruch zwischen Trennung und Verbindung für alle Teile des inneren und äußeren Gehaltes auflöst (IV, 280f.).[5] Die Mythe in diesem Verständnis ist nicht Stoff der Dichtung, sie ist die einzelne Dichtung selbst. Die Ode *Heidelberg* ist eine Mythe der mütterlichen Stadtgottheit, der *Mutter Athene* (II, 107 v. 149 u. 109 v. 196); ihr gilt die Du-Anrede des Gedichtes. Das Standbild der Athene (Minerva), verfertigt von Franz Konrad Linck,[6] hat Hölderlin, wenn er, wie wahrscheinlich, 1795 ein zweites Mal in Heidelberg gewesen ist, auf der 1788 fertiggestellten neuen Brücke, zusammen mit der auf der anderen, der Stadtseite stehenden Statue des Landesvaters Carl Theodor, stehen sehen können; es wurde 1790 auf der Westseite der Brücke aufgestellt.[7] Am Postament von den Allegorien der Frömmigkeit, der Gerechtigkeit, des Ackerbaus und des Handels sowie von symbolischen Darstellungen der Künste und Wissenschaften der Architektur, der Himmels- und Erdkunde, der Bildhauerei und Malerei und der Musik umgeben steht die Athene, die auch die Göttin der Stadttore ist,[8] gewissermaßen auf der Grenze von Land und Stadt – stromaufwärts schauend.

Heidelberg

Lange lieb' ich dich schon, möchte dich, mir zur Lust,
Mutter nennen, und dir schenken ein kunstlos Lied,
Du, der Vaterlandsstädte
Ländlichschönste, so viel ich sah.

Wie der Vogel des Walds über die Gipfel fliegt,
Schwingt sich über den Strom, wo er vorbei dir glänzt,
Leicht und kräftig die Brüke,
Die von Wagen und Menschen tönt.

Wie von Göttern gesandt, fesselt' ein Zauber einst
Auf die Brüke mich an, da ich vorüber gieng,
Und herein in die Berge
Mir die reizende Ferne schien,

Und der Jüngling, der Strom, fort in die Ebne zog,
Traurigfroh, wie das Herz, wenn es, sich selbst zu schön,
Liebend unterzugehen,
In die Fluthen der Zeit sich wirft.

Quellen hattest du ihm, hattest dem Flüchtigen
Kühle Schatten geschenkt, und die Gestade sahn
All' ihm nach, und es bebte
Aus den Wellen ihr lieblich Bild.

Aber schwer in das Thal hieng die gigantische,
Schiksaalskundige Burg nieder bis auf den Grund,
Von den Wettern zerrissen;
Doch die ewige Sonne goß

Ihr verjüngendes Licht über das alternde
Riesenbild, und umher grünte lebendiger
Epheu; freundliche Wälder
Rauschten über die Burg herab.

Sträuche blühten herab, bis wo im heitern Thal,
An den Hügel gelehnt, oder dem Ufer hold,
Deine fröhlichen Gassen
Unter duftenden Gärten ruhn. (II, 14f.)

Wenn auch die Strophen der *Heidelberg*-Ode[9] hinsichtlich des in ihnen Ausgesprochenen vornehmlich getrennt zu sein scheinen und die Behandlung des Ganzen mehr episodisch ist (vgl. IV, 244 Anm.), so läßt sich die besondere Ordnung der acht Strophen doch schon an äußeren Merkmalen ablesen. Die erste Strophe, bestehend aus einer einzigen syntaktischen Periode, macht insofern die abgesetzte Eingangsstrophe für alle übrigen zusammen aus, als das poetische Ich in ihr sagt, was es empfindet und was es deswegen tun möchte, und als es in einer sonst nicht anzutreffenden Weise ausspricht, was das mit *Du* Angeredete ist, nämlich *der Vaterlandsstädte/Ländlichschönste:* Dem gelten offenbar die folgenden sieben Strophen, als *ein kunstlos Lied.* So teilt sich das Ganze zunächst in die beiden Teile Strophe I und Strophe II–VIII. Der zweite Teil ist sodann durch die Distribution von Du-Anrede, Tempusgebrauch und Strophenenjambement derart geteilt, daß Strophe V dessen mittlere Strophe in symmetrischer Umgebung wird.[10] Die metrische Strophenform, die dritte asklepiadeische Odenstrophe,[11] ist eine in sich reflektierte Form, deren erste Tripodie sowohl in umgekehrter Form (als zweite Tripodie) als auch in zweifacher Erweiterung (Zeile 3 bzw. 4) auftritt und welche diese vier Teile so aufeinander bezieht, daß die mit Zeile 1 gesetzte Zäsur sowohl wiederkehrt als auch zweifach, als Übergang (am Ende der Zeile 3) und als Untergang (in Zeile 4), verwandelt wird. Diese doppelte Vierfältigkeit, die der Strophenanzahl acht entsprechen mag, bewahrt auf mehrfache Weise die Differenz zwischen den sprachlich füllbaren Teilen und den semantisch-sprachlich leeren Einschnitten. Die inhaltliche Interpretation wird dessen eingedenk bleiben müssen.

Unverfügbar ist dem poetischen Ich das Gelingen des kommunikativen Ereignisses, in dem das Wort *Mutter* als erhörter Name gestiftet[12] und das *kunstlos Lied* dankend angenommen und darin geschenkt wird. Deshalb bleibt zunächst auch offen, ob das mit *Du* Angeredete den Anspruch erhört, ob die gegenwärtige Lücke zwischen der Erinnerung an die schon lang währende Liebe[13] und dem ins Zukünftige weisenden Wunsch, zwischen Empfindung und Handeln, wiewohl der Wunsch zu schenken anscheinend der Liebe entsprungen ist, wirklich gefüllt werden wird. Was der ausgesprochene Name *Mutter* besagen soll, suchen die Verse *Du, der Vaterlandsstädte/Ländlichschönste, so viel ich sah* auszusprechen. Das *Du* meint, der Einheit der Zeile wegen, auch das *Du* aller *Vaterlandsstädte* und ist deshalb mehr und anderes als eine personifizierende Anrede der realen Stadt Heidelberg. Was es mehr und anderes ist, liegt in der getrennten Verbundenheit der Wörter *Vaterlandsstädte* und *Ländlichschönste.* Eröffnet ist darin die mehrfache Gegensätzlichkeit von Stadt und Land, Kultur und Natur, dem Geist des Vaterlandes und der natürlichen Schönheit, dem Bereich des *Vaters* und den darin zu findenden Orten der *Mutter,* eine Gegensätzlichkeit, die überhaupt von der durch den Akt der Zeugung gestifteten Beziehung durchwaltet ist, wenn das Gezeugte – was sich hier in der ersten Strophe noch nicht vollzogen hat – entbunden worden ist. Das Wesen des *Du* liegt, wie es scheint, in der Übereinstimmung jener Gegensätze, und es ist diese Übereinstimmung, welche das poetische Ich als den Ort seiner Herkunft weiß und im erhörten Namen *Mutter* und dem gelingenden Schenken des kunstlosen Liedes als den eigenen gewinnen möchte. Dem aber muß der zeugende Geist des Vaters des *Vaterlands* vorausgewirkt haben; ohne diesen Geist ist, wie sich später zeigen wird, das dichterische Sprechen der ganzen Ode sowie besonders der vierten und sechsten Strophe nicht zu denken. Der Name *Mutter* aber ist mit dem Wort ‚Mutter' nicht zu nennen – auszusprechen ist er hier einzig in der Weise des dichterischen Sprechens: Dichtung ist hier der stiftende Entwurf, die eigene Herkunft zu gewinnen. Aber auch die Wendung *Du, Der Vaterlandsstädte/Ländlichschönste, so viel ich sah* kann dies nicht erbringen, da ihr einerseits das mit *Du* Angeredete in der Versgrenze verschwiegen, andererseits das zum poetischen Ich aus der Beziehung zu dem *Du* Gehörige mit der Wendung *so viel ich sah* bloß äußerlich und nicht wesentlich ausgesprochen ist. Letzteres soll das *kunstlos Lied* ermöglichen, und so eröffnet die erste Strophe allein den Raum des Gedichtes, in welchem das *kunstlos Lied* als ganzes und gesamtes, im Schenken, den Namen des *Du*, den Namen *Mutter* zu sagen vermag.[14] *Kunstlos* heißt hier nicht ‚bar jeglicher Kunst', sondern ‚ohne

Kunst als herrschendes Prinzip', welche Kunst erst herauskommt, wenn sich der Mensch der Natur direkt entgegensetzt und von ihr *sein Wesen und Bewustseyn* in *Selbstthätigkeit und Kunst und Reflexion* unterscheidet (IV, 153). So gehört das *kunstlos Lied* der *goldenen Zeit* Saturns an, wovon es im *Grund zum Empedokles* heißt:

Natur und Kunst sind sich im reinen Leben nur harmonisch entgegengesezt. Die Kunst ist die Blüthe, die Vollendung der Natur, Natur wird erst göttlich durch die Verbindung mit der verschiedenartigen aber harmonischen Kunst, wenn jedes ganz ist, was es seyn kann, und eines verbindet sich mit dem andern, ersezt den Mangel des andern, den es nothwendig haben muß, um ganz das zu seyn, was es als besonderes seyn kann, dann ist die Vollendung da, und das Göttliche ist in der Mitte von beiden. Der organischere künstlichere Mensch ist die Blüthe der Natur, die aorgischere Natur, wenn sie rein gefühlt wird, vom rein organisirten, rein in seiner Art gebildeten Menschen, giebt ihm das Gefühl der Vollendung. (IV, 152)

Da das reine Leben erst an seiner Grenze in seiner ganzen Innigkeit gefühlt und erkannt werden kann, ist das *kunstlos Lied* eben auf dieser Grenze, welche die zur Kultur ist, auch am schönsten.

Meist haben sich Dichter zu Anfang, oder zu Ende einer Weltperiode gebildet. Mit Gesang steigen die Völker aus dem Himmel ihrer Kindheit ins thätige Leben, ins Land der Kultur. Mit Gesang kehren sie von da zurük ins ursprüngliche Leben. Die Kunst ist der Übergang aus der Natur zur Bildung, und aus der Bildung zur Natur. (III, 575)[15]

Wenn nun der erwünschten Kunstlosigkeit des Liedes die anscheinend hohe Künstlichkeit der asklepiadeischen Odenstrophe geradewegs zu widersprechen scheint[16], so ist doch, im Zuge des soeben dargelegten Gedankens, zu vermuten, daß das antike Odenmaß, für Hölderlin, im Übergang zur Kultur entstanden und damit nicht der Herrschaft der Kunst entsprungen ist. Daß Hölderlin aber auf das altgriechische Maß zurückgreift, mag darin begründet sein, daß diejenigen Kunstformen, welche sich im Übergang von der Natur zur Kultur gebildet haben, zugleich, in ihrer reflektierten Gestalt, die gesteigerte Rückkehr von der Kultur zur Natur, sofern sie möglich ist, erlauben müssen.

Lieben Brüder! es reift unsere Kunst vieleicht,
Da, dem Jünglinge gleich, lange sie schon gegährt,
Bald zur Stille der Schönheit;
Seid nur fromm, wie der Grieche war! (I, 255)

So wäre das *kunstlos Lied* das der höchsten dichterischen Sprache, die in sich die Herrschaft der Kunst zu überwinden vermöchte. Der Wunsch des lyrischen Ich ist somit, entsprechend der Zeitlichkeit der ersten Zeile, sowohl der Vergangenheit als auch der Zukunft zugewandt.

Die allgemeine Form des Gedichtes ist die der Erinnerung, einer Erinnerung wesentlich eines erfahrenen höheren Geschickes (Strophe III), dem die langwährende Liebe entsprungen ist. Es ist dem Menschen gerade eigentümlich, daß er sich dieses Geschickes, in dem er sich selbst und seine Welt vereinigt fühlt, dankbar erinnern kann und mag (vgl. IV, 275). Der Dank gilt dem Geschick für das, was es geschenkt hat, für die gegenüber der Befriedigung der Notdurft *unendlichere, durchgängigere Befriedigung* (ebda.). Dem Dank für das Schenken aber entspringt wiederum der Wunsch zu schenken (vgl. v. 2): Dichtung ist so das Geschenk der im Geiste das einstige höhere Geschick dankbar wiederholenden Erinnerung, zur rühmenden *Feier des Lebens* (IV, 281). Herkommend von der wirklichen Erfahrung des höheren Lebenszusammenhanges, der sich aufgelöst hat und untergegangen ist, muß das Ich gegenwärtig in dem sich erinnernden Geist den wendenden Grund finden, von dem aus das Dichten anhebt und zum Gedicht wird, zum gegenwärtigen Bild des einst Erfahrenen, das nun im Bilde lebendig geistig präsent sein kann. Die Dichtung nimmt ihre Herkunft, die zugleich ihre Hinkunft ist, in sich auf: Die Ode ist ihr Werden zum Gedicht; und so ist dem Ganzen nicht etwa die Trennung von Erfahrung und Dichten, Objekt und Subjekt zugrundegelegt, welche ein durchgängiges Reden auf ein und derselben Zeitebene erlaubte. Die erste Strophe der Ode ist deren Anfang im Geist des poetischen Ich, ein Anfang, der potenziell und implizit das Ganze schon ist.

Nachdem der Ort des Angeredeten in der Versgrenze von v. 3f. verhüllt geblieben ist, sucht nun die zweite Strophe ihn in der Weise der Vergleichung gegenwärtig eigens zur Sprache und zur Erscheinung zu bringen. Vergleich und Verglichenes, mit denen gleichsam eine ‚Brücke' vom Bereich der Natur zu dem der Kultur geschlagen werden soll, scheinen einzig in der Bewegung des leichten und kräftigen sich über etwas Hinwegschwingens zu treffen; aber noch hierin stecken die Unterschiede, daß die Bewegung des Vogels flüchtig, der Bogen der Brücke beständig, jene real und aus dem Vogel selbst hervorgebracht, die Bewegung der Brücke aber nur scheinbar und ihr nur zugesprochen ist, und während der Flug des nur wenig kräftigen Vogels wirklich leicht ist, besitzt die an sich kraftlose Brücke ein großes Gewicht und scheint nur leicht und kräftig. Was durch die Vergleichung in Beziehung gesetzt wird, Brücke und Vogel, Waldwipfel und Strom, hat, über die Bewegungsformen hinaus, an sich mehr Getrenntheit als Zusammenhang. Und eben dieser Differenzen wegen gehört die Vergleichung nicht bloß der sinnlichen Wahrnehmung des Realen und dessen objektiver Gemeinsamkeit an. In hyperbolischer Weise verbindet sie Teile, die sich zunächst gegenseitig beschränken und so einen gewissen Grad von Selbständigkeit erhalten, die aber durch die Verbindung über ihre Grenzen hinausgehen und das jeweils andere, wie wenn ein physischer Wirkungszusammenhang vorläge, bestimmen: Durch den Vergleich mit dem Vogel wird die Brücke anscheinend natürlich und belebt und scheint beflügelt und sich leicht aus sich selbst bewegend zu werden. Diese Behandlungsart kennzeichnet den *Vortrag der Mythe* (IV, 281):

Ihre [sc. der Mythe] Theile werden einerseits so zusammengestellt, daß durch ihre durchgängige gegenseitige schikliche Beschränkung keiner zu sehr hervorspringt und jeder einen gewissen Grad von Selbständigkeit eben dadurch erhält, und in so fern wird der Vortrag einen intellectualen Karakter tragen, anderseits, werden sie, indem jeder Theil etwas weiter gehet, als nötig ist, eben dadurch jene Unzertrennlichkeit erhalten, die sonst nur den Theilen eines physischen mechanischen Verhältnisses eigen ist.

Aber die hier von der Natur aus vergleichend und künstlich geschlagene ‚Brücke' kann nicht die wahrhafte Vereinigung beider sein: Sie ist nur künstlich gesetzt. Das Bestehende ist dem Fließenden, dem Vergehenden noch übergeordnet, die Kunst herrscht noch über die Natur; und der Ort, wo das Du ist, wird nur, bezüglich des vorbeifließenden Stroms, wie beiläufig erwähnt. In sich bewegte Selbständigkeit und stete Bewegung des über sich Hinausgehens überkreuzen sich gegenseitig, wie es jenem mythischen Charakter der Vergleichung entspricht, und deuten zusammen auf den Ort, wo der Strom *vorbei dir glänzt*. Im Zusammenhang mit der mythischen Vortragsweise ist das Kolon *wo er vorbei dir glänzt* in seiner mehrfachen Lesbarkeit aufzunehmen. Mit dem Wort *dir* als dativus ethicus gelesen besagt es, daß sein Glänzen im Vorbeifließen *dir* gilt. Darüber hinaus kehrt das Hyperbaton *vorbei dir glänzt* die Verhältnisse ‚bei dir' und ‚vor dir' hervor. Zu lesen bleibt die Wendung schließlich in ihrem elliptischen Zug, so daß das Verhältniswort ‚an' zu ergänzen ist. Die Verhältnisse ‚an', ‚vor' und ‚bei' und der ohne eigenes Verhältniswort bleibende Bezug des dativus ethicus *dir* entsprechen den anderen, zum Teil impliziten Verhältnissen der zweiten Strophe: ‚über', ‚unter', ‚in' und ‚von'. Beide zusammen aber erst deuten auf den Ort des *Du*, welcher besonders des dativus ethicus wegen nicht mehr nur ein real räumlicher Ort, sondern eben ein mythischer ist.

Inneres und äußeres Sichbewegen und Bewegtwerden, welche für und durch das poetische Ich – soll das zu schenkende Lied gelingen – vereinigt sein müßten, bleiben in der zweiten Strophe, trotz ihrer Bezüglichkeiten, uneins und different und machen die *energischen heroischen Dissonanzen* (IV, 266) aus; welcher Umstand auch verhindert, daß die Strophe zum Bild einer Idylle werden kann. Indem diese Dissonanzen aber weitestgehend an sinnlich faßbaren bestimmten Wirklichkeiten dargestellt werden, entsteht mit ebendieser naiven Behandlung des Heroischen ein Mangel an geistiger Erhebung und Einigkeit: Das poetische Ich, das nur noch bei der indirekten Du-Anrede fühlbar ist, hat seine innige Empfindung und seine lebhafte Neigung (Strophe I) allzusehr verleugnet, so daß die dritte Strophe diesen Mangel durch den eigentlichen Ton des Idealischen, durch die Wirkung der geistigen Einigkeit auf das Ich ersetzen muß.

So folgt der präsentischen Darstellung des ichfernen mythischen Ortes die Erinnerung an einen besonderen Augenblick unendlicherer Erfahrung, welche dem Ich einst an jenem Ort widerfahren ist. Ausgesprochen wird sie – ohne Du-Anrede – in einer widersprüchlichen Weise, welche die unzulängliche Erkenntnis des Ich damals ausdrückt. Der anhebende Vergleich *Wie von Göttern gesandt* vereinigt Realität und Schein zum Anschein, in dem gewisse Wirklichkeit und ungewisse Möglichkeit untrennbar liegen: Die Handlung und ihr Urheber sind nicht gewiß, und so geht jene Wendung einerseits, indem sie die Vorstellung der herabwirkenden Fülle des Geistes beansprucht, ins Idealische, andererseits aber, indem ihr die reine Gewißheit fehlt, ins Phantastische und Vermeintliche über. Dem entspricht die Doppeldeutigkeit des auch Märchen- und Sagenhaftes aussprechenden zweiten Kolons *fesselt' ein Zauber einst*. Der *Zauber*, der einer wesentlichen Schönheit oder der einer betörenden, verwirrenden Faszination, ‚*fesselt*', wiewohl zu dem zuvor ausgesprochenen Gesandtsein ein williges freies Empfangen, nicht aber ein wider Willen zwingendes Binden gehört. Die unaufgelösten Widersprüchlichkeiten lassen die erfahrene höhere Macht und Wirklichkeit, ein damals noch unerkanntes Geschick, im Dunkeln[17]. Dem entspricht die Zwiespältigkeit des damaligen Ich, welches, geistig wie real, *Auf die Brüke* gefesselt gewesen und zugleich vorübergegangen ist. Die frühere Beziehung von ruhigem Bleiben und strömendem Vergehen wiederholt sich hier in der beständigen Gebundenheit über aller Zeit und dem fortstrebenden Gehen mit der Zeit, und, derart zwiespältig, ist das Ich noch nicht zu sich selbst gekommen. Gebunden ist das Ich *Auf die Brüke*, nicht an den noch ungesagten Ort des *Du*, sondern auf das, was sich über den vorbeiziehenden Strom, bestehend und bleibend, zeitüberhoben erhebt, wo sich das kulturelle Wesen des Menschen ausdrücklich findet. Daß die *Brüke* nicht mehr nur als ein physischer Ort, sondern auch immer noch als ein Ort, wie ihn die zweite Strophe dargestellt hat, zu verstehen ist, reflektiert sich an der mehrfachen Bedeutung der Konjunktion *da*, welche hier vollständig zu bewahren ist. *Da* meint zunächst ein räumliches ‚wo' und ein zeitliches ‚als' wie auch ein modales ‚indem' und adversatives ‚wohingegen' und zugleich ein kausales ‚weil'.[18] Die so im Kausalen paarweise sich durchkreuzenden vier übrigen Bedeutungen reflektieren zusammen mit dem einen Ort der Gebundenheit, der Brücke, die eine, doch mehrfach doppeldeutige Macht und Wirklichkeit, die im vorangegangenen Vers den Einschnitt ausgemacht hat. Indem das Ich *vorüber gieng* und diese Getrenntschreibung, mehr als nur eine Eigentümlichkeit hölderlinscher Orthographie, nicht nur ein Vorübergehen, sondern auch ein ungebundenes Gehen bedeutet, kann – und die v. 11f. können auch als noch von der Konjunktion *da* abhängig gelesen werden[19] – der Blick schließlich in die *Ferne* hinausfliegen, während das Ich, vorübergehend, noch bei der Brücke zwischen den Bergen weilt. Der Reiz der Ferne und das Fortziehen des Stromes (Strophe IV) machen aber selbst dann, wenn v. 11ff. von der Konjunktion *da* abhängen, nicht das Eigentliche des Zaubers aus: Sie können dessen fesselnde Wirkung nicht erklären. Das Ich ist nun nicht nur ortsgebunden und ortsverlassend, sondern auch, dem unvermittelt entgegen, gewissermaßen transzendent jenseitig sowie, durch von dort ausgehenden Schein, in den zuvor dargestellten beschränkten Bereich zurückverwiesen gewesen. Von jenseits ist dem Ich der Schein der Ferne *herein in die Berge* gefallen, und diese Wendung besagt nicht nur ‚zwischen die Berge herein', sondern auch, indem *die Berge* im Lichte des Zusammenhanges mit den beiden voraufgegangenen Versen zu sehen sind und deshalb nicht bloß die physischen, vielmehr auch die lebensmäßig höheren Erhebungen gerade auch des Ich meinen, ‚in die Berge selbst herein'. So ist denn auch die *Ferne*, dieser weite, unbegrenzt und kaum bestimmt scheinende Bereich, dessen Entfernung vom Hiesigen unausgemacht ist, nicht mit der alsbald genannten *Ebne* (v. 13) identisch; wenn sie auch die Ebene, die Rhein-Ebene meint, so ist sie doch überdies die Sphäre jenseits des Bereiches, welchen das Wort *herein* implizit nennt und den das Gedicht von Strophe II an bislang dargestellt hat. Zu diesem Bereich aber, doch mehr schon von ihm geschieden – H^2 verstärkt die Abscheidung des Ich durch ein Komma nach dem

Wort *Berge*[20] –, gehörte das Ich noch, und so bezieht das Gedicht, kennzeichnenderweise nach der Versgrenze von v. 11, das Scheinen der Ferne mit ihrem Reiz auf das Ich. Auf das Ich, das, insofern es *vorüber gieng*, dem glänzenden, vorbeifließenden Strom gleicht, fiel das Scheinen der Ferne, so daß es, wie es die vierte Strophe darstellen wird, verändert und gesteigert erscheinen muß. Das Scheinen der Ferne aber ist nicht ein unmittelbar wirkliches Scheinen, sondern eines im Schein des Lichtes, gebrochen an ihrem Reiz, der an sich zugleich gibt und vorenthält, bindet und entbindet, beglückt und unbefriedigt läßt. Dessen doppelte Natur macht nur eine Seite jenes *Zaubers* aus, dessen andere demgegenüber der Anschein ist, *wie von Göttern gesandt* zu sein.

Da sich das Ich nicht frei zu dem verhielt, was ihm *gesandt* war, sondern eigenwillig *vorüber gieng*, wurde die heiligmagische Wirkung zur Fesselung, welche das fortstrebende Ich in sich trennte und welche in dem den einen Teil des Ich anziehenden Reiz der Ferne eine Gegenwirkung hatte. Diese heroischen Dissonanzen sind derart energisch gespannt, daß sie zum realen Tun drängen, und so wird – dies begründet das Strophenenjambement – das Heroische zum Grundton der vierten Strophe.

Im Lichte der immanenten Bezüge in der dritten Strophe und des näheren im Scheinen der *reizenden Ferne* ist das Kolon *Und der Jüngling, der Strom*, zu lesen, mit welchem die sowohl als Hauptsatz als auch als Nebensatzteil aufzufassende vierte Strophe beginnt. Wie sehr auch Jüngling und Strom, welche zuvor nach Strophen getrennt gewesen sind, noch geschieden bleiben, so sind sie nunmehr ebensosehr sich wechselseitig metaphorisches Attribut: Der Strom ‚ist' ein Jüngling, der Jüngling ‚ist' ein Strom.[21] Im Schein idealischer *Ferne* ist deren Unterschied, der Unterschied von Natur und Mensch im mythischen Bild aufgehoben. Dies eingesehen zu haben, ist von größter Wichtigkeit für das Verständnis des ganzen Gedichtes. Denn wird, wie es zumeist geschehen ist, nur der Strom als Jüngling und nicht zugleich der Jüngling als Strom genommen[22], dann wird die Ode bloß zu einem Landschaftsgedicht statt zu einem Geschenk an das *Du*, zu einem Preislied auf Heidelberg, einem Dankgedicht an die Stadt, dann bleibt die Getrenntheit von Objekt und Subjekt durchgängig behauptet, dann wird das damalige Ich mit dem poetischen Ich völlig ineins gesetzt und der *Vaterlandsstädte / Ländlichschönste* notgedrungen, da es ohne Beziehung zwischen Subjekt und Objekt nicht abgehen kann, anthropomorphisiert[23] oder umgekehrt zum Sinnbild einer persönlichen Erfahrung gemacht.[24] Die objektivistische Deutung wird es schwer haben, etwa die

Entgegensetzung der *Schiksaalskundigen Burg* (v. 22) zu dem fortziehenden Strom zu erklären; die subjektivistische Deutung muß etwa das erste Wort des Gedichtes, das Wort *lange*, zur Belanglosigkeit herunterspielen; und beide haben ein verschwiegenes Ärgernis an dem Wort von der *ewigen Sonne* (v. 24). Gewiß zwingt nichts am Gedicht, über die Trennung von Subjekt und Objekt wesentlich hinauszugehen; aber nichtsdestoweniger oder gerade deshalb gilt die folgende Äußerung Hölderlins auch für den Interpreten und seinen Text:

> *Weder aus sich selbst allein, noch einzig aus den Gegenständen, die ihn umgeben, kann der Mensch erfahren, daß mehr als Maschinengang, daß ein Geist, ein Gott, ist in der Welt, aber wohl in einer lebendigeren, über die Nothdurft erhabnen Beziehung, in der er stehet mit dem was ihn umgiebt.* (IV, 278)

Mit der Wendung *der Jüngling, der Strom* deutet sich der vereinigend innige Geist als das Väterliche des Vaterlandes an, welches in der korrespondierenden Strophe VI noch in anderer Gestalt hervortreten wird. Wo aber jener Unterschied zwischen Natur und Mensch aufgehoben ist, kann und braucht sich das poetische Ich hinfort nicht mehr eigens zu nennen: Über sich hinausgegangen und zum Erinnerten zurückgekehrt und so mehr als nur Teil des Ganzen kann es sich auf sich selbst beziehen, indem es sich objektiviert und sich in der ferneren Bildlichkeit der Natur und diese in sich anschaut. So aus dem idealischen Geist von der Welt, von Natur und Mensch, zu reden heißt zugleich aber, nicht das *Du* anzusprechen – dies geschieht erst wieder in der in ihrer Redeweise so andersartigen fünften Strophe –, sondern selbst präsent zu sein im Bekunden des tiefgeistigen Wissens (vgl. v. 14 ff.).

Der Vereinigung in der Wendung *der Jüngling, der Strom* steht, nach der Zäsur, das Wort *fort*, da es ein Auseinander, eine Trennung in Raum und Zeit bedeutet, ebenso entgegen wie der Gegensatz von dem dauernden *fort* als einem Weg-von und dem steten In-hinein der Wendung *in die Ebne* sowie der Doppelsinn des Wortes *zog*, der aktivische des eigenen Handelns und der passivische des Gezogenwerdens durch den Reiz der Ferne, und mithin ein Bleiben im Fortgang, ein Werden zu sich in der Trennung. Die so bestimmten Verhältnisse des v. 13 werden im folgenden Halbvers *Traurigfroh, wie das Herz* reflektiert. Das Oxymoron *Traurigfroh* ist nicht nur syntaktisch-formal auf das Substantiv und auf das Verb von v. 13 und auf das *Herz* und dessen Tun, sondern auch inhaltlich auf Voraufgegangenes und Nachfolgendes bezogen. Die Trauer gilt dem Verlassenen und Vergangenen und wird so in die Erfahrung des Künftigen miteingehen, das Frohe gilt dem Kommenden und Erreichbaren und bleibt doch der vergangenen Beglückung verwandt; und so in sich auseinanderstrebend ist es auf das *Herz* bezogen, welches sich demgegenüber, wie das zweite Kolon sagen wird, auf sich selbst bezieht. Der Doppelheit des Wortes *Herz*, das sowohl mythisch als auch realendlich zu lesen ist, fehlt noch der Ausdruck der höchsten vereinigenden Innigkeit –: dessen ausgesprochene Reflexion aber ist die Wendung *sich selbst zu schön*. Sie ist zunächst insofern subjektiv und zugleich objektiv aufzufassen, als das Herz, im Vergleich mit dem fortziehenden Jüngling und Strom, sowohl das Moment der subjektiven Willkür als auch das der objektiven Notwendigkeit bei sich hat: Daß das Herz *sich selbst zu schön* ist, ‚sich selbst als zu schön' empfindet, ist objektive Erscheinung bzw. subjektives Scheinen. Diese immanente Differenz durchzieht alles, was in dem dem *Herzen* angefügten Nebensatz gesagt wird. Von anderem mehr losgelöst, sich selbst empfindend, fühlt das Herz die Innigkeit der schönen harmonischen Empfindung der Liebe und fühlt ebenso die Empfindung dieser schönen Innigkeit, im relativen Übermaß zu dem ihr Anderen, im absoluten Überfluß in ihm selbst: In ebendem Grade, in welchem an den Dingen der Welt mehr ihr schöner Zusammenhang als ihre Verschiedenheit gefühlt wird, löst sich das Herz von seiner Welt und empfindet sowohl sich als von schöner Innigkeit erfüllt als auch, wie es scheint, die schöne Innigkeit als sich selbst. Hierzu kann füglich auf eine theoretische Äußerung Hölderlins über *die lyrische (individuellere) Stimmung* verwiesen werden,

> *wo die individuelle Welt in ihrem vollendetsten Leben und reinsten Einigkeit sich aufzulösen strebt, und in dem Puncte, wo sie sich individualisirt, in dem Theile, worinn ihre Theile zusammenlaufen, zu vergehen scheint, im innigsten Gefühle, wie da erst die individuelle Welt in ihrer Ganzheit sich fühlt, wie da erst, wo sich Fühlender und Gefühltes scheiden wollen, die individuellere Einigkeit am lebhaftesten und bestimmtesten gegenwärtig ist, und wiedertönt* (IV, 268 f.).

Ist dann der Punkt, der Augenblick erreicht, in dem das Herz den lebendigen unendlicheren Zusammenhang mit seiner Welt als von ihr ganz gelöst, ihn ganz in sich und sich in ihm als zur Vollendung gesteigert empfindet, so ist das Herz derart sich selbst entgegengesetzt, daß es die weltlos ungebundene, die unendlich gewordene Innigkeit des Empfundenen und des Empfindens einesteils als die Gefahr des Selbstverlustes, andernteils als die Möglichkeit der Selbstgewinnung fühlen muß. Letztere Doppelheit wird in v. 15 und 16: *Liebend unterzugehen, / In die Fluthen der Zeit sich wirft* doppelt reflektiert. Der v. 15[25] steht einerseits im Bezug auf die Wendung *sich selbst zu schön*, andererseits im Bezug auf v. 16. Das Herz ist – subjektiv und objektiv zu lesen – *sich selbst zu schön*, um *Liebend unterzugehen*; d.h. es soll bzw. will anders untergehen als in der Liebe, nämlich im Geist, und zugleich will und soll es als ein liebendes Herz nicht untergehen, sondern in der Liebe lebendig bleiben. Wird die Liebe negiert, so der Untergang affirmiert und umgekehrt. Sodann aber wirft sich das Herz, um *Liebend unterzugehen, / In die Fluthen der Zeit*; d.h. es will und soll, insofern es liebt, untergehen in den Fluten der Zeit, um gewissermaßen kathartisch von der Liebe gereinigt und zum Geist geläutert zu werden, und es soll und will zugleich im Untergang in der Zeit seine Liebe ganz bewahren. Das Herz, in der Empfindung der höchsten Innigkeit und der Innigkeit der höchsten Empfindung, soll bzw. will sowohl verweilen als auch untergehen und soll und will zugleich, daß seine Liebe im Untergang untergeht und bleibt und im Verweilen bleibt und vergeht. Zu lesen ist nun – in losgelösterer subjektiver Hinsicht, welche dem vornehmlicheren Bezug des *Herzens* auf den *Jüngling* entspricht – aber auch: *wenn es, sich selbst zu schön, / [statt] Liebend unterzugehen, / In die Fluthen der Zeit sich wirft*: Das Untergehen und das Sichwerfen in die Zeit sind beide als mögliche Konsequenzen von dem Umstand, *sich selbst zu schön* zu sein, abhängig; und indem das Herz, statt liebend unterzugehen, sich in den Zeitstrom wirft, kommt ein Moment der subjektiven Willkür und Wahl heraus, durch welche das frühere Sollen und Wollen nun eine bestimmte und besondere Realität erhält. Das in sich so widersprüchliche, so überaus *zerrissene* – die Verse 22f. stehen hierzu spiegelsymmetrisch – *Herz* entscheidet, traurigfroh, die Widersprüchlichkeit am Ausgang der besonderen harmonischen Welt realiter für die Zeit des Wechsels, ohne idealiter die Beziehung zum Einstigen aufzugeben. Die Willkür dieser Entscheidung wird aufgewogen von der Macht, dem Geist der Zeit, welche im Werden zu jenem ausgezeichneten Augenblick wirken, wie es die temporale und zugleich konditionale Konjunktion *wenn* (v. 14) ausdrückt. Indem das Herz *In die Fluthen der Zeit sich wirft*, gibt es sich selber dem Element preis, welches über es schon herrscht, der Zeit, die zum einen die Gestalt des gezeitigten Augenblicks, zum andern die des Wechsels annimmt. Genau genommen aber wirft sich das Herz nicht in die Zeit mit ihrem Wechsel, sondern in *die Fluthen der Zeit*, und diese metaphorische Verbindung des Konkreten mit dem Abstrakten, welche an die Wendung *der Jüngling, der Strom* erinnert, deutet auf das, was in der Vereinigung beider wirkt, auf den Geist der Zeit, das Väterliche des Vaterlandes[26], das auch in der Zeitigung jenes

Augenblickes gewirkt hat. Was noch doppelt ausgesprochen ist, *der Jüngling, der Strom*, geht in die eine Handlung *fort in die Ebne zog* zusammen, wie umgekehrt das Simplex *Herz* sich in das Doppelte der Wendung *die Fluthen der Zeit* entäußert. Das Besondere dabei aber bleibt, daß das Herz, indem es sich in den Strom der Zeit wirft, einer anderen Dimension als der des Stromes angehört. Dadurch wird das bestimmte Tempus des Praeteritums (v. 13) aufgelöst, so daß nach dem gewissermaßen tempuslosen v. 14 sich eine andere Zeitdimension eröffnen kann: Das Partizip des Präsens *Liebend* ist mit der Infinitheit des Verbs *unterzugehen*, das im Kontext das Mögliche des Zukünftigen bei sich hat, verbunden; und die so berührten Zeiten Vergangenheit, Gegenwart und Zukunft werden am Ende der vierten Strophe in dem allgemeinen Präsens *sich wirft* aufgehoben. Dies Präsens ist nicht das eines wie in Strophe II noch gegenwärtigen Erinnerungsgehaltes, es hat vielmehr den Unterschied der Zeiten in der Allpräsenz eines idealischen Wissens um die besondere Natur eines ausgezeichneten Augenblickes aufgelöst. So ist im Geiste gesichert und gewahrt, was der damaligen Erfahrung (v. 9–14) entspricht: Das Zeitliche ruht im Geist. In der im bisherigen Verlauf des Gedichtes einzigartigen Form des idealischen Reflexionsurteils spricht das poetische Ich, darin seine sichere Gegenwart und Präsenz ausdrückend, den sich in einem Augenblick konzentrierenden heroischen Übergang aus einer besonderen harmonischen Sphäre in die geschichtliche Zeit aus. Was das Ich damals war, ist nun in seinem Wesen erkannt, und dies macht den entschiedeneren Gegensatz zwischen dem Ich damals und dem poetischen Ich jetzt aus, einen Gegensatz, der in dieser vierten Strophe noch unaufgelöst bleibt. Die überaus komplexe Widersprüchlichkeit der Strophe ist Folge der Vermittlung der beiden voraufgegangenen gegensätzlichen Strophen und ist somit nicht der Ursprung eben dieser Gegensätzlichkeit. Auf beides reflektiert die fünfte Strophe, die mittlere der Strophen II–VIII[27].

Indem mit dem Ende der vierten Strophe, der genauen Mitte des ganzen Gedichtes, der Punkt erreicht ist, an dem der Gegensatz zwischen dem Idealischen und dem Heroischen nicht mehr durch das Naive, das den Grundton des Anfangs bestimmt hat, gelöst werden kann, indem so der entschiedene Gegensatz zum Anfang fühlbar geworden ist, droht das Gedicht hier an sich selbst unterzugehen. Darüber aber wird die Ode nicht etwa zu einer *tragischen Ode* (IV, 150). Denn diese, wie z. B. die Ode *Der Zeitgeist, fängt im höchsten Feuer an,* nachdem *der reine Geist, die reine Innigkeit [...] ihre Grenze* bereits überschritten hat und ein *Zwist* zwischen dem *Übermaas der Innigkeit* und der realen konkreten Situation, welchen *die tragische Ode gleich zu Anfang fingirt*, entstanden ist (IV, 149); wohingegen die Ode *Heidelberg* rein naiv beginnt und an ihrer Mitte mehr nur die Ermöglichung des Tragischen berührt, es selbst aber nicht zum Gegenstand der Darstellung nimmt. Überdies muß die tragische Ode die an sich zunächst ungebundene gestaltlose Innigkeit besonnen in der Gestalt einer vergangenen Wirklichkeit zu fassen suchen, wohingegen die *Heidelberg*-Ode ihren Geist schließlich in der Gestalt der präsenten Wirklichkeit erhält.

Im Übergang zur fünften Strophe, mithin in der Mitte des ganzen Gedichtes, bleibt ausgespart, wie aus dem damaligen, dem heroisch handelnden Ich das gegenwärtige, idealisch wissende poetische Ich geworden ist; erst die sechste Strophe wird einiges davon sagen. Die Kluft vergrößert sich noch einmal durch den Rückgang der Erinnerung in die Ferne des Vorvergangenen, zu Anfänglichem, welches mit der vierten Strophe aufgelöst zu sein schien. Solcher Rückgang scheint in noch unausgemachter Weise in dem allgemein präsenten, alle Zeiten umfassenden idealischen Wissen um das sich selbst zu schön gewordene Herz ermöglicht zu sein. Daraus wird offenbar auch die direkte Du-Anrede sowie die Erinnerung an das Du als an ein schenkendes möglich, aussprechbar in beruhigter, schlichter parataktischer Sprache, welche von aller bisherigen Sprachlichkeit deutlich absticht und welche sich erst gegen Ende der Ode in etwa wieder findet. Die *dem Flüchtigen* geschenkten und ebendarum mythisch aufzufassenden *Quellen* sind die bleibenden Orte, die das zu ihnen Gegensätzliche, das Fortfließende, aus sich entlassen, Orte, in denen der Gegensatz von Ruhe und Bewegung aufgehoben ist und an denen er doch zugleich aufbricht. Die Quelle ist das Eine von Trennung und Verbindung und eben deshalb nicht eigentlich Ursprung, dem noch das Eine als von Trennung und Verbindung verschieden entspringt. Und deshalb gibt es auch mehrere Quellen zugleich; einzig die ihr Licht herabgießende *ewige Sonne* (v. 24) ist hier wesentlich e i n e Quelle. Wie das einmal Geschenkte mitgehendes Geschenk bleibt, so bleibt der sich fortlaufend aus den Quellen nährende Strom nur, insofern seine Quellen nicht versiegen, die Quellwasser ihm fortwährend zufließen. Wenn nun auch im Fortgang die Bindung an den Anfang, den verlassenen Ort bleibt, so kann sie doch nur verbindlich sein, wenn das Treibende im Fortstreben gemäßigt wird und die Äußerung der Kraft eine bestimmte Gestalt erhält. Die *kühlen Schatten*, die *Du* dem *Flüchtigen* geschenkt hattest, mildern die unmittelbare Einwirkung des heißen Sonnenlichtes, zügeln ihn und bewahren ihn davor, sich in die Luft, ins Geistige, von der Erde hinweg zu verflüchtigen. Das Du hatte mitgebend Lebenskraft und Erhaltung gewährt, die für eine gewisse Weile herrschend wirken, bis der Geist, die Macht der Zeit, ohne das Geschenkte zu vernichten, verändernd und entscheidend einwirkt, wie es die Strophe IV dargestellt hat. Demgegenüber begrenzen *die Gestade* real die Bahn *des Flüchtigen* und geben ihm seine ihn vor dem Zerfließen bewahrende, ihn erhaltende Bewegungsgestalt und Richtung (vgl. V, 289). Überdies wird mit dem Wort *Gestade*, das historisch mit dem Wort ‚Stadt' verwandt ist, der Bezug zwischen dem Strom und der Stadt evoziert, welcher in der zweiten Strophe thematisch gewesen ist. Indem den Gestaden ein Sehen zugesprochen wird, sind sie ebenso mythisch aufzufassen wie der *Flüchtige*. Deren Beziehung ist mit der Wendung *sahn / All' ihm nach* ausgesprochen. Das Verb ‚nachsehen' heißt hier nicht nur ‚mit den Augen folgen, nachblicken', sondern vor allem auch ‚Nachsicht haben mit, duldend geschehen lassen, verzeihen'.[28] Nachzusehen ist dem *Flüchtigen*, daß ihm das, was ihm die Gestade geben, nämlich Gestalt, Bahn und Richtung, nur Mittel zur Flucht ist, um, *von seinem Ursprung an gedrängt* (V, 289 Z. 26 f.), seinem heroischen Wesen und der *dunklen der Lust* zu folgen. Ihm aber kann dies nachgesehen werden, weil er zeigt, daß er das Bild der ihm nachsehenden Gestade im Grunde bewahrt und im Fortgang behält: *und es bebte / Aus den Wellen ihr lieblich Bild*. Daß das Bild gerade aus den *Wellen* bebt und beben kann, hat seinen tieferen Grund darin, daß sie das Gestalthafte der Gestade als ein Moment an sich haben: Die Welle ist *die gestaltete Welle* (V, 290); und ihr Gang ist ein *schöner Fortschritt und Wechsel*, in dem der Geist *sich in sich selbst und in anderen zu reproduciren geneigt ist* (IV, 241). Die leichte Erschütterung im Beben stört nicht nur die reine Reflexion der nachsehenden Gestade, sondern kündigt auch die Möglichkeit an, daß die Erschütterung durch den Geist der Zeit, den *Alleserschütt'rer* (I, 300 v. 8), derart wächst, daß eine Reflexion aus den Wellen des Vergehens unmöglich werden könnte; Strophe VI wird sie bedenken, nachdem sie schon in der vierten enthalten gewesen ist. Als Reflexion des realen Erscheinungsbildes im Medium des Scheins gleicht das *Bild* den Gegensatz zwischen der Stetigkeit der Gestade und der rhythmischen Bewegung der Wellen aus, solange dem *Flüchtigen* Quellen und kühle Schatten geschenkt sind. Der darin liegende wechselbezügliche Zusammenhang mit dem einigen Zugleichsein aller Teile war nicht nur gewesen, sondern ist immer, wenngleich er auch nicht immer da ist. Er verbindet das damalige Ich mit dem gegenwärtigen, welchem er zum idealischen Wissen geworden ist. In diesem gesicherten Wissen um sein Sein sind der Anfang und das Ende sowohl des Historischen als auch des Gedichtes selbst umfangen. Dies macht die besondere Mittelstellung der fünften

Strophe in der Strophengruppe II–VIII aus. Nichtsdestoweniger enthält sie die unausgetragene Differenz zwischen Sein und Dasein bzw. Nichtdasein, m. a. W. die Möglichkeit der Auflösung und Zerstörung der *festgebildeten* (V, 289 Z. 30) Gestalt. Dies zeigt an, daß die aus dem Einigen schöpfende Kraft nur für eine gewisse Zeit in einer besonderen bestehenden Gestalt verweilt, sie dann aber im Übermaß des Innigen, *Traurigfroh*, zerstört und hinter sich läßt, um eine neue Gestalt zu finden. Die fünfte Strophe stellt deshalb auch den Grund der vierten dar und eröffnet zugleich die Möglichkeit, daß – in der sechsten Strophe – das Ursprüngliche nebst dem *lieblich Bild* der Macht des Schicksals ausgesetzt wird.[29]

Den Strophen II–IV und besonders Strophe V setzt die sechste Strophe ein Bild der Zerstörung dessen entgegen, was zum Schutz, zur Selbstbehauptung gegen den geschichtlich waltenden Geist der Zeit erbaut worden war, den erhaben-furchtbaren Anblick der zerstörten *Burg*. Die Richtung des Herabhängens entspricht in etwa denjenigen am Beginn bzw. am Ende der enjambierten Strophen III und IV, so daß all dies nun in der Richtung irdischen Unterganges liegt. Was aber herabhängt, hängt von etwas und von einer Kraft ab, welche der Anziehungskraft der Erde entgegenwirkt. Wiewohl dies unausgesprochen bleibt, ist zu vermuten, daß es das Andere der Erde, der Himmel, ist: Darauf kann der mythologische Gehalt im Adjektiv *gigantische* verweisen. Das Wort ‚gigantisch' meint zwar zunächst nur *riesengroz, riesenmäszig* und ist in dieser Bedeutung *im 18. jh. modewort* gewesen[30], bezogen sowohl auf die äußere Erscheinung als auch auf das übermäßige Streben und auf alles Gewaltige, Erhabene und unerhört Große überhaupt. Aber im Zusammenhang mit dem gegensätzlichen Wort *hieng* und dem nachfolgenden Wort *Schiksaalskundige* wird das Adjektiv *gigantische* in seiner mythologischen Dimension lesbar. Die wie die Ströme erdgeborenen, sterblichen Giganten sind bekanntlich Gaia, der Erde, entsprungen, nachdem Kronos, die Zeit, Uranos, den Himmel, entmannt hatte und dessen Blut auf die Erde getropft war; sie kämpften, nach dem Sturz des Kronos, mit den olympischen Göttern vergeblich um die Herrschaft.[31] Gigantische Erhebung und Abhängigkeit vom Mächtigeren lassen die Burg *schiksaalskundig* sein, wissend um das Schicksal und fähig, davon Kunde zu geben. Das in der geschichtlichen Zeit waltende Schicksal bedeutet den Untergang des Bestehenden und so anscheinend den Übergang ins Nichts und darum Vernichtung. Dessen kundig zu sein, läßt die *Burg* geistigen Wesens sein, so daß die Wendung *Schiksaalskundige Burg* ein mythischer Ausdruck ist. Deshalb besagt das mythische Bild von der *Burg* (v. 21–23) zugleich, was das Ich damals, nachdem es die Stadt verlassen hatte, war und was ihm widerfuhr. Ohne diese Erfahrung könnte das poetische Ich nicht sein, was es ist, das aus idealischem Geist sich erinnernde.[32] ‚Kundig' heißt nun auch ‚erfahren, wissend aus eigenen Erfahrungen'. Daß die Burg nicht unabhängig vom eigenen Schicksal dessen kundig geworden ist, wird durch ihr Ab- und Niederhängen herausgekehrt, und doch ist ihr wissendes Verstehen nicht ohne Unabhängigkeit denkbar. Dieser Widerspruch läßt das Schicksal nicht Übergang in Nichts, in Vernichtung sein: Wirkliche Abhängigkeit im Untergang und geistige Unabhängigkeit der Reflexion darauf verweisen zusammen *nieder bis auf den Grund*. Das Wort *Grund* meint sowohl das Fundament der Burg und den Talgrund als auch den geistigen Grund, dem das *Schiksaalskundige* gerecht wird. Daß der *Grund* im wesentlichen nicht *Von den Wettern zerrissen* worden ist, markiert das Komma nach dem Wort *Grund*.[33] Dieser objektive einige Grund steht in Beziehung zu jenem subjektiven Grund im entsprechenden Kolon *wenn es, sich selbst zu schön* und dem hier wirkenden schönen, innig einigen Leben. Wie in der Strophe IV die äußere Wirklichkeit des Herzens vom heroischen Fortstreben und damit von Trennung bestimmt gewesen ist, so ist hier die äußere Gestalt *von den Wettern*, den natürlichen und den geschichtlichen Stürmen, *zerrissen*. Diesem neuerlichen Widerspruch zwischen Grund und Gestalt, welcher auch das *lieblich Bild* zu zerstören droht, weiß das kundige poetische Ich sogleich – nach einem Semikolon, dem ersten des Gedichtes, nach der Versgrenze – das Tun und Wirken des Ewigen entgegenzusetzen: *Doch die ewige Sonne goß*. Im Ewigen ist nicht nur der Widerstreit zwischen ruhiger und bewegter Zeit, sondern der des innigen Grundes und der in sich gegensätzlichen Realität aufgehoben. Das Ewige wird der realen Sonne zugesprochen. Doch nennt die Wendung *die ewige Sonne* in ihrem Ausgesprochenen ein Reales in seinem Bezug auf die Ewigkeit; als dem Widerstreit von Grund und Gestalt entgegengesetzte *(Doch die ewige Sonne)* ist sie Ausdruck des Geistes des poetischen Ich, das hier einer unendlichen Wahrheit ewig gewiß ist. Reales und Idealisches sind verbunden, und so ist die Wendung *die ewige Sonne* ein religiös-mythischer Ausdruck. Die Sonne ist hier Quelle, einziger Quellpunkt des himmlischen Lichtes. Während jene *Quellen* (v. 17) dem *Jüngling, dem Strom* von dem *Du* geschenkt worden sind, gibt die Sonne, die ebendamit dem *Du* gegenübersteht und so als *Vaterlandssonne* (I, 208 v. 78) und *Vater Helios* (I, 263 v. 14; I, 266 v. 13) mit ihm zusammengehört, das ihr selbst Entspringende hin und handelt dabei zugleich zweckvoll. So ist ihr Ursprünglichkeit und Reflexion, Bleiben bei sich und handelnde Selbstentäußerung ans Entgegengesetzte zugleich eigen. Der mythische Ausdruck *die ewige Sonne* besagt auch, daß das Ich, über die Erfahrung des zerstörerischen Schicksals hinaus, der Sonne gleich geworden ist. Die *sichergegründete* Sonne (II, 108 v. 180f.), die, *kundig des Wandels, /Gleichgesinnet hinab den Pfad* geht (II, 64 v. 23f.), ist *das höchste Bewußtsein,* das *vesteste Bleiben vor der wandelnden Zeit* (IV, 268 Z. 19f.). Ihr *Licht, das sich selber und auch die Nacht erleuchtet,* ist *die wahrste Wahrheit* (IV, 234). Der *Menschengenius* aber wirkt in *himmlischer Verwandtschaft* mit dem Sonnengott (IV, 67 v. 1582f.), dem *alten* in *seiner ewigen Jugend* (III, 15). Ihn ziehen *die heiligen Strahlen* der Sonne, die auch die *Dichtende* heißt (II, 104 v. 38; IV, 17 v. 389f.), *wie Pfade, die zur Heimath führen* (III, 122), und so vermag sich das poetische Ich dem Heimatlichen, dem *Du*, der *Mutter*, dichterisch zuzuwenden. In alldem liegt der geistige Grund für die Ermöglichung des ganzen Gedichtes.

Indem in der Quelle Gegensätzliches, welches an ihr aufbricht, vereint ist, stellt das Strophenenjambement von der sechsten zur siebenten Srophe den vermittelnden Übergang in den Bereich des vielfältig Gegensätzlichen formal dar. Soll darin das Einheitliche und Einige der *ewigen Sonne* nicht verloren gehen, so muß die Sonne in der siebenten Strophe allbezüglich sein und ein Vermittelndes haben, welches die mit ihr aufbrechenden Gegensätze versöhnt. Im Zusammenhang mit dem mythischen Ausdruck *die ewige Sonne* ist die Wendung *Ihr verjüngendes Licht* selbst mythisch zu lesen. Im physischen Sinne meint sie die Zeit der Frühe, des Morgens des neuen Tages und darüber hinaus die ‚verjüngte Jahreszeit' des Frühlings (vgl. v. 29); im intellektuellen Sinne meint sie das *philosophische Licht* (VI, 433 Z. 45) des Geistes in seiner das Wesen in dessen Jugendlichkeit erneut und schön zur Erscheinung bringenden Macht.[34] Schließlich betrifft sie die Lebenskraft, *das Lebenslicht* (VI, 432 Z. 12) überhaupt, die in ihrer Äußerung dem Wechsel der Zeit unterliegt. Die Einheit von v. 25 besagt, daß die Sonnc ihr verjüngendes Licht ‚über das alternde Licht' goß. So weiß die Zeile um des Lichtes *Drang im Kommen und Gehen* (VI, 433 Z. 43), um den Wechsel von Tages- und Jahreszeiten, um Morgen- und Abenddämmerung[35], kurz darum, daß das Licht der *ewigen Sonne* nicht ewig fühlbar ist. Das *verjüngende Licht* ist, über die Differenz der Nacht hinweg, auf sein doppeltes Gegenteil, auf Abend- und Morgendämmerung bezogen; in bezug auf die Abenddämmerung ist es idealisch, in bezug auf die Morgendämmerung vornehmlich physisch zu lesen, und so hat es einen Gegensatz bei sich, der erst zwei Zeilen später, im Sinne der Lebenskraft, aufgelöst wird. Im Übergang zur folgenden Zeile aber wird das Wort *alternde* zum Adjektiv zu dem Wort *Riesenbild* und wird so zur Qualität dessen, worauf das *verjüngende Licht* bezogen ist. Im Lichte des mythischen Ausdrucks *die ewige Sonne* ist das Wort *Riesenbild* selbst als mythisch, d.h. als objektiv und subjektiv und als beides zugleich zu lesen: Es meint das sichtbare Erscheinungsbild der riesigen zerstörten Burg, das gedankliche Vorstellungsbild der heroischen, *schiksaalskundigen* und das wesentliche Erinnerungsbild der *gigantischen* Burg.[36] Das *Riesenbild* altert, indem es in diese drei verschiedenen Bilder zerfällt und die getrennten Bilder an Lebenskraft verlieren und so im Schwinden begriffen sind. Das *verjüngende Licht* kann nun dem *Riesenbild* nicht die ewige Jugend schenken; es kann nur das Erscheinungsbild der Ruine im Blick zum unzerstörten Ganzen wiederherstellen, im Vorstellungsbild den Gedanken der heroischen wissenden Selbständigkeit beleben und im Erinnerungsbild das Entspringen des Gigantischen aus einer bestimmten Vereinigung von Gaia und Uranos, von Erde und Himmel fühlbar machen. Dies aber kann nur so lange wirklich sein, als das *Riesenbild* noch nicht ganz zerfallen ist. Deshalb muß zu demjenigen fortgeschritten werden, was das Auseinanderfallen aufhalten kann, zu dem Umgebenden und Umfassenden, und so ist noch im selben Kolon die Wendung *und umher* hinzugefügt. Das zweite Kolon *grünte lebendiger*, das mit dem Verweis auf die Lebenskraft der Natur in Gegensatz zum Bereich der Kultur und der Geschichte des Menschen tritt, ist, der Einheit der Zeile wegen, in seinem Wort *lebendiger* als Komparativ zu lesen: Das Grünende ist in sich *lebendiger* als das verjüngte ‚Leben' des *Riesenbildes*, das aber von ebendiesem stärkeren Leben der Natur umgeben ist. Das ist nun insofern von Bedeutung, als das Grünende gerade auch im Licht der *ewigen Sonne* ‚lebendiger' und somit ebenso wie das Riesenbild darauf bezogen ist. Wäre nun aber die größere Lebenskraft der Natur nur dem Grade nach vom Leben des *Riesenbildes* verschieden, so könnte sie dessen Altern und Absterben letztlich nicht aufhalten, zumal sie selbst dem Gegensatz des verjüngenden und des alternden Lichtes unterliegt. Jenes gelänge erst, wenn dieser Gegensatz sich im Prinzipiellen der Lebenskraft auflöste. Dies aber deutet sich im Übergang zu v. 27 an, durch den das Wort *lebendiger* zum Attribut des Wortes *Epheu* wird. Der immergrüne *Epheu, Zeug unsterblichen Lebens* (II, 166 v. 40), grünte im Licht der *ewigen Sonne*, und dieser mythische Ausdruck läßt so auch das Wort *Epheu* mythologisch lesen. So wirkt im *Epheu* das Belebende (vgl. V, 289), die Lebenskraft als Prinzip, und so gemahnt er an Dionysos (Bacchus), dem er in der griechischen und römischen Mythologie heilig ist. Diesen Bezug spricht die Elegie *Stutgard* in nahverwandtem Kontext aus:

der Epheu
Grünt am Fels und die Burg dekt das bacchantische Laub,
[...] (II, 87 v. 51 f.)[37]

Indem Dionysos *die Frucht des Gewitters* (II, 119 v. 53) ist, erweist sich, daß die zerreißenden *Wetter* (v. 23) im Grunde, nach Maßgabe der griechischen Mythologie, zeugende sind: Gezeugt wird so der belebende *Freudengott* (II, 46 v. 1), *der gemeinsame Gott* (II, 87 v. 31), der *Gemeingeist* (II, 751 Z. 20). Dionysos ist es nun auch, der den Gegensatz zwischen dem verjüngenden und dem alternden Licht, zwischen Abend- und Morgendämmerung, zwischen Himmel und Erde löst:

Ja! sie [sc. die Sänger] sagen mit Recht, er [sc. der Weingott]
söhne den Tag mit der Nacht aus,
Führe des Himmels Gestirn ewig hinunter, hinauf,
Allzeit froh, wie das Laub der immergrünenden Fichte,
Das er liebt, und der Kranz, den er von Epheu gewählt,
Weil er bleibet und selbst die Spur der entflohenen Götter
Götterlosen hinab unter das Finstere bringt.
(II, 94 v. 143 ff.)

Des Weingotts heilige Priester (II, 94 v. 123) aber sind die *Dichter* (ebda. v. 122 f.), die zugleich der *dichtenden* Sonne, dem Sonnengott gehören; und hieraus erklärt sich nicht zuletzt, daß das lyrische Ich ein dichtendes ist, daß es *ein kunstlos Lied* schenken möchte.

Gesetzt in eine Zeile mit dem mythisch zu lesenden Wort *Epheu* ist auch die Wendung *freundliche Wälder* mythisch aufzufassen. Das Wort *freundlich* hat insofern eine Beziehung zum Bild des Efeus, als dieser in der Antike, gemäß dem *Gemeingeist*, und auch in christlicher Zeit Symbol *immerwährender Treue und Liebe*, vielleicht auch *des Wunsches, Leben fortzupflanzen*, gewesen ist.[38] Nach seiten der Natur meint das *freundlich* ‚familiaris'[39], liebreich auf Grund der familiären Verwandtschaft[40]; nach seiten des Persönlichen *Liebe, freundschaftliche Gesinnung habend, verrathend, liebreich.*[41] Zu vermerken ist schließlich die biblische Rede, daß Gott *freundlich*, d. h. liebreich und gnädig ist.[42] *Freundlich* sind die genannten *Wälder* offensichtlich im Gegensatz zu den finsteren, undurchdringlichen, so daß sie die lichten, begehbaren und dem Menschen und seinem Wesen und Treiben entgegenkommenden *Wälder* sind. Das Wort *Wälder* meint nicht nur ein Natürliches, sondern auch, gemäß dem lateinischen Wort silvae, eine Sammlung vermischter Gedichte und Lieder.[43] Diese Bedeutung hat insofern eine Beziehung zu Dionysos, als die Dichter, wie gesagt, *des Weingotts heilige Priester* (II, 94) sind. Diese Beziehung aber tritt hinter der natürlichen und der davon verschiedenen künstlerischen Bedeutung zurück, wodurch der Bildcharakter der *Wälder*, die überdies sodann auf die gegenständlich genannte *Burg* bezogen werden, geschwächt wird. So könnte es sein, daß Hölderlin, um das Idealische der Bilder, dem idealischen Kunstcharakter der Strophe gemäß, auszusprechen, in der Reinschrift H^2 nicht das Wort *Wälder*, sondern das Wort *Bilder* gesetzt hat (II, 412 Z. 12f.), welches er auch bei deren Überarbeitung unverändert gelassen hat.[44] Der Bewegungsrichtung des herabströmenden Lichtes und der herabhängenden Burg entsprechend *Rauschten* freundliche Wälder[45] *über die Burg herab.* Auf diese Weise mildern sie das Licht der *ewigen Sonne*, das das *Riesenbild* verjüngt, zu Schatten ab; Natur und Kunst verhüllen schonend im Bild das rein Idealische und verhindern dessen unmittelbare Wirkung. So sind *heimatlich die Schatten der Wälder* (II, 197 v. 20); ihrem Wesen nach gehören sie zum naiven harmonischen Bereich[46], in dem auch das Dichterische wohnt (vgl. II, 202 v. 15ff.). Das Rauschen *über die Burg herab* meint zweierlei: ‚auf die Burg herunter' und ‚über die Burg hinweg und herab'. So gilt das vernehmliche Rauschen auch mehr und anderem als nur der Burg, zumal im weiteren Zusammenhang das *kunstlos Lied* dem *Du* gilt. Die Richtung weiter herab aber wird die letzte Strophe verfolgen.

Energie, Bewegung, veränderndes Wirken des überirdisch Ewigen, des andauernden Wachstums und der ebenso aufstrebenden wie abwärts bewegten lebendigen Natur geben der siebenten Strophe den heroischen Grundton. Wiewohl das heroische Leben über die Burg hinströmt und über sie herabrauscht, bleibt ihm doch deren Altern entgegengesetzt, und so bedarf es des Idealischen in der Darstellung, um jenen Mangel auszugleichen. Das Idealische aber liegt in dem *verjüngenden Licht*, in der idealischen Bildlichkeit des *Riesenbildes*, des *Epheus* und der *freundlichen Wälder*. Dabei aber bleibt das Idealische nach den Momenten des Ewigen, der Natur und der Kunst sowie des Zusammenhangs von Mensch und Natur wie auch die Gegensätzlichkeit, welche dem Licht eigen ist und dem äußerlichen Verhältnis, das die Präpositionen *über* und *umher* ausdrücken, mehr noch getrennt; so findet sich der rein idealische Kunstcharakter erst in der letzten Strophe.

Das erste Kolon der achten Strophe, ihr Hauptsatz, der eine unmittelbare sinnliche Anschauung kurz und einfach nennt, setzt, der natürlichen Bewegungsrichtung des Hinaufblühens entgegen, die bislang herrschende Richtung des Herab fort. Daß Sträucher ‚herabblühten', meint aber nicht nur, daß den Berghang herab blühende Sträucher standen, sondern vor allem, daß sie abblühten. Verblühend verging die lichte, ins Offene gehaltene Präsenz der Pflanzenblüte, und so schwinden am sinnlich Wahrgenommenen das erscheinende Wesen, ein etwaiger hergebrachter Symbolgehalt und die antik-mythologische Bedeutsamkeit. Dies Enden an der Unmittelbarkeit des Sinnlichen fällt mit dem Vergehen und Enden in der Zeit zusammen. Was aber bleibt, ist die Gestalt der *Sträuche*. Als dritte und zuletzt genannte Pflanzenart haben sie insofern eine Beziehung zum *Epheu* und zu den *Wäldern*, als der Strauch wie der Efeu eine Pflanze ist, welche aber mit ihren vielen Zweigen wie der Wald mit seinen Bäumen eine Ganzheit ausmacht. Die individuelle, aus ihrer Einheit erwachsene Ganzheit ist die Form, welche noch über die Zeit des Verblühens hinaus besteht und schließlich in dem Verhältnis, daß die Gassen unter den *duftenden Gärten* ruhen, insofern einen formalen Reflex hat, als ihnen die unter dem Laub ‚ruhenden' Zweige entsprechen. Das zweite Kolon *bis wo im heitern Thal* kündigt mit der Wendung *bis wo* formal sowohl den räumlichen als auch den zeitlichen Endpunkt des Herabblühens der *Sträuche* an. Im Zusammentreffen von Raum und Zeit in einem besonderen Moment wird beides lesbar: ‚bis die Gassen ruhn' und ‚wo die Gassen ruhn'. Indem das Wort *heiter*, das eigentlich *nur von der Luft und dem Dunstkreise gebraucht [wird]; im Gegensatze des trübe* und in diesem Sinne *klar, hell* bedeutet[47], Zeitlichkeit impliziert, konstellieren die vier Wörter des zweiten Kolons mit ihrer doppelten Verschränkung von Raum und Zeit einen inneren Bereich, als dessen Mitte der angekündigte Ruhepunkt zu vermuten ist. Wenn nun der folgende v. 30 alle drei, in den Strophen II–VII beanspruchten Raumdimensionen versammelt, so bleibt doch zu vermerken, daß der Raum des Tals nur zur Hälfte in den Blick genommen wird: Es geht nur um die linke Neckarseite, um den engeren Bereich der Stadt und nicht zugleich um das andere Ufer und die Brücke. Während das Ufer eine überschreitbare Grenze darstellt, deutet der Hügel, indem seine *alternde* Burg die Zeichen der zerstörerischen Macht des Schicksals und der Zeit an sich trägt, von ferne auf das Ende, auf Untergang und Tod.[48] Die Einheit der Zeile, die deren getrennte Kola aufeinander bezieht, bringt die Bedeutungen hervor, daß das Ende eine zu transzendierende Grenze ist und daß an der Grenze das Endliche als solches aufhört. Der Widerstreit von Grenze, Ende und Transzendenz, welcher die Reflexion auf die in der Zeile zuvor dargestellte Grenze ist, wäre erst im Unendlichen aufgelöst, auf das hin die Zeile gespannt bleibt. Diesen Widerstreit, in den, durch die Wendung *dem Ufer hold*, noch der Gegensatz von Mensch und Natur einbezogen ist, suchen die beiden folgenden, die letzten Verse des Gedichtes zu lösen. Die Zeile *Deine fröhlichen Gassen* spricht mit ihren drei Wörtern drei verschiedene Dimensionen an: einen subjektiven Empfindungszustand des Menschen, ein objektives Ding der Kulturwelt und darüber hinaus das *Du*. Deren eine Beziehung, die Anthropomorphisierung der *Gassen*, fällt nun aus dem Grunde nicht in die Subjektivität des Ich zurück, als das Ich zuvor sein Wissen darum bekundet hat, daß die *Gassen*, die ein Produkt menschlicher Kultur sind, an den Hügel *gelehnt* seien. Die *fröhlichen Gassen* gehören vielmehr in den an sich noch differenten Bezug zwischen Subjekt und Objekt und können damit dem angehören, was in diesem Bezug herrscht. *Deine Gassen* sind diejenigen, welche das Du besitzt und in welchem Bereich das Du sich aufhält und zu finden ist. Darüber werden die *Gassen* zu einem Bild für den ‚zugänglichen' Bezug zwischen Subjekt und Objekt, zwischen der Erhebung zum Himmel *(Hügel)*, zum Ewigen, zum Geist und Idealischen und der Neigung zur Tiefe, zum Naiven und Heroischen, zu Gestalt und Kraft sowie zur Zeitlichkeit *(Ufer)*. Zugleich aber sind *Deine fröhlichen Gassen* Bild der Beziehung zwischen dem Du und den Objekten – v. 31 enthält die einzige Stelle, an der das Du mit einem Objekt direkt verbunden genannt wird – sowie zwischen dem Du und dem poetischen Ich. Nachdem mit dem ersten Kolon der Strophe die auch in diesem Gedicht überkommene Bildlichkeit am unmittelbar Sinnlichen vergangen ist, wird sie mit der dritten Zeile der achten Strophe anfänglich neu und lebendig hervorgebracht, so daß das Enden und die von den Zäsuren markierten Grenzen nunmehr nicht mehr nur ins Gegenteil, sondern auch ins Unendliche überschritten sind. An seinem Ende erreicht das Gedicht die Gegenwart seiner selbst, findet es sich erst als ein Gedicht im vollkommenen Sinne. Dieser Selbstbezug macht noch den Raum des *heitern Thals* zum Bild des idealisch erhellten Gedichtraumes, den Hügel zum Bild der geistigen und rhythmischen Erhebung, das Ufer zu dem der Vers- und Strophengrenzen, die Gassen zu dem der Zeilen. Der der Jahreszeit des Frühlings entsprechende Bedeutungsaspekt des Anfangs, welcher im Wort *fröhlich* liegt[49], tritt, nebst dem Aspekt der inneren und äußeren Bewegtheit, in eine sprechende Beziehung zu dem schließlichen Prädikat *ruhn*. Ruhen die Gassen, so erscheint das bewegt Fröhliche nicht, nicht mehr oder noch nicht: Sie ruhen vom späten Abend durch die Nacht bis zum frühen Morgen. Ist die Zeit der Differenz, der Nacht in Strophe VII im Bild des immergrünen Efeus sowie fernerhin des Dionysos aufgehoben, so hier im Wesen der Ruhe. Denn diese ist die *lebendige Ruhe, wo alle Kräfte regsam sind, und nur wegen ihrer innigen Harmonie nicht als thätig erkannt werden*

(VI, 305). Die Zeitlichkeit des Ruhens, von Abend bis Morgen, ist die der Dauer, des Währens, worin der zuvor zu findende Gegensatz von Zeitpunkt und Zeitfluß (v. 29f.) aufgehoben ist; in der währenden Ruhe bleibt das Wesen des Fröhlichen bewahrt. Der Zusammenhang mit der akzentuierten, zeitlich begrenzenden Konjunktion *bis* (v. 29) aber hebt die Übergangszeit der Abenddämmerung hervor, und sie begrenzt insofern das Herabblühen der Sträuche, als deren Sichtbarkeit und unmittelbare Anschaubarkeit in der Dämmerung schwinden. Mit den Momenten der Dunkelheit und des Ruhens tritt die letzte Strophe in den Gegensatz zu der ihr korrespondierenden zweiten Strophe, darin die sich über den Strom schwingende Brücke *von Wagen und Menschen tönt* und der Strom *vorbei dir glänzt*. Auf der Grenze zum Unsichtbaren und dem ruhigen Harmonischentgegengesetzten entsteht am Ende die neue Bildlichkeit, welche so dem Idealischen des ganzen Erinnerungsbildes gerecht wird. Das schließliche Tempus des Präsens bezeichnet eben nicht die Gegenwärtigkeit eines sinnlichen Anschauens, sondern die dauernde Präsenz des einigen Zugleichseins im Geiste, in welche die Gegenwart des Sprechens des Gedichtes, die Lücke der allerersten Zäsur füllend, umkehrt. Der Ort aber, wo *Deine fröhlichen Gassen* ruhen, sind die *Gärten*. In den *Gärten*, so heißt es an anderer Stelle, *da lebt die Natur geduldig und häuslich, / Pflegend und wieder gepflegt mit dem fleißigen Menschen zusammen* (I, 201). Die Kultivierung der Natur durch den Menschen und des Menschen durch die Natur macht hier in der letzten Strophe nicht eine ganze harmonische Sphäre, sondern nur, wie die Ortsbestimmungen von v. 30 ausweisen, den Randbezirk der Stadt aus, wo Stadt und Land ineinander übergehen und wodurch die Stadt halbringförmig umschlossen wird. Nur dort und mithin nur im Grenzbereich von Mensch, Kultur und Natur sind die ruhenden Gassen, welche zum Du gehören, und so spricht sich noch einmal aus, daß das Du weder bloß in der Natur noch bloß in der Kultur, sondern in deren Verhältnis, in deren Grenze zu finden ist. Im Übergang zum Idealischen ist auch das Wort *duftende* zu verstehen, welches an sich *feuchtigkeit von sich gebend, dampfend, dünstend, ausdunstend*, auf die Empfindung des Menschen bezogen *wolgeruch verbreitend* bedeutet[50] und somit zugleich die feine luftige Hülle, die zart schwebende Atmosphäre des innig Geistigen und Ätherischen meint. Im Duften als dem Übergang ins Idealische werden die *Gärten* zum Bild: Im reinen Leben der *Gärten*, darin Natur und Kunst *nur harmonisch entgegengesezt* sind und *die Kunst die Blüthe, die Vollendung der Natur* ist (IV, 152), wird das Wort ‚Garten' auch als Ausdruck sowohl für die *selbstgeschaffene welt der dichter*[51] als auch – ähnlich dem Ausdruck *Wälder* (v. 27) – für Gedichtsammlungen und Liederbücher.[52] Darüber hinaus haben die *duftenden Gärten* einen ferneren Anklang an das Paradies und den Himmel[53], und dieser religiöse Bezug, zusammen mit der Bildlichkeit des Gartens *im liebeleben*[54] geht in die Du-Anrede hier wie sonst im Gedicht ein. Mit der Bildlichkeit der *duftenden Gärten* gewinnt das Gedicht über die neu entstandene idealische Bildlichkeit hinaus die Erinnerung an die hergebrachte Bildlichkeit zurück und vereinigt beide. Der Bereich, in dem sich all dies vollzieht, heißt das *heitere Thal*, und so schließt das Heitere, vom Ende der Strophe her, auch die freudige harmonische Stimmung der Seele mit ein, und die lichte Klarheit des Heiteren wird, auf der Grenze des Sinnlichen, Bild der intensiven Präsenz des Geistigen. Damit kann zusammenstimmen, daß die *fröhlichen Gassen* in der Abenddämmerung und in der Nacht ruhen.[55] Wenn auch im Geiste möglich bleibt, daß Fröhlichkeit und Ruhe zugleich herrschen und sinnliche Anschauung und intellektuale Anschauung unmittelbarer vereinigt werden, bewahrt die Schlußstrophe doch die Differenz zwischen historischem Präteritum (v. 29) und idealischem Präsens (v. 32), zu welcher Differenz die Umstände gehören, daß der Hügel und das eine Ufer, die Gassen und die Gärten nur auf der einen Talseite liegen und daß der Gartenbereich nur halbringförmig ist und so nicht den ganzen Stadtbereich ausmacht sowie daß der Tag zu Ende geht. Daß die Schlußstrophe somit in mehrfacher Hinsicht die Darstellung einer Grenze ist, hindert, in ihr die Darstellung einer Idylle als einer ganzen, aber besonderen lebendigen Sphäre, in der Mensch, Natur und Kunst harmonischentgegengesetzt Eines sind, sehen zu wollen.[56] Idyllisches geht als Moment, als Schein, in die Grenze des Naiven und des Idealischen ein, und so ist es ein Mißverstand, von *der idyllischen Verbindung von Natur und ländlicher, noch harmonisch in ihrem Zusammenhang stehender Stadt*[57] oder gar von der *idyllischen Stadt*[58] zu reden. Über jene Grenze, jene Differenzen hinaus führt die Bildlichkeit, welche, wie eine Brücke, zur anderen Seite, zur zweiten Hälfte zu führen scheint: Was in der zweiten Strophe naiv geschildert worden ist, die Brücke, ist in der entsprechenden letzten als das Verbindende und zur Begegnung Führende idealisch da – aber eben nur als Schein und deshalb auch als so unscheinbar, daß es auch nicht wahrgenommen werden kann und zuzeiten dem Blick entgeht. Denn zwischen den Seiten und Hälften strebt *der Jüngling, der Strom* fort, offen der alleserschütternden Macht des Schicksals und der Zeit, und nur, wenn er das Geschenkte (v. 17 f.) als solches bewahrt und das *lieblich Bild* (v. 20) wieder aus seinem Grunde hervorzubringen vermag, kann es sich ereignen, daß die Vereinigung sich vollzieht und die Du-Anrede und das Nennen des Namens *Mutter* sowie das erwünschte Schenken des kunstlosen Liedes gelingen. Vom Ende her weist das Gedicht auf den Anfang zurück und über die zweite Strophe auf die in besonderem Sinne zentrale fünfte Strophe.

Die Ode *Heidelberg*, deren poetisches Ich auf den Wegen der dichterischen Sprache den Namen *Mutter* sagen und nennen möchte, sammelt sich in der gegenwärtigen Zuwendung in der rein personalen *Du*-Anrede. Das gemeinte Du ist weder bloß Natur noch bloß Kunst und auch nicht deren Vereinigung – es ist als dem zu begegnen, das die Vereinigung beider gewährt: es ist wesentlich schenkend. In der Vereinigung von Mensch, Natur und Kunst sind dem Menschen und der Natur, sind ihm, *dem Flüchtigen* – mehr nach seiten der Natur ausgesprochen – *Quellen* und *Kühle Schatten*, Entspringen und Bewahrung, Kraft und Gestalt (Strophe V), und – mehr nach seiten des Menschen ausgesprochen – die Geburt und das harmonische Bild der fühlbaren Schönheit (Strophe I) geschenkt. Als so gewährende Wirklichkeit ist es örtlich konzentriert. Erkennbar ist es aber erst, wenn seine Sphäre im Übermaß der Innigkeit verlassen worden ist, wenn der Geist der Zeit und Geschichte, der Vater des Vaterlandes, die entschiedenere Entgegensetzung von Natur und Kunst bedingt und wenn im Lichte des Ewigen, des Idealischen die Gegensätze wieder vereinigt sind und der Menschengenius der Sonne, der *allverklärenden* (II, 104 v. 35; III, 75 Z. 12), der *Dichtenden* (II, 104 v. 38; IV, 17 v. 389 f.), gleich geworden ist. Erst dann kann auch der Wunsch entspringen, das Du *Mutter* zu nennen.

Drei Gottheiten walten in der Ode *Heidelberg: Du*, die *Mutter* der *Mutterstadt* (II, 409 Z. 4), der Vater des Vaterlandes und *die ewige Sonne.*[59] Häufig findet sich in Hölderlins Werk die innige Verbindung *der Stadt, der Mutter* (II, 98 v. 73) mit der Sonne. So heißt es, der *Heidelberg*-Ode durchweg verwandt, in der Elegie *Stutgard*:

> *Heilig ist mir der Ort, an beiden Ufern, der Fels auch,*
> *Der mit Garten und Haus grün aus den Wellen sich hebt.*
> *Dort begegnen wir uns; o gütiges Licht! wo zuerst mich*
> *Deiner gefühlteren Stralen mich einer betraf.*
> *Dort begann und beginnt das liebe Leben von neuem;*
> [. . .]. (II, 87 v. 41 ff.)

Sicher geleitet von der dichtenden, der ewigen Sonne und vom *Vaterland* in Träumen gemahnt, beginnt der Mensch, der *des Ursprungs noch in tönender Brust gedenk* (II, 28 v. 9) ist, die *Rükkehr in die Heimath*, zum *stillen Ort* unter dem *Himmel der Heimath* (II, 29).

Die Ode *Heidelberg* möchte Geschenk an die mütterliche Gottheit der Ruhestätte sein. Indem es deren Wesen zu entsprechen sucht, muß es selbst heiliger Ort der Ruhe, d. h. Asyl, werden. In diesem Sinne sagt die Ode *Mein Eigentum*, in der das dichtende Ich, das, *zu retten mein sterblich Herz*, seine Seele *heimathlos [. . .] nicht / über das Leben hinweg sich sehne[n]* lassen will (I, 307 v. 37 bzw. v. 39 f.), durch *holde Erinnerungen* eine *bleibende Stätte* (ebda. v. 36 bzw. v. 38) erreichen möchte:

Sei du, Gesang, mein freundlich Asyl! sei du
Beglükender! mit sorgender Liebe mir
Gepflegt, der Garten, wo ich, wandelnd
Unter den Blüthen, den immerjungen,

In sichrer Einfalt wohne, wenn draußen mir
Mit ihren Wellen allen die mächtige Zeit
Die Wandelbare fern rauscht und die
Stillere Sonne mein Wirken fördert. (I, 307 v. 41 ff.)

Der Gesang als Asyl aber gilt dem wahrhaftigen Asyl. Denn der heilige unverletzliche Ort der Ruhe (τὸ ἄσυλον), an dem der Gegensatz von Himmel und Erde ausgeglichen und vereinigt ist in guter Ordnung (εὐταξία) und festem Gesetz (ϑέμις), ist Ursprung des Menschen und zugleich die Stätte, an welcher der Mensch, nach der Überwindung jenes schicksalhaften Gegensatzes und ordnungsliebend nach *glänzender Rückkehr* (V, 288 v. 7) sich selbst setzend, sich halten und ruhig wohnend sich aufhalten kann. Hölderlins Erläuterung zu Pindars Fragment *Die Asyle* spricht dies aus:

Wie der Mensch sich sezt, ein Sohn der Themis, wenn, aus dem Sinne für Vollkommenes, sein Geist, auf Erden und im Himmel, keine Ruhe fand, bis sich im Schiksaal begegnend, an den Spuren der alten Zucht, der Gott und der Mensch sich wiedererkennt, und in Erinnerung ursprünglicher Noth froh ist da, wo er sich halten kann.

Themis, die ordnungsliebende, hat die Asyle des Menschen, die stillen Ruhestätten geboren, denen nichts Fremdes ankann, weil an ihnen das Wirken und das Leben der Natur sich konzentrirte, und ein Ahnendes um sie, wie erinnernd, dasselbige erfähret, das sie vormals erfuhren. (V, 288)

1 Zitiert wird Band und Seitenzahl und gegebenenfalls Vers- oder Zeilenzahl der Großen Stuttgarter Hölderlin-Ausgabe hg. von Friedrich Beißner und Adolf Beck. 8 Bde. Stuttgart 1943 ff. (=GStA). Herangezogen wird die Frankfurter Ausgabe Friedrich Hölderlin: Sämtliche Werke. Historisch-kritische Ausgabe hg. von Dietrich E. Sattler. Frankfurt 1975 ff. (=FHA).

2 II, 407 f.; vgl. FHA V, 459.

3 Ludwig Strauß: Aus dem Nachlaß Johann Gottfried Ebels. In: Euphorion 32 (1931). S. 368.

4 Die Ode ist *spätestens im Juni 1798* entworfen worden (II, 408). Eine Reinschrift der Ode (H^2; II, 408), die vom *Aglaia*-Druck (J; II, 408) in wenigem, fast ausschließlich in der Zeichensetzung abweicht, findet sich auf einem Doppelblatt (vgl. I, 554) nach der Ode *Empedokles* und vor den Oden *Die Götter* und *Der Nekar*. (Dies Doppelblatt ist als Faksimile, nebst Umschrift und einem Begleitwort von Jochen Schmidt, u. d. T. *Friedrich Hölderlin. Empedokles, Heidelberg, Die Götter, Der Nekar*, 1983 im Verlag der Buchhandlung Zimmermann, Nürtingen, erschienen). Während die GStA die Reinschrift für *vorläufig* hält (I, 554), ist sie für die FHA *vmtl. Abschrift des Drucks* (V, 466). Die Überarbeitung der Reinschrift, besonders deren vierter Strophe, *eine letzte Fassung*, datiert die FHA vermutungsweise auf den Winter 1803/04 (V, 459; der auf Grund dieser Fassung konstituierte Text V, 468).

5 Vgl. Gerhard Buhr: Hölderlins Mythenbegriff. Eine Untersuchung zu den Fragmenten *Über Religion* und *Das Werden im Vergehen*. Frankfurt 1972. S. 16 ff., 66 ff., 403–411. Zur Deutung der Ode als einer mythischen vgl. vor allem Cyrus Hamlin: Hölderlins *Heidelberg* als poetischer Mythos. In: Jahrbuch der Deutschen Schillergesellschaft 14 (1970). S. 437–455. Ohne die Du-Anrede im Gedicht recht aufzufassen, hebt Hamlin als mythisch die Aufhebung der Gegensätze hervor, wobei die Terminologie von Einheit über Versöhnung bis Wechselbeziehung schwankt. Die darüber dunkel werdende Rede erlaubt sich eine Wendung wie vom *Einswerden von Dichter und Stadt* (S. 453) ebenso wie das allgemeine Urteil, das Gedicht werde zu *einem Mythos der Transsubstantiation des Geistes in der Welt* (S. 455).

6 Zu Leben und Werk Lincks vgl. Franz Xaver Portenlänger: Franz Konrad Linck und seine Werke im Historischen Museum der Pfalz in Speyer. In: Pfälzer Heimat 32 (1981). S. 1–15. Gustav Jakob: Der kurpfälzische Hofbildhauer Franz Conrad Linck (1730–1793). In: Zs. des Deutschen Vereins für Kunstwissenschaft. Bd 1, Heft 6 (1935). S. 326–350.

7 Dazu und zur Beschreibung der beiden Standbilder s. Helmut Prückner: Carl Theodor und Minerva. Die Standbilder auf der Heidelberger Neckarbrücke. In: Pfälzer Heimat 32 (1981). S. 16–24. Katharina Laier: Das Standbild des Carl Theodor auf der Alten Brücke. In: Günter Heinemann (Hg.): Neue Hefte zur Stadtentwicklung und Stadtgeschichte. Heft 2 (1982): Heidelberger Denkmäler 1788–1981. Heidelberg 1982. S. 15–23.

8 Benjamin Hederich: Gründliches mythologisches Lexicon. Leipzig 1770. (Nachdruck Darmstadt 1967). Sp. 1626.

9 Die folgende Interpretation verdankt den nachstehenden Arbeiten, insbesondere den beiden fortgeschrittensten, denen von Hamlin und Stierle, zahlreiche Hinweise, Anregungen und Einsichten.

Emil Staiger: Hölderlin: Heidelberg. In: Heinz O. Burger (Hg.): Gedicht und Gedanke. Auslegungen deutscher Gedichte. Halle/Saale 1942. S. 167–175. Auch in: E.St.: Meisterwerke deutscher Sprache aus dem neunzehnten Jahrhundert. 2. Aufl. Zürich 1948. S. 13–24. Wieder in: Horst Endres (Hg.): Die Werkinterpretation. Darmstadt 1967. S. 135–145.

Hans Christoph Schöll: Wie von Göttern gesandt. In: Heidelberger Beobachter. Nr. 155, 6. 6. 1943.

Paul Böckmann: Hölderlin. Drei Reden. Stuttgart 1944. S. 9–12.

Romano Guardini: Form und Sinn der Landschaft in den Dichtungen Hölderlins. Stuttgart, Tübingen 1946. S. 24–27.
Adolf Beck: *Heidelberg*. Versuch einer Deutung. In: Hölderlin-Jahrbuch 1947. S. 47–61. Auch in: Ulrich Fülleborn (Hg.): Forschung und Deutung. Ausgewählte Aufsätze zur Literatur. Frankfurt, Bonn 1966. S. 265–278.
Klaus Mugdan: Hölderlins Ode *Heidelberg*. Kritik einer Deutung. In: Neue Heidelberger Jahrbücher N. F. 1952/53. S. 106–115.
Walter Hof: Hölderlins Stil als Ausdruck seiner geistigen Welt. Meisenheim am Glan 1954. S. 315–317.
Richard M. Müller: Der Strom der Sehnsucht. 5: *Heidelberg*. In: R. M. M.: Die deutsche Klassik. Wesen und Geschichte im Spiegel des Strommotivs. Bonn 1959. S. 95–100.
Lawrence Ryan: Hölderlins Lehre vom Wechsel der Töne. Stuttgart 1960. S. 186–189.
Wilhelm Schneider: Friedrich Hölderlin: *Heidelberg*. In: W. S.: Liebe zum deutschen Gedicht. 4. Aufl. Freiburg i. Br. 1960. S. 86–97.
Ulrich Gaier: Der gesetzliche Kalkül. Hölderlins Dichtungslehre. Tübingen 1962. S. 249–251.
Walter Silz: Hölderlins Ode *Heidelberg*. In: The Germanic Review 37 (1962). S. 153–160.
Edeltraud Meisel: Die vaterländische Lyrik Friedrich Hölderlins. Wandlung des Begriffes *Vaterland* und des korrespondierenden künstlerischen Bildes von der frühen Lyrik bis zu den vaterländischen Gesängen. Jena 1969 (Masch.) S. 64 f., 99–103.
Cyrus Hamlin: Hölderlins *Heidelberg* als poetischer Mythos. In: Jahrbuch der Deutschen Schillergesellschaft 14 (1970). S. 437–455. In englischer Sprache in: Seminar 7 (1971). S. 175–190.
Edward J. Ahearn: The Search for Community: The City in Hölderlin, Wordsworth, and Baudelaire. In: Texas Studies in Literature and Language 13 (1971). S. 71–89.
Ernst-Edmund Keil: Hölderlins *Heidelberg*. Versuch einer Deutung. In: Cuadernos de filologia. [Hg.:] Universidad de Valencia. 1 (1971). S. 99–120.
Horst Steinmetz: Der Leser als konstituierendes Element literarischer Texte. In: Duitse kroniek 24 (1972). S. 96–98.
Christiaan L. Hart Nibbrig: Ja und Nein. Studien zur Konstitution von Wertgefügen in Texten. Frankfurt 1974. S. 60–65.
Karlheinz Stierle: Die Identität des Gedichts – Hölderlin als Paradigma. In: Odo Marquard, Karlheinz Stierle (Hg.): Identität. München 1979. S. 505–552; S. 535 ff.
Bernhard Böschenstein: Dionysos in Heidelberg. In: Hölderlin-Jahrbuch 24 (1984/85). S. 113–118.
Wichtige Einsichten verdanke ich den Gesprächen mit Roland Reuss, Heidelberg.

10 Einen Ansatz zur Strukturierung des Gedichtes versucht C. Hamlin (Anm. 9), S. 449 f.

11 Zu dieser Odenstrophe bei Hölderlin s. Wolfgang Binder: Hölderlins Odenstrophe. In: W. B.: Hölderlin-Aufsätze. Frankfurt 1970. S. 47–73. Auch ders.: Hölderlins Verskunst. In: Hölderlin-Jahrbuch 23 (1982–1983). S. 10–33; bes. S. 18–23 (mit Bezug auf die *Heidelberg*-Ode).

12 K. Stierle (Anm. 9, S. 543, vgl. S. 545) hält demgegenüber die Neigung des poetischen Ich, *dich* – Stierle sagt statt dessen *die Stadt* (S. 543) – *Mutter* zu nennen, für einen voluntativen *Akt der Freiheit*, seine Herkunft zu setzen, wiewohl diese auch eine *unhintergehbare Vorgegebenheit* sei.

13 Zu dem das ganze Gedicht durchwaltenden Liebesbezug vgl. E. Staiger (Anm. 9).

14 K. Stierle (Anm. 9, S. 549) vergißt das Schenken und dessen Wesen, wenn er schreibt: *Das poetische Ich vergewissert sich seiner selbst nicht, indem es sich dieser Welt* [sc. der Idylle als *einer andern Welt] anheim gibt [!] und mit ihr in einen praktischen Zusammenhang tritt, sondern indem es sich selber in ihr als einem Bild auslegt.*

15 Vgl. dazu das Distichon ΠΡΟΣ ΕΑΥΤΟΝ (III, 305). Vgl. auch Johann G. Sulzer: Allgemeine Theorie der Schönen Künste. Bd 3. Leipzig 1793. S. 259: *Das Lied scheint die erste Frucht des aufkeimenden poetischen Genius zu seyn.*

16 Für K. Stierle (Anm. 9, S. 542f.) ist es ausgemacht, daß das *kunstlos Lied* zur Gattung der Idylle gehöre und die asklepiadeische Ode wegen ihrer strengen Kunstform der Idylle genau entgegengesetzt sei.

17 Dem entgegen versteht A. Beck (Anm. 9) den Gehalt und die Erfahrung des *Zaubers* als dasjenige, was das Gedicht im ganzen darstelle, *ein schicksalhaftes Erlebnis, das ihm* [sc. dem Dichter] *einst von dem sommerlichen Anblick dieser Stadt und ihrer Landschaft als ein not-wendendes Geschenk*, wie von Göttern gesandt, widerfahren ist und das *eine Möglichkeit* zum Bleiben im Leben *hat aufgehen lassen* (S. 49). Damit wird die dritte Strophe, entgegen der formalen Ordnung des Gedichtes, zur zentralen gemacht. Vgl. C. Hamlin (Anm. 9), S. 448. K. Stierle (Anm. 9) schreibt gar: *Alles liegt daran, Hölderlins Gedicht zu verstehen als die Evokation dieses Augenblicks des seiner selbst in seiner Freiheit sich bewußtwerdenden Jünglings, der in der ausgebreiteten Landschaft die Zeichen seiner Bestimmung liest.* (S. 545) Dem widerspricht die Fesselung durch den zwiegesichtigen Zauber sowie die im folgenden zu zeigende Zwiespältigkeit des Ich. Stierle verkennt, daß der historische Entwicklungsgang vom damaligen Ich zum poetischen Ich im Gedicht, wie noch zu zeigen sein wird, selbst dargestellt ist (vgl. S. 549); so muß er zu dem Schluß kommen, *daß hier das sprachliche Nacheinander ein thematisches Nebeneinander und Ineinander artikuliert, das bezogen ist auf die Augenblickhaftigkeit einer Erfahrung, die selbst noch in einem offenen Zukunftshorizont steht.* (S. 547) K. Mugdan (Anm. 9, S. 114) vermutet demgegenüber zu Recht, daß der erfahrene *Zauber lediglich das Anheben des Erlebnisses*, nicht aber *das Ganze der Erfahrung* um Heidelberg ist. Vgl. U. Gaier (Anm. 9), S. 250.

18 Vgl. Johann Chr. Adelung: Grammatisch-kritisches Wörterbuch der Hochdeutschen Mundart. 2. Aufl. Bd 1 Leipzig 1793. (Nachdruck Hildesheim, New York 1970). Sp. 1360–1362.

19 H^2 hat nach *gieng* (v. 10) kein Komma, ebensowenig wie am Ende der entsprechenden Verse 6 und 14. Dadurch wird die Möglichkeit, v. 11f. als Hauptsatz zu lesen, nur geschwächt, nicht aber gänzlich aufgehoben.

20 FHA 4, 376 Z. 25 (aber emendiert: 5, 466 u. 468); vgl. Hs-Faksimile und Umschrift (Anm. 4). In der GStA fehlt die nötige Angabe.

21 Vgl. dazu K. Mugdan (Anm. 9), S. 108–110. Ferner K. Stierle (Anm. 9), S. 539.

22 W. Schneider (Anm. 9) sagt zwar: *Der Dichter, der Strom, der Jüngling, das Herz sind eins* (S. 90), aber der Mythus ist ihm doch der *Mythus der Landschaft* (S. 90; vgl. S. 96), von dem das *hinreißende Erlebnis* (S. 98) des Dichters zu unterscheiden ist.

23 So R. Guardini (Anm. 9), S. 12f. Vgl. K. Mugdan (Anm. 9), S. 114f., W. Hof (Anm. 9), S. 315f. Vgl. L. Ryan (Anm. 9): *Ein Landschaftsgedicht ist diese Ode in einem ausgezeichneten Sinne, weil sie von einem Gefühl des Dankes an* der Vaterlandsstädte / Ländlichschönste *getragen ist und überhaupt ein geordnetes Bild des Naturlebens darbietet* (S. 186). Vgl. ferner W. Silz (Anm. 9), S. 155.

24 E. Staiger (Anm. 9), S. 14 und 23. A. Beck (Anm. 9), S. 53: Hölderlin dichte *den reinen Dank an die Landschaft, die ihm damals ein erlösendes Sinnbild des Lebens geschenkt hat.* Vgl. auch H. Ch. Schöll (Anm. 9), K. Stierle (Anm. 9): *Im Zauber eines Augenblicks wird so die Landschaft zum offenen Buch menschlicher Bestimmung* (S. 546) .

25 Vgl. K. Mugdan (Anm. 9), S. 110–113.

26 Verwiesen sei auf die Ode *Der Zeitgeist*, in der der *Zeitgeist* mit dem Wort und Namen *Vater* angesprochen wird (I, 300 v. 9 u. 12).

27 Die Überarbeitungen der Strophe IV der Reinschrift H^2 sind in mehrfacher Hinsicht so interessant, daß sie hier angeführt und kurz bedacht werden sollen. Die GStA fügt sie wie folgt zu einer Strophe zusammen:

> *Aber ferne vom Ort, wo er geboren <ward,>*
> *<Zog> die dunkle die Lust, welche den Halbgott treibt,*
> *<Liebend unterzugehen>*
> *Dir den deinen, den Strom hinab.* (II, 411)

Demgegenüber emendiert die FHA V, 468: *geboren zog / Ach! die dunkle*. Das stark Intellektuelle in v. 14 der Druckfassung, welche sich im Oxymoron, dem Vergleich, dem Konditionalsatzbeginn und dem prädikativen Einschub äußert, ist hier ebenso getilgt wie die frühere kühne Parallelität von *Ebne* und *Fluthen der Zeit*, und die Komplexität der Bezüge in der ganzen Strophe ist reduziert. Demgegenüber findet das Heroische, die bewegende Energie, ebenso seine unmittelbarere Äußerung *(die dunkle die Lust)* wie das Idealische, das Mythische *(Halbgott)*. Das Heroische ist hier im Gegensatz zur früheren Fassung entschieden auf das Ende, auf Untergang und Tod bezogen. E. Staiger (Anm. 9) hebt die *Empedokleische Sehnsucht* nach Auflösung in die Alleinigkeit als den unfrommen Zug des Herzens hervor (S. 17 und 23). (Vgl. auch K. Mugdan (Anm. 9), S. 111 f.; W. Schneider (Anm. 9), S. 91 f.; L. Ryan (Anm. 9), S. 186.) Das heroische Untergangsstreben spricht verwandt die Ode *Stimme des Volks* aus:

> *Denn selbstvergessen, allzubereit den Wunsch*
> *Der Götter zu erfüllen, ergreift zu gern*
> *Was sterblich ist, wenn offnen Augs auf*
> *Eigenen Pfaden es einmal wandelt,*
>
> *Ins All zurück die kürzeste Bahn; so stürzt*
> *Der Strom hinab, er suchet die Ruh, es reißt*
> *Es ziehet wider Willen ihn, von*
> *Klippe zu Klippe den Steuerlosen*
>
> *Das wunderbare Sehnen dem Abgrund zu;*
> *Das Ungebundne reizet und Völker auch*
> *Ergreifft die Todeslust* [...]. (II, 51 v. 9 ff.)

Gerade durch den extremeren Ausdruck wird die Erinnerung an Vorvergangenes (Strophe V), an den Anfang, die Geburt, ermöglicht, so daß das Ganze der Zeit und mithin die doppelte Ferne, *die reitzende Ferne* und – *ferne dem Ort* – die Ferne des Vergangenen, Verlassenen zur Sprache gebracht werden kann. Der mythische Ausdruck *Halbgott*, der im Griechischen heros heißt und insofern zum heroischen Grundton stimmt, nimmt die Wendung *den deinen, den Strom*, darin der *deine* der Jüngling, das Ich ist, ganz der früheren Wendung *der Jüngling, der Strom* entsprechend, in Eines zusammen. Gegensätzliches vereint auch die *Lust*, indem sie zugleich *treibt* und *zieht*, und so mag die Bewegung von *Dir* fort mit der zu *Dir* hin im Mythischen des Du ein und dieselbe sein. – Die Umarbeitung der Strophe fügt sich durchaus in den Zusammenhang der übrigen nichtveränderten Strophen.

28 Grimmsches Wörterbuch, Bd 7 (1889), Sp. 121 f. Vgl. Adelung (Anm. 18), Bd 3, Sp. 387.

29 Zu der hier die Differenz schon enthaltenden Einigkeit vgl. K. Stierle (Anm. 9), S. 539f.

30 Grimmsches Wörterbuch, Bd 4, 1. Abt., 4. Teil, Sp. 7474.

31 Benjamin Hederich: Gründliches mythologisches Lexicon (Anm. 8), Sp. 1151ff.

32 Indem E. Staiger (Anm. 9) keinen Unterschied zwischen dem Ich damals und dem poetischen Ich macht, nimmt er die Burg nur als warnendes Beispiel möglicher Erfahrung, dessen Anblick das Ich, seiner übermäßigen Sehnsucht entgegen, sich bescheiden und ins Idyll einschränken lasse (S. 22–24). So kann nicht ausbleiben, daß *des Schicksals nur als einer Episode* gedacht werde und *die Frage nach dem Schicksal ohne rechte Antwort stehen* bleibe (S. 22). Das heißt aber, dem Gedicht einen gravierenden Mangel nachzuweisen. Vgl. A. Beck (Anm. 9), S. 57f.; R. M. Müller (Anm. 9), S. 98–100; W. Schneider (Anm. 9), S. 94; L. Ryan (Anm. 9), S. 187f.

33 Mit Berufung auf H^2 setzen Hamlin (Anm. 9, S. 441 Anm. 7) und mit ihm Stierle (S. 536) sowie die FHA (IV, 379; V, 466 u. 468) hinter *Grund* kein Komma. Stierle betont geradezu *die sinnentstellende Kommasetzung in Strophe VI* (S. 536, Anm. 52). Nichtsdestoweniger enthält die Reinschrift H^2 das fragliche Komma, allerdings in der besonderen Form, daß der Federstrich vom auslautenden d geschwungen zum u-Bogen zurückläuft und dann, nach einer kleinen Schleife, schräg durch das Wort nach rechts unten verläuft, wo er zu einem längeren Komma abknickt. Im übrigen findet sich in H^2 öfter, daß die Federführung des Wortes direkt ins Komma übergeht. Die Umschrift zu dem Faksimile-Druck (Anm. 4) setzt denn auch hinter *Grund* das Komma, das auch die Druckfassung hat.

34 Zu dieser doppelten Bedeutung des Sonnenlichtes vgl. Hölderlins Anmerkung zu der Sophokles-Stelle *Nicht lang mehr brütest / In eifersüchtger Sonne du: Auf der Erde, unter Menschen, kann die Sonne, wie sie relativ physisch wird, auch wirklich relativ im Moralischen werden.* (V, 267).

35 Wenn die Überarbeitung der Reinschrift H^2 über das Wort *alternde* das Wort *grauliche* setzt, wird gerade der Bezug zur Abenddämmerung und zum Morgengrauen ausgedrückt. Nach Adelung (Anm. 18), Bd 2, Sp. 788 wird ‚Grauen' *zuweilen auch von dem Anbruch der Nacht* gesagt.

36 Es heißt den Sinn des Ausdrucks *Riesenbild* auf nur einen Aspekt verkürzen, wenn der Ausdruck mit dem Wort *Burg* gleichgesetzt wird; so etwa bei K. Stierle (Anm. 9), S. 541.

37 Zum Efeu als Attribut des Dionysos vgl. Josef Murr: Die Pflanzenwelt in der griechischen Mythologie. Innsbruck 1890 (Nachdruck Groningen 1969). Walter F. Otto: Dionysos. Mythos und Kultus. 2. Aufl. Frankfurt o. J. S. 139–142.

38 Dorothea Forstner: Die Welt der christlichen Symbole. 3., verb. Aufl. Innsbruck, Wien, München 1977. S. 189, vgl. S. 190.

39 Grimmsches Wörterbuch, 4. Bd, 1. Abt., 1. Hälfte (1878). Sp. 166.

40 Vgl. Adelung (Anm. 18), Bd 2 (1796), Stichwort *Freund,* Sp. 283.

41 Ebda. Sp. 184.

42 Z. B. Ps. 34, 9; 90, 17; 119, 68; besonders in der Formel *Danket dem Herrn; denn er ist freundlich und seine Güte währet ewiglich* (Ps. 107, 1; 118, 1; 136, 1; Jer. 33, 11).

43 Siehe Martin Opitz: Buch von der Deutschen Poeterey. Hg. von Richard Alewyn. 2. Aufl. Tübingen 1966. S. 22; Adelung (Anm. 18) Bd 4, Sp. 1353 verweist auf diese Stelle. Vgl. auch den Titel und den Anfang von Herders Schrift *Kritische Wälder.*

44 Die GStA hält einen Schreibfehler für möglich, weist aber zu Recht auf II, 168 v. 119f.: *Und es grünen / Tief an den Bergen auch lebendige Bilder.* Die FHA emendiert umstandslos zu *Wälder.*

45 Das in Hölderlins Sprachgebrauch die *Wälder* auch als Gedichte, als Lieder *rauschen* können, belegt der auf den windbewegten Baum bezogene Ausdruck *ein rauschendes Lied* (I, 209 v. 16).

46 Vgl. I, 298 v. 4f.; II, 147 v. 159ff.; II, 258 v. 46ff.

47 Adelung (Anm. 18), Bd 2 (1796). Sp. 1093.

48 Das Grimmsche Wörterbuch vermerkt den poetischen Gebrauch des Wortes *Hügel* für *Grabhügel* im 18. Jahrhundert; 4. Bd, 2. Abt. (1877). Sp. 1873.

49 Das Wort *fröhlich* bedeutet, wiewohl es weithin mit ‚froh' *fast ganz gleich genommen und angewendet* wird, *an sich weniger als froh* und drückt *nur die annäherung dazu* aus: *der fröhliche* ist *gleichsam halbfroh, beginnt sich zu freuen, frohe empfindung, froher mut gehen tiefer als eine blosz fröhliche, als ein fröhlicher.* Grimmsches Wörterbuch, 4. Bd, 1. Abt., 1. Hälfte (1878). Sp. 226.

50 Grimmsches Wörterbuch, Bd 2 (1860). Sp. 1503. Vgl. Adelung (Anm. 18), Bd 1 (1793). Sp. 1568f. Vgl. auch GStA II, 85 v. 40, 166 v. 30, 191 v. 36, 202 v. 11, 581 v. 15f.

51 Grimmsches Wörterbuch, Bd 4, 1. Abt., 1. Hälfte (1878). Sp. 1397.

52 Ebda.

53 Ebda. Sp. 1397f.

54 Ebda. Sp. 1398f.

55 Zum Wortgebrauch von *heiter* gehört nicht immer das helle Sonnenlicht; Adelung (Anm. 18) spricht von *heiteren Nächten* (Bd 2 [1796], Sp. 1093).

56 Die Forschung hat, wenn auch mehr oder minder entschieden, fast durchgängig den idyllischen Charakter des ganzen Gedichtes betont. Vgl. E. Staiger S. 14, 22; A. Beck S. 60; W. Schneider S. 88; L. Ryan S. 189; W. Silz S. 157 (s. Anm. 9).

57 K. Stierle (Anm. 9), S. 541.

58 Ebda. S. 546.

59 Die mythologische Anspielung mit dem Wort *gigantisch*, die Nennung *Apollos* im ersten Oden-Entwurf (II, 409 Z. 22) sowie die mythische Vortragsweise des Ganzen erlauben, jene drei Gottheiten in ihrer Nähe zur griechischen Mythologie zu sehen: Bei Homer findet sich mehrfach die auch Hölderlin nicht zuletzt durch seine Homer-Übersetzung bekannte Anrufungsformel *o Vater Zeus und Pallas Athen und Apollon.* (Ilias II, 371; IV, 288; VII, 132; XVI, 97. Odyssee VII, 311; XVII, 234; XXIV, 375.) Vgl. Karl Kerényi: Die Jungfrau und die Mutter der griechischen Religion. Eine Studie über Pallas Athene. Zürich 1952, S. 13 bzw. 65.

Ferdinand Kobell (1740—1799)
Die durch den Eisgang 1784 zerstörte Brücke, 1784
Öl auf Leinwand; 33,5 : 47,5 cm; Inv.Nr. G 383

Georg August Wallis (1770—1847)
Das Heidelberger Schloß bei Sonnenuntergang und aufziehendem Mond, 1813
Öl auf Holz; 30 : 40 cm; Inv.Nr. G 726

Bei diesem Gemälde könnte es sich um die verkleinerte Fassung eines Gemäldes von Wallis handeln, das in Cottas „Morgenblatt“ für die damals neuartige Wiedergabe des „Meteorischen“, d. h. des Atmosphärischen der Licht- und Farbwirkung, außerordentlich lobend besprochen worden ist.

Christian Haldenwang (1770–1831) nach Charles de Graimberg (1774–1864)
Ansicht von Schloß und Stadt vom Kleinen Gaisberg aus, 1815/1817
Kupferstich; 392 : 487 mm; Inv.Nr. S 864[1]

Johann Jacob Meyer (1787—1858) nach eigener Vorlage
Ansicht von Stadt und Schloß vom Riesenstein, 1820/1822
Aquatinta, koloriert, 190 x 265 mm; Inv. Nr. S 2440[7]

Arnim, Brentano und das Wunderhorn

von

Friedrich Strack

Über *Des Knaben Wunderhorn,*[1] jene merkwürdige Sammlung „alter deutscher Lieder", die der Untertitel verheißt, schrieb Heinrich Heine in der *Romantischen Schule* (1835): „Dieses Buch kann ich nicht genug rühmen; es enthält die holdseligsten Blüthen des deutschen Geistes und wer das deutsche Volk von einer liebenswürdigen Seite kennen lernen will, der lese diese Volkslieder."[2]

Die Würdigung der Liedersammlung Arnims und Brentanos, die 1805 und 1808 in drei Bänden in Heidelberg erschien, wiegt um so schwerer, als Heine mit der *Romantischen Schule* „dem deutschen Publikum eine literarische Abrechnung" präsentieren wollte und der Meinung war, seine „Soldatenpflicht streng ausgeübt" zu haben.[3] Ihm war nicht zumute, die „liebenswürdigen Seiten" des deutschen Volkes herauszustreichen: seit 1831 fühlte er sich verbannt; von 1835 an waren seine Schriften in Deutschland verboten. Während er Arnim hoch schätzte und in Frankreich populär machte, blieb Brentano von seinen „Schwertschlägen"[4] nicht verschont: als ein „korrespondirendes Mitglied der katholischen Propaganda" ließ er ihn einfach rechts liegen.[5] Aber der „sonderbare Zauber" des *Wunderhorns* faszinierte Heine zu dieser Zeit noch immer. Ihm war bei dessen Lektüre, als „röche (er) den Duft der deutschen Linden" im Pariser Exil.[6] Heimat, Natur, Ursprünglichkeit und Lebensfrische wehten ihm aus den Liedern der *Wunderhorn*-Sammlung entgegen.

„Die Kunstpoeten wollen diese Naturerzeugnisse nachahmen", so führt er weiter aus, „in derselben Weise, wie man künstliche Mineralwasser verfertigt. Aber wenn sie auch, durch chemischen Prozeß die Bestandtheile ermittelt, so entgeht ihnen doch die Hauptsache, die unzersetzbare sympathetische Naturkraft."[7] Heine berührt hier eine Frage, die das *Wunderhorn* in seiner Substanz betrifft; denn nicht alle Gedichte, die man dort findet, sind Naturprodukte der reinsten Art: Lieder, vom Volke tradiert und gesungen. Während Goethe von seinen „Streifereien" im Elsaß 1771 zwölf Volkslieder mitbrachte, die er „aus den Kehlen der ältesten Mütterchens aufgehascht" haben wollte,[8] stützten Arnim und Brentano sich bei ihrer Sammlung weitgehend auf gedruckte, wenngleich abgelegene Quellen.

Sie konnten sich auf Herder berufen, aus dessen Volksliedsammlung von 1778/79 sie dreizehn Lieder übernahmen.[9] Aber auch ältere Sammlungen werteten sie aus, so zum Beispiel Georg Forsters *Frische Teutsche Liedlein* aus dem 16. Jahrhundert oder Paul van der Aelsts Liederbuch aus dem Jahre 1602. Luther, Opitz, Spee, Simon Dach und viele andere Dichter des 17. Jahrhunderts sind im *Wunderhorn* namentlich vertreten; selbst Dichter des 18. Jahrhunderts wie Overbeck und Pfeffel, wenn auch nicht mit Namensnennung, man wollte ja „alte deutsche Lieder" mitteilen, Lieder, „wie die Vorzeit sie im Gesange erfand und überlieferte, wie sie von uns aus dem Munde des Volks, aus Büchern und Handschriften gesammelt, geordnet und ergänzt sind", so betonten die Herausgeber in einer ‚Voranzeige' (1805).[10] Arnim und Brentano scheuten sich nicht, Nicolais *Kleinen feinen Almanach* aus dem Jahre 1777 für ihre Zwecke zu benutzen, der die Volksliedbegeisterung der Zeit eigentlich persiflieren und lächerlich machen wollte. Neunzehn der wertvollsten Lieder stammen aus diesem Buch. Darüber hinaus suchten sie in zeitgenössischen Zeitschriften wie dem *Deutschen Museum* oder in Gräters *Bragur* nach geeigneten Stücken und verwendeten Einblattdrucke, ‚fliegende Blätter' und mündliche Mitteilungen. Aus Anselm Elwerts *Ungedruckten Resten alten Gesangs* von 1784 übernahmen sie eine altfranzösische Romanze, die von Thomas Warton ins Englische übertragen worden war und die Elwert wiederum ins Deutsche übersetzt hatte. Nach einer metrischen Glättung und strophischen Gliederung setzen Arnim und Brentano dieses Bruchstück des anglonormannischen ‚Lai du corn' (aus dem 12./13. Jh.) an den Anfang ihrer Sammlung und gaben ihr – nach dem Hauptmotiv – den Titel: *Wunderhorn.*[11] Es steht symbolisch für die wundersamen Töne, die in ihrer Liedersammlung aufklingen. Alles in allem repräsentiert sie einen Querschnitt heterogener lyrischer Produkte aus vielen Jahrhunderten. Eine Sammlung von „alten deutschen Liedern", die im Volke tradiert und gesungen wurden, war das *Wunderhorn* nicht. Denn einige der Lieder waren nicht alt, andere nicht deutsch. Viele hatten einen nachweisbaren Verfasser, den die Herausgeber mit Vorsatz verschwiegen. Manches Gedicht hatten sie sogar selbst verfaßt und ins *Wunderhorn* stillschweigend eingeschmuggelt. „In der Spinnstube eines hessischen Dorfs aufgeschrieben",[12] gaben sie dann als fingierten Herkunftsort an; oder sie erklärten lapidar und quasiauthentisch: „fliegendes Blatt", „mündlich am Neckar" aufgezeichnet. „Vom Giebel eines Hauses in Arth in der Schweiz, durch Arnim" abgeschrieben, heißt es ein anderes Mal, ohne daß die Quelle verbürgt wäre.[13] So führten die Herausgeber des *Wunderhorns* ihre Leser bewußt und mit Lust in die Irre; sie trieben ihr Spiel mit ihnen. Was alt und deutsch war, bestimmten sie gutenteils selbst. Notfalls halfen sie nach.

Kenner rügten dieses Verfahren bald als „poetische Falschmünzerei" oder erhoben den Vorwurf der „geheuchelten Einfaltsmiene".[14] In einem Brief an seinen Bruder August Wilhelm aus dem Jahre 1805 meint Friedrich Schlegel sogar, die „sogenannten Alten Deutschen Lieder" enthielten „eine große Menge Schund,

Kropzeug, Crethi und Plethi, mit vielen eigenen Brentanereien(,) die(,) wenn sie nicht unverständlich wären(,) pöbelhaft heißen würden".[15] Noch drastischer – und dazu öffentlich, nämlich im Cottaschen Morgenblatt – äußerte sich „der alte Racker", wie die Romantiker ihren Heidelberger Kontrahenten, den Altphilologen und Homerübersetzer Johann Heinrich Voß nannten, der das *Wunderhorn* als „heillose(n) Mischmasch von allerlei buzigen, truzigen, schmuzigen und nichtsnuzigen Gassenhauern, samt einigen abgestandenen Kirchenhauern" anprangerte.[16]

Unter diesen Umständen erscheint Heines rühmendes Urteil mehr als erstaunlich. Hatte er sich von den berauschenden Klängen des *Wunderhorns* täuschen lassen, als er in diesem Sammelsurium von Liedern aus mehreren Jahrhunderten den „Herzschlag des deutschen Volks" zu spüren glaubte, „all seine düstere Heiterkeit" und „all seine närrische Vernunft", seinen „Zorn" und seinen „Spott", und sogar meinte, hier perle der „ächt deutsche Wein und die ächt deutsche Thräne"?[17] Tatsächlich waren viele der Lieder – entgegen seiner Vermutung – in der Weise „künstlicher Mineralwasser" verfertigt oder zumindest von den Herausgebern überarbeitet, modernisiert, restauriert worden. Nach der Sprache des Küfers hatten die Kellermeister Arnim und Brentano ihren poetischen Wein ‚verschönt'.

Das altdeutsche Etikett jedenfalls erwies sich in vielen Fällen als Schwindel. Die „sympathetische Naturkraft" war wohl ein Zeichen für das poetische Einfühlungsvermögen der Herausgeber, weniger jedoch für deren philologische Verläßlichkeit, die ihrem Programm nicht entsprach. Goethe billigte ihr Verfahren, wenn auch nur in gewissen Schranken. „Wer weiß nicht, was ein Lied auszustehen hat, wenn es durch den Mund des Volkes, und nicht etwa nur des ungebildeten, eine Weile durchgeht!", so schrieb er in seiner Rezension des *Wunderhorns*. „Warum soll der, der es in letzter Instanz aufzeichnet, mit anderen zusammenstellt, nicht auch ein gewisses Recht daran haben! Besitzen wir doch aus früherer Zeit kein poetisches und kein heiliges Buch, als insofern es dem Auf- und Abschreiber solches zu überliefern gelang oder beliebte."[18] Eben diese Rechtfertigung konnte Wasser auf die Mühle der Herausgeber sein, und Arnim war bei Goethes Lob, „als wenn eine schöne Königin mit ihren Fingern durch (s)eine Mähne striche und (ihm) den Hals klatschte".[19] In Anspielung auf das Titelgedicht und den Knaben „auf schnellem Roß", wie ihn die Titelvignette zeigt, fühlte er sich in der schöpferischen Aneignung – und Verwandlung – der Überlieferung bestärkt und ermuntert.

Ein Beispiel mag sein Verfahren illustrieren: *Knabe und Veilchen* lautet der Titel eines zweistrophigen Wechselgesangs, den Arnim noch während des Drucks – und gegen Brentanos Willen – in den ersten Band des *Wunderhorns* eingeschoben hat (I, 329).[20] Es handelt sich nicht etwa um ein anonymes Volkslied, das durch die Zeiten tradiert worden war, wie die Kennzeichnung „mündlich" unter dem Titel suggeriert, sondern um das Kunstgebilde eines Zeitgenossen, Christian Adolf Overbecks (1755–1821), der sein eigenes sechsstrophiges Gedicht 1777 im *Voßschen Musenalmanach für 1778* veröffentlich hatte.[21] Jeder Gebildete kannte dieses Lied und dessen Abkunft, damit mußten die Herausgeber rechnen, zumal es Abraham Peter Schulz bereits vertont hatte; Brentano war sich dessen bewußt, als er dem Freund (am 7. 9. 1805) zu bedenken gab: „sollte man uns nicht den Titel ‚alte deutsche Lieder' vorwerfen dürfen?"[22]

Gewiß, berechtigte Zweifel an dem Untertitel des *Wunderhorns,* die Brentano gerne zerstreut hätte, wurden durch Arnims Abdruck nur geschürt. Aber das störte diesen kaum. „Um die guten Leute, die Büchergelehrten, Antiquarier" – so schrieb er Brentano –, die „alte Lieder blos als Merkwürdigkeit, als Sinnbilder einer anderen Zeit" vorüberstreichen ließen, habe er sich „nie bekümmert".[23] Die Sammlung des *Wunderhorns* sollte weniger „auf die Geschichte" als „auf das Gegenwärtige Rücksicht" nehmen, teilte er seinem Freund und Verleger Zimmer mit.[24] Es war seine Absicht, das Fremde im Eigenen zu spiegeln; d. h. mit den übernommenen Liedern zugleich sich selbst darzustellen, wie es die romantische Poetik forderte; Poesie und „Poesie der Poesie" sollte in den *Wunderhorn*-Liedern hörbar werden. Einem Palimpsest vergleichbar sollte die alte Vorlage, wenn möglich, durch die neue Fassung hindurchschimmern, um die fortzeugende Energie der schöpferischen Imagination, als dem eigentlichen Element volkstümlicher Lebenskraft, sichtbar zu machen.[25] Das gilt auch für das Lied *Blühe, liebes Veilchen*, das in vielen Loseblatt-Drucken verbreitet war und in der Fassung des *Mildheimischen Liederbuchs* von Zacharias Becker folgendermaßen lautet:[26]

Blühe, liebes Veilchen,
das ich selbst erzog,
blühe noch ein Weilchen,
werde schöner noch!
Weißt du, was ich denke?
Lotten zum Geschenke
pflück ich nächstens dich:
Blümchen freue dich!

Lotte, mußt du wissen,
ist ein liebes Kind!
Sollt ich Lotten missen,
weinet' ich mich blind!
Lotte hat vor allen
Kindern mir gefallen,
die ich je gesehn;
das muß ich gestehn!

Solch' ein schmuckes Mädchen
giebt es weiter nicht!
Zwar hat Nachbars Gretchen
auch ein hübsch Gesicht:
doch muß ich's nur sagen;
würde man mich fragen:
möcht'st du Gretchen freyn?
Sicher sagt' ich: nein!

Aber, da die Kleine
liegt mir in dem Sinn,
Anders nehm' ich keine,
wenn ich älter bin!
Ach die süße Lotte!
Nächst dem lieben Gotte
hab' ich doch allhie
nichts so lieb, als sie!

Manche, die mich kennen,
spotten dann und wann;
wenn sie Lotten nennen,
sehen sie mich an.
Thut es nur ihr Leutchen!
Lotte bleibt mein Bräutchen!
Künftig sollt ihr schön
mit zur Hochzeit gehn!

Aber du, mein Veilchen,
sollst für Lottchen seyn!
Blüh' nur noch ein Weilchen
hier im Sonnenschein!
Bald will ich dich pflücken,
ihre Brust zu schmücken.
Ach! dann küßt sie dich!
und vielleicht auch mich!

In anmutig leichter, anakreontischer Spielart instrumentiert Overbeck hier das einseitige Liebesgespräch eines Knaben – nicht etwa mit der Geliebten, sondern mit dem Liebesboten, dem Veilchen, dem er seine Neigung, und die Neckereien, die er erdulden mußte, in naiver Weise anvertraut. Pointenhaft soll der Bote schließlich zum Mittler der Liebenden werden. Arnim dagegen hat in seiner Fassung des Liedes die Rollen ganz anders verteilt: *eine* Strophe ist dem Knaben, *eine* dem Veilchen zugemessen:

Knabe und Veilchen
Mündlich

Knabe.
Blühe liebes Veilchen,
Das so lieblich roch,
Blühe noch ein Weilchen,
Werde schöner noch.
Weist du was ich denke,
Liebchen zum Geschenke,
Pflück ich Veilchen dich,
Veilchen freue dich!

Veilchen
Brich mich stilles Veilchen,
Bin die Liebste dein,
Und in einem Weilchen
Werd ich schöner seyn!
Weist du, was ich denke,
Wenn ich duftend schwenke
Meinen Duft um dich:
Knabe liebe mich!

Somit hat Arnim die Geliebte metaphorisch ins Veilchen verwandelt. Es ist kein Bote mehr, wird nicht mehr gehegt und gepflegt, um die Gunst der Angebeteten zu verdienen; diese bietet sich selbst dar in Gestalt der berauschenden Blüte. Das Duftmotiv ist von Arnim in das Gedicht allererst hineingetragen. Darin kündigt sich etwas von romantischer Sinnenlust und von Freizügigkeit an, die dem Volkslied kaum entsprochen haben dürfte, aber im Jenenser Romantikerkreis vertreten wurde. Offenbar wollte Arnim mit seiner Verknappung der Vorlage und dem Gestus der Direktheit eine Quelle fingieren, die auch Overbecks Fassung relativiert haben würde. Darauf deutet nicht nur die neu hinzugefügte Kennzeichnung

„mündlich" (als Herkunftsangabe), sondern auch der Bruch zwischen erster und zweiter Strophe, der wohl absichtlich nicht behoben wird. Während das Veilchen – wie in der Vorlage – zunächst als „Geschenk" für die Geliebte erscheint, spricht diese (in der zweite Strophe) dann überraschend selbst in der Gestalt der Blume. Man darf voraussetzen, daß Arnim eine solche Nachlässigkeit in der Komposition des Liedes nicht entgangen ist. Aber er beläßt sie als Zeichen der „Sprünge und Würfe", die seit Herder die ungezügelte Ursprungskraft des Volksliedes dokumentieren sollten, auch wenn sie nur Ausdruck der Beschädigung (des „Zersingens") waren. Mit einer kunstvollen Nachlässigkeit also versucht der Bearbeiter dem Echtheitscharakter seiner neuen Fassung nachzuhelfen.

Das romantisch-poetische Spiel reicht aber noch weiter: denn unverkennbar hat Arnim sich bei der Umgestaltung seiner Vorlage an Goethes *Heidenröslein* orientiert. Dieses Gedicht war 1789 in Goethes *Schriften* veröffentlich worden. Aber zuvor hatte es bereits Herder nicht nur in seinem *Ossian*-Aufsatz von 1773, sondern auch in seiner Volksliedsammlung (1779) anonym mitgeteilt als Beispiel eines Volksliedes im schlichten „Kinderton" und hinzugefügt: „Aus der mündlichen Sage."[27] Er war mit der Verschleierung der Quelle also ganz ähnlich verfahren wie später Arnim und Brentano, die sich auf ihn berufen konnten. Auch in Goethes dreistrophigem Gedicht, zu dem ältere Vorstufen nachgewiesen wurden, begegnen sich Knabe und Rose im Wechselgesang, und die Geliebte wird mit der Blume identifiziert. Aber sie bietet sich dem Knaben nicht geradezu an, wie in Arnims Version; „Röslein sprach: Ich steche dich, / Daß du ewig denkst an mich, / Und ich will's nicht leiden", heißt es in Goethes Gedicht.[28] Sie wehrt sich also gegen die Zudringlichkeit des Knaben, ohne ihr entgehen zu können. Das Deflorationsmotiv ist bei Goethe nicht sensualistisch getönt, sondern schmerzlich grundiert. Arnim hat mit *Knabe und Veilchen* eine romantische Kontrafaktur zu Goethes *Heidenröslein* geschaffen, das die leidvollen Züge und den dunklen Charakter des Volksliedes weit treffender einfängt als Arnims verblüffendes und effektvolles Kunstgebilde. Der Anspielungsreichtum und die eigene Leistung sind ihm wichtiger als die genaue Überlieferung seiner Vorlage.

Ganz ähnlich wie in dem vorliegenden Beispiel verfuhren die Herausgeber des *Wunderhorns* mit vielen anderen Gedichten, wenn auch unterschiedlich akzentuiert. Sie restaurierten oder modernisierten nach eigenem Geschmack und Einfallsreichtum. Die Skala der Bearbeitungen reicht von geringen Retuschen bis zur völligen Neuschöpfung einiger Lieder.[29] Nicht etwa die überlieferten Texte adäquat wiederzugeben, war ihr Bemühen; sondern sie in frischer Patina, in romantischem Glanz neu erstehen zu lassen.

Das fahrende Fräulein (I 114b) lautet der Titel eines anderen Gedichtes, dessen Vorlage sie aus Forsters *Frischen Teutschen Liedlein* übernahmen.[30] In diesem Falle wird der Text nicht verkürzt, sondern deutlich erweitert. Aus einem neunzeiligen christlichen Bußlied: ‚Owe der Zeyt / die ich verzert / hab in der buler orden /. . .' entsteht das Reuegedicht einer weiblichen Sünderin, die sich das Leben nimmt, als ihr Geliebter sie verläßt. Sie zieht ihn mit in den Abgrund. Die Quelle lautet:

OWe der zeyt / die ich verzert /
hab in der buler orden /
Nach rew ist worden mein gefert /
ich bin zum thoren worden.
Mich reut mein fleiß /
mein blutig schweyß: /
Den ich darauff gewendet /
Ich bawt auffs eiß /
vnd was schier gar verblendet.

Aus diesen neun Zeilen wird im *Wunderhorn* folgendes Lied:

Das Fahrende Fräulein
Mündlich

O weh der Zeit, die ich verzehrt
Mit meiner Buhler Orden,
Nachreu ist worden mein Gefährt,
Ich bin zur Thörin worden.

Mich reut die Schmink und falscher Fleiß,
Den ich darauf gewendet,
Die Sonne schien, ich baut auf Eis,
So war ich schier verblendet.

Wie wird es heiß, fort zieht das Eis,
Und meine goldnen Schlösser,
Wie ruft es doch im Flusse leis,
Da drunten wär es besser.

Und wie sie in das Wasser fällt,
Da hat sie fest gehalten,
Der Liebste, dem sie nachgestellt,
An ihres Schleyers Falten.

Laß mir den Schleyer, halt mich nicht,
Laß still mich 'nunter ziehen,
Denn mein verstörtes Angesicht,
Das würde nach dich ziehen.

Der Strom ist stark, sein Arm zu schwach,
Sie will den Schleyer nicht lassen,
So zieht verlorne Liebe nach,
Er wollte sie nicht verlassen.

Nicht nur die Manon-Lescaut-Thematik des Abbé Prévost, die Arnim und Brentano mehrfach beschäftigte, wird in dieses Gedicht hineingearbeitet;[31] auch das Undine-Motiv, das in der Stauffenberg-Ballade (I 407) behandelt ist, und der Loreley-Mythos, den Brentano im *Godwi* neu geschaffen hatte, klingen an.[32] Nicht zuletzt ist auf Grund solcher Anspielungen auch das Titelgedicht zu assoziieren; denn das Wunderhorn mit seinen süßen Klängen, als Symbol romantischer Poesie, wird dem Knaben „von einer Meerfey" – in der Vorlage war sie eine Sirene – überreicht.[33] Liebe, Wasser, Poesie bilden eine Einheit, sie gehören motivisch zusammen und sind aufeinander abgestimmt. D. h.: die Gedichte der Sammlung – auch wenn sie keine systematische Ordnung erkennen lassen – sind vielfach thematisch miteinander verwoben, und die einzelnen Motivfäden werden aus Arnims und Brentanos dichterischem Werk heraus, durch das *Wunderhorn* hindurch, wieder in das Werk zurückgeschlungen. Denn die Loreley-Thematik z. B. oder das *Lied vom Staaren und dem Badwännelein* (II 277) hat Brentano in den *Rheinmärchen* wieder aufgenommen und vertieft. Ebenso hat Arnim in der *Gräfin Dolores*, in seinen Erzählungen und in den *Kronenwächtern* Themen des *Wunderhorns* weiter ausgeführt. Die Sammlung der „Liederbrüder" erweist sich als ein romantisches Gemeinschaftswerk, das nicht so sehr nach philologischen, viel eher nach poetischen und kompositorischen Maßstäben im Rahmen des Gesamtwerks beurteilt werden muß. „Sie lassen das Alte nicht als Altes stehen, sondern wollen es durchaus in unsere Zeit verpflanzen, wohin es an sich nicht mehr gehört ...", klagten selbst die teilnehmenden Freunde, die Brüder Grimm.[34] Dabei verfuhren Arnim und Brentano durchaus unterschiedlich; sie hätten „über manches ... ärger gestritten als die Babylonischen Bauleute", teilt Arnim Goethe mit, als er ihm den zweiten und dritten Band des *Wunderhorns* übersendet.[35]

Er selbst bevorzugte die kühne Modernisierung; Brentano dagegen versuchte eher die Lieder künstlich alt zu machen, ihnen den Schein des Archaischen zu verleihen. „Wenn wir alte Lieder der Zeit näher rücken", so warnt er den Freund, „müssen wir es ganz gleichmäßig (tun), sonst fallen sie um wie Mauern, die aus der senkrechten Linie kommen. Der gothische Stil umfaßt auch eine Welt; aber die Schlösser sind anders als die Kirchen, und in keiner Raubburg darf eine prächtige Kirchenorgel stehen noch weniger eine Raubburg mit einer Orgel ausgebessert werden". Er (Brentano) traute Arnim zu, dem „Ritter einen Nachtviolenstock hinters Ohr zu stecken als Schreibfeder", während er selbst „nicht einmal grünes, nein dürres Epheu" dazu nehmen wolle.[36] So ist die Sammlung auch Ausdruck eines literarisch-ästhetischen Streitgesprächs, das Arnim und Brentano jedoch in unverbrüchlicher Freundschaft ausgetragen haben.

Wenden wir uns einem dritten Beispiel zu, das die vagantenhafte Tonart des *Wunderhorns* zum Klingen bringt, dem *Lied vom Bettelvogt* (I 100).[37] Bettelvögte – das sei vorausgeschickt – sind nicht etwa Landstreicher oder fahrendes Volk, sondern – wie Adelung belehrt – „die Knechte oder Diener der Policey, die zur Abhaltung und Aufhebung der Bettelleute bestellt sind".[38] Von einem solchen „Diener der Policey" und von einem Landstreicher handelt das folgende Gedicht, von dem bisher keine Vorlage gefunden werden konnte, aber doch wohl vorausgesetzt werden darf. Nur eine Handschrift Brentanos ist überliefert, die Arnim glättend, mildernd und motivierend überarbeitet hat. „Mündlich" wird auch in diesem Falle als Überlieferungsquelle angegeben.

Der Bettelvogt
Mündlich

Ich war noch so jung, und war doch schon arm,
Kein Geld hat ich gar nicht, daß Gott sich erbarm,
So nahm ich meinen Stab und meinen Bettelsack,
Und pfiff das Vaterunser den lieben langen Tag.

Und als ich kam vor Heidelberg hinan,
Da packten mich die Bettelvögte gleich hinten und vornen an;
Der eine packt mich hinten, der andre packt mich vorn;
»Ey ihr verfluchte Bettelvögt, so laßt mich ungeschorn.«

Und als ich kam vors Bettelvogt sein Haus,
Da schaut der alte Spizbub zum Fenster heraus,
Ich dreh mich gleich herum und seh nach seiner Frau:
»Ey du verfluchter Bettelvogt, wie schön ist deine Frau.«

Der Bettelvogt der faßt einen grimmen Zorn,
Er läßt mich ja setzen im tiefen tiefen Thurm,
Im tiefen tiefen Thurm bey Wasser und bey Brodt,
»Ey du verfluchter Bettelvogt, krieg du die schwerste Noth!«

Und wenn der Bettelvogt gestorben erst ist,
Man sollt ihn nicht begraben wie 'nen andern Christ,
Lebendig ihn begraben bey Wasser und bey Brodt,
Wie mich der alte Bettelvogt begraben ohne Noth.

Ihr Brüder seyd nun lustig, der Bettelvogt ist todt,
Er hängt schon im Galgen ganz schwer und voller Noth,
In der verwichenen Woch am Dienstag um halber neun.
Da haben sie 'n gehangen in Galgen fest hinein.

Er hätt die schöne Frau beynahe umgebracht,
Weil sie mich armen Lumpen freundlich angelacht.
In der vergangenen Woch, da sah er noch hinaus,
Und heut bin ich bei ihr in seinem Haus.

Inhaltlich bedarf dieses Gedicht kaum einer Erläuterung; für die Arbeitsweise der Herausgeber jedoch sind die Glättungen und Motivationen, die Arnim vornimmt, höchst aufschlußreich. Denn Brentanos Handschrift verzeichnet noch alle Derbheiten, die man einer volksläufigen Überlieferung zutrauen darf, die im *Wunderhorn* aber keine Aufnahme finden konnten.[39] Auch insofern ist die Sammlung ein stilisiertes und gereinigtes Produkt, ein milder Abglanz wirklich volkstümlicher Redeweise. Grobianismen und Vulgarismen wurden weitgehend eliminiert. Die „frische Morgenluft altdeutschen Wandels" wurde filtriert.

In Brentanos Handschrift steht die handfeste Konfrontation von Bettler und Bettelvogt im Vordergrund, ohne daß sie von ihrem Anlaß her begründet würde. Erst Arnim motiviert sie durch eine neu hinzugefügte Liebesepisode, die sich anspinnt zwischen dem Bettler und der Frau des Bettelvogts. Erst dadurch wird deutlich, weshalb dieser seinen Rivalen so hart bestraft; und mehr noch: weshalb letztlich er selbst – und nicht der Bettler – gehenkt wird: aus Eifersucht, so muß der Leser supplieren, hat der Bettelvogt seine Frau derart mißhandelt, daß der Galgen ihm rechtmäßig zusteht; zum Wohle des Vagabunden, der nun anstelle seines Peinigers in dessen Haus einziehen kann. Erst die einfallsreiche Motivierung und das witzige Happy-End verleihen dem Gedicht seinen poetischen Reiz und rechtfertigen Goethes Urteil: „Im Vagabunden-Sinne gründlich und unschätzbar."[40] Doch ist eben dieses Resultat die Leistung der Bearbeiter, nicht das Geschenk der Vorlage.

Mit andern Worten: der poetische ‚Volksgeist', den die Romantiker vor dem Untergang retten wollten, ist zum guten Teil ihre eigene Zutat. Durch eine kunstvolle Schlichtheit übertragen sie ihn auf die verderbten Vorlagen und geben ihnen eine witzige, amüsante oder humorvolle Tonlage. Nicht selten erhalten konventionelle Texte dabei auch einen emanzipatorischen Anstrich. Tradierte Rollenschemata, die im Volkslied wiederkehren, wie die Situation der verlassenen und betrogenen Geliebten, werden von Arnim aufgebrochen und ins Gegenteil verkehrt. Vor allem die weiblichen Gestalten profitieren davon: sie werden aus ihrem Aschenputteldasein erlöst und stattdessen mit einem kecken Selbstbewußtsein romantischer Prägung ausgestattet. Viele zeigen sich dann imstande, dem untreuen oder aufsässigen Liebhaber ein Schnippchen zu schlagen – wie in dem Gedicht vom „*Weltende*" (I, 300), wo der prahlende, weitgereiste Sponsierer bei seiner Rückkehr in den Dorfbezirk von der verlassenen, nun wieder umschmeichelten Geliebten eine unmißverständliche Abfuhr erhält. „Das ist kein Goethesches Gretchen", sagt Heine in bezug auf ein anderes Gedicht (I, 46),[41] in dem das betrogene Mädchen nicht seinen „freien Mut" bereut, sondern seinen Kleidern nachtrauert, die der Liebhaber versoffen hat.

Die Auswahl der Lieder ist so getroffen, daß die „widerspenstige Braut" (I, 30), die „Klosterscheu(e)" (I, 32 a), oder die kratzbürstige „Wildkatz" (I, 90) die züchtigen Mägdlein in den Hintergrund drängen. Spottlieder auf prahlende Liebhaber ergänzen diesen Eindruck. Gegenüber der Tradition hat sich das Frauenbild im *Wunderhorn* deutlich verändert; die weiblichen Gestalten fangen an, ihr eigenes Selbst zu erkennen und zu behaupten.

Neben Liebesliedern, geistlichen Liedern, Kinder-, Jäger- und Schäferliedern, findet sich eine ganze Reihe von Kriegs- und Soldatenliedern im *Wunderhorn*. Ein Beispiel mag unsere Betrachtung ergänzen – abzurunden ist sie nicht bei der Fülle der Töne, die das *Wunderhorn* anstimmt. Ich meine das Gedicht von jenem *Schweizer*, der von seiner Truppe desertiert, aber eingeholt und schließlich erschossen wird (I, 145).[42] Seit der Veröffentlichung der Vorlagen zu diesem Gedicht – verschiedener fliegender Blätter aus dem 18. Jahrhundert – gilt das Lied als die „berühmteste Fälschung des Wunderhorns".[43]

Der Schweizer
Fliegendes Blat

Zu Straßburg auf der Schanz,
Da ging mein Trauren an,
Das Alphorn hört ich drüben wohl anstimmen,
Ins Vaterland mußt ich hinüber schwimmen,
Das ging nicht an.

Ein Stunde in der Nacht
Sie haben mich gebracht:
Sie führten mich gleich vor des Hauptmanns Haus,
Ach Gott, sie fischten mich im Strome auf,
Mit mir ists aus.

Früh Morgens um zehn Uhr
Stellt man mich vor das Regiment;
Ich soll da bitten um Pardon,
Und ich bekomm doch meinen Lohn,
Das weiß ich schon.

Ihr Brüder allzumahl,
Heut seht ihr mich zum leztenmahl;
Der Hirtenbub ist doch nur Schuld daran,
Das Alphorn hat mir solches angethan,
Das klag ich an.

Ihr Brüder alle drey,
Was ich euch bitt, erschießt mich gleich;
Verschont mein junges Leben nicht,
Schießt zu, daß das Blut 'raus spritzt,
Das bitt ich Euch.

O Himmelskönig Herr!
Nimm du meine arme Seele dahin,
Nimm sie zu dir in den Himmel ein,
Laß sie ewig bey dir seyn,
Und vergiß nicht mein.

Auch in diesem Gedicht läßt die neue Motivierung der Desertion die Absicht der Herausgeber erkennen. Während in den Vorlagen nicht von einem Schweizer die Rede ist, der sich von der Truppe absetzt, sondern von einem x-beliebigen Söldner, der es einmal bei den „andern probiren" will – er hat sich mit seinem „Corporal" zerstritten[44] – versuchen Arnim und Brentano die Flucht volkspsychologisch zu begründen: Das Heimweh befällt den Schweizer bei den Klängen des Kuhreigens, die von der andern Seite des Rheins zu ihm herübertönen. Daß hier geographisch nicht alles in Ordnung ist, scheint die Herausgeber wenig zu stören. Wie sollte man in „Straßburg auf der Schanz" das Schweizer Alphorn hören? Wichtiger ist ihnen der Rheinstrom als Grenze zwischen Deutschland und Frankreich und das vaterländische Bewußtsein, das sie daran knüpfen können: Sie impfen dem Deserteur ein Heimatgefühl ein, ein Volksbewußtsein, das stärker ist als die Söldnerpflicht, die ihm – wie allen Deutschen unter Napoleon – abverlangt wurde. Die Schweizer Eidgenossenschaft und Wilhelm Tell, dem im *Wunderhorn* ein patriotisches Lied gewidmet ist (II 129), sollen wachgerufen werden. Aus solcher Absicht spricht der nationale Anspruch, den die Herausgeber mit ihrer Sammlung verbanden, vor allem Arnim, der in seiner „Aufforderung" an das Publikum, Volkslieder zu sammeln, feststellt: „Wären die deutschen Völker in einem einigen Geiste verbunden, sie bedürften dieser gedruckten Sammlung nicht, die mündliche Überlieferung machte sie überflüssig; aber eben jetzt [1805], wo der Rhein einen schönen Theil unsres alten Landes los löst vom alten Stamme, andere Gegenden in kurzsichtiger Klugheit sich vereinzeln, da wird es nothwendig, das zu bewahren und aufmunternd auf das zu wirken, was noch übrig ist . . ."[45] Arnim betrachtet die Volksliedsammlung als ein Gemeinschaft stiftendes Werk, als eine „nationale Aufgabe".[46] Wie er früher den Plan einer Sängerschule entworfen hatte – sowie den einer Druckerei für das Volk –, hoffte er durch das *Wunderhorn* den Gemeinschaftsgeist zu beflügeln und den Widerstand gegen die Napoleonische Fremdherrschaft zu stärken. Bedenkt man, daß Baden – und somit auch Heidelberg – 1805 in französischer Abhängigkeit standen, so ist das *Wunderhorn* auch ein Aufruf, sich der nationalen Identität bewußt zu werden. Arnim selbst hat entsprechend gehandelt. Vor der Schlacht bei Jena hat er Kriegslieder an die deutschen Soldaten verteilt. Brentano aber reagierte entsetzt: „Werde kein Soldat . . .; bleibe der unsichtbaren Kirche der Kunst angehörig, damit ich nicht verliere, worum ich so unsäglich gerne lebe, Dein Dasein. Ich bin nicht feig, aber ich weiß nicht, was ich thun soll, wenn Du Krieg gegen uns führst", schreibt er 1806 an den fernen Freund.[47] Als Heidelberger Bürger hätte Brentano die Verpflichtung gehabt, auf Seiten Napoleons zu kämpfen.[48] Die „Liederbrüder" standen 1806, ohne es zu wollen, plötzlich an entgegengesetzten Fronten. Erst nach der Niederlage Preußens und den folgenden Wirren finden sie 1807 in Kassel wieder zusammen, wo sie mit Unterstützung der Brüder Grimm den zweiten und dritten Band des *Wunderhorns* vorbereiten. Diese erscheinen 1808 in Heidelberg mit einem Anhang von Kinderliedern, denen zunächst ein eigener Band vorbehalten sein sollte.

Die wunderliche Mischung der „alten deutschen Lieder" ist auf keinen historischen oder systematischen Nenner zu bringen. Zu willkürlich sind die Kriterien der Auswahl und der Bearbeitung. Zu verschieden sind auch die Herausgeber selbst. Ihre Vorstellungen von einer volkstümlichen Liedersammlung waren nur schwer in Einklang zu bringen.

Bedenkt man jedoch, daß seit Percys *Reliques of Ancient English Poetry* (1765) und Macphersons *Ossian* die Volksliedbegeisterung in Deutschland heimisch war, daß nicht nur Herder und Goethe, sondern auch Bürger und Voß, Gleim und Gerstenberg, Elwert und Gräter, um nur wenige zu nennen, auf die Volkspoesie verwiesen – ohne recht zu wissen, was eigentlich darunter zu verstehen sei – so wird man auch Arnims und Brentanos romantischer Willkür im Umgang mit alten Texten mehr Verständnis entgegenbringen.

Herder hatte zwar den Begriff, in Anlehnung an die englischen ‚popular-songs', in Deutschland eingeführt und in den Volksliedern die vitale Ursprungskraft eines Kulturkreises wiederfinden wollen. Aber er grenzte sie keineswegs auf anonym überlieferte, im Volke tradierte Lieder ein. Seine zweibändige Sammlung von 1778/79, später *Stimmen der Völker in Liedern* genannt, ist kosmopolitisch orientiert und enthält eine lange Reihe von Kunstliedern: Luther, Opitz, Fleming und sogar Claudius und Goethe sind hier vertreten als Dichter von ‚Volksliedern'. „Für Herder war ein Text als Volkslied qualifiziert, wenn er ein nicht durch Reflexionen und künstliche Regeln gebrochenes, sondern ein im Hamannschen Sinn ‚ursprüngliches' Verhältnis zur Wirklichkeit zeigte".[49] – Das gilt auch noch für Goethe, reicht aber nicht mehr aus, seinen weit komplizierteren Volksliedbegriff zu fassen: „Diese Art Gedichte, die wir seit Jahren Volkslieder zu nennen pflegen", so sagt er in seiner *Wunderhorn*-Rezension von 1806, „ob sie gleich eigentlich weder *vom* Volk, noch *fürs* Volk gedichtet sind, sondern weil sie so etwas Stämmiges, Tüchtiges in sich haben und begreifen, daß der kern- und stammhafte Theil der Nation dergleichen Dinge faßt, behält, sich zueignet und mit unter fortpflanzt – dergleichen Gedichte sind so wahre Poesie, als sie irgend nur sein kann; sie haben einen unglaublichen Reiz, selbst für uns, die wir auf einer höheren Stufe der Bildung stehen, wie der Anblick und die Erinnerung der Jugend fürs Alter hat. Hier ist die Kunst mit der Natur im Conflict, und eben dieses Werden, dieses wechselseitige Wirken, dieses Streben scheint ein Ziel zu suchen, und es hat sein Ziel schon erreicht."[50]

Das ursprünglich Naive, Einfache, das allen Ständen einer Gesellschaft gemein sein kann, reicht hier nicht mehr aus, das Volkslied zu fassen. Seinen eigentlichen

„Reiz" erkennt Goethe gerade in der Distanz, die höhere Bildungsschichten zum Schlichten und Einfachen haben. Er vergleicht sie mit der „Erinnerung der Jugend fürs Alter". Damit betont er – um Schillers Worte zu gebrauchen – den *sentimentalischen* Charakter des Volksliedes, in dem der Konflikt zwischen Kunst und Natur für Goethe bereits zur Ruhe gekommen ist.

Dieser Volksliedbegriff wird dem romantischen eher gerecht als der Herders, obgleich auch ihm noch das Spielerische und Witzige fremd bleibt. Denn nach Arnim und Brentano kann auch moderne Kunstpoesie volksmäßig sein, wenn sie den Ton trifft. D. h.: wenn sie die „Stimmung" der Frühe zu evozieren weiß. Arnim und Brentano geben nicht (nur) das Alte, sondern (auch) ihr *Bewußtsein* vom Alten. Reflektierte Stimmungskunst ersetzt die vitale Ursprünglichkeit. Sie deuten auf eine Heimat der Frühe wie auf ein seliges Arkadien. So erscheint der Ursprung hier auch gar nicht mehr rauh und verwildert wie bei Herder: die geistvollen, witzigen Aperçus sind vielmehr Zeichen hoher Kultiviertheit, die – Goethes Worten entsprechend – ihre Jugendlichkeit sentimentalisch genießt. Und eben dies hat Heine als „sympathetische Naturkraft" an den Liedern fasziniert.

Zwischen Kunst- und Naturpoesie machen die Herausgeber des *Wunderhorns* keinen entscheidenden Unterschied mehr; aus diesem Grund können sie eigene Gedichte in ihre Sammlung einstreuen und fremde eigenmächtig verändern, ohne sich zu widersprechen. Nach Arnims Auffassung dichtet der poetische Geist an seinen Vorlagen weiter. Er ist das verbindende Element zwischen den Zeiten und den sozialen Klassen; er macht das eigentliche Medium einer lebendigen Volksgemeinschaft aus, in der alle Glieder miteinander kommunizieren. Poesie erwächst aus der konkreten Lebenssituation, wie der einleitende Schwank aus Wickrams *Rollwagenbüchlein* demonstrieren soll.[51] Eine philologisch exakte Reproduktion der überlieferten Texte dagegen hätte für Arnim den Tod der Dichtung bedeutet.[52]

Das gilt nicht weniger für Brentano, für den die „jetzigen" Volkslieder „zwischen den romantischen und alltäglichen schweben".[53] Darin – wie in Arnims Äußerung – klingt noch entfernt das Programm der Jenenser Schule nach: denn Friedrich Schlegel war es, der im 116. Athenäums-Fragment von der „progressiven Universalpoesie" forderte, sie müsse „Kunstpoesie und Naturpoesie bald mischen, bald verschmelzen" und mit „Reflexion" und „Ironie" durchsetzen.[54] Beides trifft für die *Wunderhorn*-Lieder zu, auch wenn sie ihr Verfahren verschleiern. Die kunterbunte Mischung von Altem und Neuem, von Fremdem und Eigenem, von Naturpoesie und Kunstpoesie bestimmt den spezifischen Charakter der *Wunder-*

horn-Sammlung, die weder nur ein Liederbuch fürs Volk – wie das *Mildheimische* – noch ausschließlich ein Volksliederbuch sein wollte, sondern in erster Linie ein *romantisches* Buch. Aus der Gemeinschaftsproduktion hervorgegangen, läßt es Poesie und „Poesie der Poesie" ineins klingen, das ‚alte Lied' gleichsam in Frische ertönen, wie die Titelvignetten der drei Bände signalisieren: der stürmische Knabe auf ungesatteltem Roß, der das poetische Wunderhorn der Meerfey zur Kaiserin trägt; das kostbare Oldenburgische Trinkhorn, das den erfrischenden Trunk der Poesie symbolisiert, vor einer Stadtansicht Heidelbergs; sowie ‚Der Lautenschläger und die Harfenspielerin' nach einem Stich Israhels van Meckenem, der das poetische Gemeinschaftswerk vorstellt.[55] Dreimal wird das ‚Wunder' der Poesie in *Bildern* beschworen, ehe es in *Gedichten* zur Darstellung kommt, die vom Leser in *Gesang* überführt werden möchten. So hatte schon Goethe dieses Werk verstanden, als er für die Widmung öffentlich dankte:

„Von Rechtswegen sollte dieses Büchlein in jedem Hause, wo frische Menschen wohnen, am Fenster, unterm Spiegel, oder wo sonst Gesang- und Kochbücher zu liegen pflegen, zu finden seyn, um aufgeschlagen zu werden in jedem Augenblick der Stimmung oder Unstimmung, wo man denn immer etwas Gleichtönendes oder Anregendes fände, wenn man auch allenfalls das Blatt ein paarmal umschlagen müßte.

Am besten aber läge doch dieser Band auf dem Clavier des Liebhabers oder Meisters der Tonkunst, um den darin enthaltenen Liedern entweder mit bekannten hergebrachten Melodien ganz ihr Recht widerfahren zu lassen, oder ihnen schickliche Weisen anzuschmiegen, oder, wenn Gott wollte, neue bedeutende Melodien durch sie hervorzulocken."[56]

All dies hat sich in der Folge weitgehend erfüllt. Viele der Lieder sind bis in unser Jahrhundert lebendig geblieben. Viele wurden auch vertont von bedeutenden Komponisten (Reichardt, Schumann, Brahms, Felix Mendelssohn-Bartholdy, Max Reger, Gustav Mahler). Und wie die Herausgeber selbst immer wieder aus der Quelle des *Wunderhorns* schöpften, haben es viele ihrer Nachfolger getan und die Vorlagen weitergedichtet.

Ein Beispiel mag die fortzeugende Wirkung des *Wunderhorns* abschließend demonstrieren, das kurze Lied: *An einen Boten* (I 232 a).[57] Die Herausgeber hatten es dem *Kleynen feynen Almanach* Nicolais (1777) entnommen, jenem Buch, das die Volkslieder verspotten wollte, für Arnim und Brentano aber eine Fundgrube war. In der *Wunderhorn*-Fassung lautet dieses Gedicht:

An Einen Boten
Feiner Almanach. II. B. S. 106

Wenn du zu meim Schätzel kommst,
Sag: Ich ließ sie grüßen;
Wenn sie fraget, wie mirs geht?
Sag: auf beyden Füßen.
Wenn sie fraget: ob ich krank?
Sag: ich sey gestorben;
Wenn sie an zu weinen fangt,
Sag: ich käme morgen.

Mag sein, daß Nicolai solche Liebesbotschaft als Nonsens empfand und deshalb das Lied dem Gespött preisgeben wollte. Denn was für ein mürrischer, hartherziger Liebhaber äußert sich da, der sein „Schätzel“ mit leeren Redensarten abspeist, ihm gar einen Todesschreck einjagen will? Und doch liegt gerade in dieser fingierten Gefühlskälte der Witz des Gedichts: denn die Mitteilung des Todes durch den Boten ist – für den Auftraggeber – die Liebesprobe. Würde die Geliebte dabei nicht weinen, es stünde bedenklich um die Beziehung. Ihre unmittelbare Gefühlsreaktion – keine wortreiche Erklärung – soll dem listigen, aber keineswegs kalten Liebhaber Gewißheit über ihre Neigung verschaffen. Die wortkarge, spröde Gebärde dieses Gedichts sagt deshalb mehr als jede Liebeserklärung.

In seinem Gedichtzyklus *Der verliebte Reisende* (1810/12) spielt Eichendorff auf das Botenlied an, wenn er seinen Wanderer singen läßt:[58]

Lied, mit Tränen halb geschrieben,
Dorthin über Berg und Kluft,
Wo die Liebste mein geblieben,
Schwing dich durch die blaue Luft!

Ist sie rot und lustig, sage:
Ich sei krank von Herzensgrund;
Weint sie nachts, sinnt still bei Tage,
Ja, dann sag: ich sei gesund!

Ist vorbei ihr treues Lieben
Nun, so end' auch Lust und Not,
Und zu allen, die mich lieben,
Flieg und sage: ich sei tot!

In diesem melancholisch tönenden Lied ist kein Bote mehr vorhanden, der die verlassene Geliebte aufsuchen und auf die Probe stellen könnte; oder vielmehr: das

Lied selbst ist zum Boten geworden. Aber es stellt keine Beziehung mehr zur Geliebten her. Es wird zum Resonanzorgan ihres Befindens. Fühlt sie sich wohl („rot und lustig"), so ist das für den Reisenden ein Grund der Trauer; denn sie scheint seine Abwesenheit nicht zu entbehren; leidet sie jedoch, so kann er sich gesund und glücklich fühlen, weil er sich geliebt weiß. Eine fragwürdige Dialektik von Liebe und Leid, die nur ein empfindsamer Sonderling ergrübelt, bringt Eichendorff hier zur Geltung. Sie ist dem Botenlied des *Wunderhorns* gänzlich fremd. Dessen Liebhaber weiß, was er will, wenn er seinem „Schätzel" einen Schrecken einjagt. Eichendorffs Wanderer dagegen bleibt ganz auf sich selbst und sein sentimentales Gefühl bezogen. Die Distanz zur Geliebten ist für ihn prekärer geworden und nur noch poetisch zu überbrücken. Eine Hoffnung auf Vereinigung scheint er nicht mehr zu hegen; ja nicht einmal zu wünschen. Er zehrt von seinen bangen Gefühlen und reist in die Ferne, ohne der Geliebten Ruhe zu gönnen. Aber Gemeinschaft kann er doch nicht entbehren. Er stiftet sie über den Liebestod hinaus mit denen, die ihn wahrhaft lieben: mit seiner poetischen Gemeinde. – Eichendorffs Verse verraten den Schmerz des einsamen Dichters, der von Erinnerung und Sehnsucht verzehrt wird.

Auch in Mörikes *Lied vom Winde*[59] wird das *Wunderhorn*gedicht assoziiert. Doch ist hier weder ein Bote noch ein geliebtes Du auszumachen. Das lyrische Ich wird zum fragenden, suchenden Subjekt, das ohne Orientierung bleibt. Nur im Konditionalis antwortet ihm der „Sausewind, Brausewind" auf seine Frage nach der Heimat der Liebe: „Wenn ich dein Schätzchen seh, / Will ich es grüßen. / Kindlein, ade!". Der irritierte Liebhaber bleibt somit ratlos und einsam zurück. Die Winde als schwirrende Boten haben sich verselbständigt, treiben ihr eigenes Spiel, geben kein Auskunft. Sie kennen selbst kein Ziel mehr: „Wers nennen könnte! / Schelmisches Kind, / Lieb ist wie Wind, / Rasch und lebendig, / Ruhet nie, / Ewig ist sie, / Aber nicht immer beständig." – Das lyrische Ich bleibt halt- und bindungslos den atmosphärischen Bewegungen ausgesetzt. Während der Sprecher des *Wunderhorn*liedes sein Ziel genau kennt und ins Auge faßt, entfernt sich Eichendorffs Wanderer von seinem Bezugspunkt und verzehrt sich in Wehmut; Mörikes Liebessubjekt kennt darüber hinaus keine Heimat mehr.

Auch Heinrich Heine alludiert das Botenlied aus dem *Wunderhorn* in seinen *Neuen Gedichten.* Eines seiner bekanntesten Lieder aus dem Zyklus *Neuer Frühling* lautet:[60]

Leise zieht durch mein Gemüth
Liebliches Geläute.
Klinge, kleines Frühlingslied,
Kling' hinaus in's Weite.

Kling' hinaus, bis an das Haus,
Wo die Blumen sprießen.
Wenn du eine Rose schaust,
Sag' ich lass' sie grüßen.

Wie bei Eichendorff ist hier das Lied zum Boten der Liebe geworden. In leichter, spielerischer Manier werden ihm Grüße an „eine Rose" anvertraut. Der eindeutige personale Bezug ist hier geschwunden. Auch ein vertrauliches „Schätzel" – wie in der *Wunderhorn*vorlage – gibt es nicht mehr. So kann auch kein Schmerz, keine Eifersucht aufkommen. Ein gewandter Kavalier und galanter Liebhaber empfiehlt sich mit einem klingenden Frühlingsgedicht. Nur in den letzten beiden Zeilen tönt das *Wunderhorn* nach.

Deutlicher werden indessen die früheren Verse hörbar, wenn man die dritte Strophe beachtet, die Heine abgetrennt hat. Sie lautet:

Fragt sie, was es Neues gibt,
Sag ihr: gutes Wetter,
Fragt sie, wie es mir ergeht,
Sag: ich werde fetter.

Ein Heinescher Salto mortale. Hätte er die Strophe nicht eliminiert, das Frühlingslied wäre vom späten Frost vernichtet worden.

Und doch ist die frühe Fassung, die Heine nicht veröffentlichte, hintergründiger, als der gewollte Mißton zu erkennen gibt. Das Gedicht ist im Winter 1830/31 geschrieben, zur Zeit der Übersiedlung Heines nach Paris. Die Julirevolution in Frankreich steht ihm vor Augen, dazu seine eigene Emigration. „Leise zieht durch mein Gemüth/Liebliches Geläute. . . ."? Das meint nicht nur einen neuen poetischen, sondern auch einen politischen Frühling. Aber Heine empfindet zugleich seine eigene Stagnation: es gibt nichts „Neues" außer „gutem Wetter". Für ihn ist keine Verjüngung in Sicht. Seine Liebe zur politischen Erneuerung Deutschlands geht – trotz „guten Wetters" – nicht in Erfüllung. Er teilt das Schicksal des „Schweizers" in „Straßburg auf der Schanz", selbst wenn ihm keine Hinrichtung droht: Heimat ist ihm versagt. Doch davon schweigt das zweistrophige Lied in den

Neuen Gedichten. – Ein wortkarges Liebesgedicht aus dem *Wunderhorn*, das Nicolai verachtet hatte, von den Romantikern aber in seiner Poetizität erfaßt worden war, ist für Heine der Keim zu einem politischen Gedicht, das er durch einen beherzten Schnitt in ein heiteres Frühlingsgedicht verwandelt. Nur solche Tradition bleibt lebendig, die das Alte energisch verjüngt.

Anmerkungen

1 Des Knaben Wunderhorn. Alte deutsche Lieder. Gesammelt von L. A. v. Arnim und Clemens Brentano. Studienausg. in 9 Bänden. Hrsg. von Heinz Rölleke. Stuttgart 1979. – Nach dieser Ausgabe werden im folgenden Texte aus dem Wunderhorn (Wh) und Anmerkungen des Herausgebers zitiert unter der Sigle: Wh, Band, Seite.
2 Heinrich Heine. Hist.-krit. Gesamtausg. d. Werke. Hrsg. von Manfred Windfuhr. Bd 8/1, S. 201 (zit. als: Heine, Band, Seite).
3 So in den Briefen vom 28. 3. 1833 an Varnhagen und vom 8. 4. 1833 an Laube.
4 Brief vom 28. 3. 1833 an Varnhagen.
5 Heine, 8/1, S. 201.
6 Heine, 8/1, S. 201.
7 Heine, 8/1, S. 202.
8 Goethes Werke (Hamburg. Ausgabe: HA), Bd 1, S. 491.
9 Sie erschien erst 1807 unter dem Titel *Stimmen der Völker in Liedern*, zunächst unter dem schlichten Titel „Volkslieder".
10 Wh 3, S. 343.
11 Vgl. Rölleke, Wh 4, S. 77.
12 Wh 2, S. 276.
13 Wh 1, S. 15.
14 Vgl. Oscar Fambach, Ein Jahrhundert deutscher Literaturkritik, Bd 5: Der romantische Rückfall in der Kritik der Zeit (1806–1815), Berlin 1963, S. 26.
15 Fambach, S. 12.
16 Fambach, S. 26ff.
17 Heine, 8/1, S. 202.
18 Fambach, S. 10.
19 Fambach, S. 12ff.
20 Stellenangaben im Text verweisen auf die Erstausgabe; in Röllekes Edition findet sich das Lied Wh 1, S. 319.
21 Vgl. Röllekes Apparat Wh 5, S. 561ff.
22 Achim von Arnim und Clemens Brentano, bearb. von Reinhold Steig, Stuttgart 1894, Bd I, S. 146.
23 Steig I, S. 235.
24 Brief vom 25. 3. 1808.
25 „Die grellsten Verkettungen von Altem und Neuen" seien auch Goethe „die liebsten", schreibt Arnim zu seiner Rechtfertigung; „denn nur in diesen bewährt sich ihm [Goethe] recht die Lebenskraft des Alten ...“ (Steig I, S. 235).

26 Rudolph Zacharias Becker, *Mildheimisches Liederbuch.* Faksimiledruck nach d. Ausg. von 1815. Mit einem Nachwort von Günter Häntzschel, Stuttgart 1971, S. 222. – Eine leicht variierte Fassung von Overbecks Lied druckt Rölleke, Wh 5, S. 561 ff.

27 *Stimmen der Völker in Liedern*, hrsg. von Heinz Rölleke, Stuttgart 1975 (Reclam), S. 277.

28 HA I, S. 78.

29 Vgl. Arthur Henkel, Versuch über *Des Knaben Wunderhorn,* in: A. H., Der Zeiten Bildersaal. Studien und Vorträge. Stuttgart 1983, S. 168 (Erstdruck: Ruperto-Carola, 1963).

30 Text Wh 1, S. 108; Apparat Wh 4, S. 251 ff. Danach werden die folgenden Fassungen abgedruckt.

31 Vgl. Rölleke, Wh 4, S. 252.

32 Wh 1, S. 392 und: Clemens Brentano, Werke. Hrsg. von Friedhelm Kemp. München ^{2}1973, Bd II, S. 426 ff.

33 Wh 1, S. 12 u. 4, S. 78. – Die *griechische* Mythologie wird von den Herausgebern getilgt.

34 Zur Erneuerung der Lieder und – grundsätzlicher – zum Streit um Natur- und Kunstpoesie vgl. Steig III, S. 115 ff.

35 Brief vom 29. Sept. 1808; Fambach, S. 25.

36 Steig I, S. 241.

37 Wh 1, S. 94; Kommentar: Wh 4, S. 220 ff.

38 Vgl. Rölleke, Wh 4, S. 222.

39 Vgl. die Lesarten Wh 4, S. 221.

40 Fambach, S. 3.

41 Schürz dich Gretlein. Wh 1, S. 43. – Heine, 8/1, S. 205.

42 Wh 1, S. 136 ff.; Apparat: Wh 4, S. 283 ff.

43 Karl Bode, Die Bearbeitung der Vorlagen in *Des Knaben Wunderhorn,* Berlin 1909, S. 318.

44 Vgl. Wh 4, S. 284.

45 Wh 3, S. 347.

46 Arthur Henkel, Versuch ... a. a. O., S. 166.

47 Steig I, S. 190.

48 „Kein Unterthan des Bundes [des Rheinischen] darf außer dem Bunde dienen", heißt es in demselben Brief (Steig I, S. 190).

49 Vgl. Rölleke, Nachwort zu Herders *Stimmen der Völker in Liedern* (Reclam), S. 491.

50 Fambach, S. 9.

51 Das Lied des trinkfreudigen Sängers Grünenwald entsteht hier aus der Not, die eigene Zeche zahlen zu müssen, die dann der „fromme Herr Fuker" übernimmt. – In gleicher Weise erhoffen die Herausgeber für ihre Sammeltat durch Seiner „Exzellenz [Goethes] Beifall" im „öffentlichen Urtheil" „ausgelöst" zu werden. (Wh 1, S. 3 ff.).

52 Vgl. dazu den Streit mit den Brüdern Grimm: Anmerkung 34).

53 So äußert sich Brentano, als er Arnim am 15. 2. 1805 den Plan eines „Wohlfeilen Volksliederbuch(s)" unterbreitet, welches das – in seinen Augen – „platte oft unendlich gemeine Mildheimsche Liederbuch unnöthig" machen sollte, Wh 4, S. 18. Zur tatsächlichen Bedeutung des Mildheimischen Liederbuches von Zacharias Becker vgl. das Nachwort zum Neudruck von Günter Häntzschel.

54 Kritische Friedrich-Schlegel-Ausgabe. Hrsg. von Ernst Behler u. a. Bd II, S. 182.

55 Vgl. die folgenden Reproduktionen S. 144–149. Weiterhin: Heinz Rölleke, Die Titelkupfer zu *Des Knaben Wunderhorn,* in: Jb. d. Fr. Dt. Hochstifts 1971, S. 123 ff. und neuerdings Fritz Münch, Spuren Israhels van Meckenem in der Romantik, in: Unser Bocholt, 1985, H. 4. –

Münch kann zeigen, daß nicht nur das Titelkupfer des dritten Wunderhornbandes auf van Meckenem zurückgeht, sondern auch die Karikatur des Bogenschützen in der Beilage zur Zeitung für Einsiedler, die den Sonettenstreit gegen Voss fortführt.

56 Fambach, S. 1.

57 Wh 1, S. 218; Erläuterungen: Wh 5, S. 401 ff.

58 Joseph von Eichendorff. Werke. Nach der Ausg. letzter Hand hrsg. v. Jost Perfahl, München 1979. Bd I, S. 60 ff.

59 Eduard Mörike, Sämtliche Werke in 4 Bänden. Auf Grund der Originaldrucke hrsg. v. Herbert G. Göpfert, München 1981, Bd I, S. 49 ff. – Erstdruck 1832.

60 Heine, Bd 2, S. 14; Erläuterungen S. 350 ff.

Skizzen Achim von Arnims und das Titelkupfer des ersten Bandes von „Des Knaben Wunderhorn“ (gegenüberliegende Seite).

Des Knaben Wunderhorn

Alte deutsche Lieder

L. Achim v: Arnim. Clemens Brentano.

Heidelberg, bey Mohr u: Zimmer.
Frankfurt bey J. C. B. Mohr
1806.

Matthäus Merians Stich für das Emblem Nr. LIII in: Julius Wilhelm Zincgref, Emblematum Ethico-Politicorum Centuria, Heidelberg 1619 u.ö., bildet die Vorlage für die Heidelberg-Darstellung im Titelkupfer des zweiten Bandes von „Des Knaben Wunderhorn“.

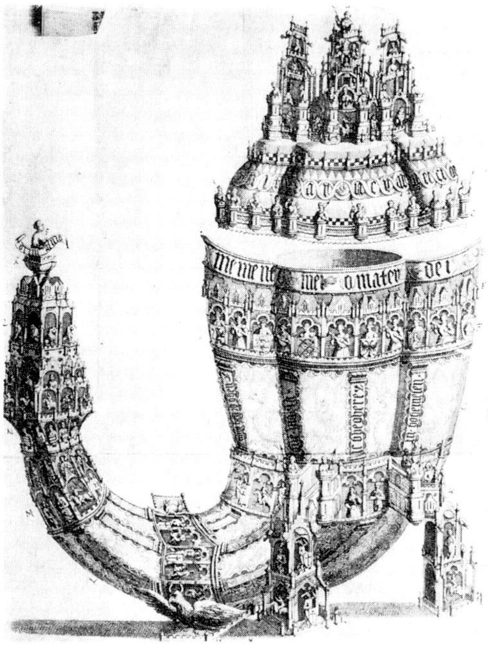

Aus: Johann Just Winkelmann, Des Oldenburgischen Wunderhorns Ursprung ... Bremen 1684. Vorlage zum Titelkupfer von Band II (siehe gegenüberliegende Seite).

Wunderhorn.
Alte deutsche Lieder
Von Arnim & Brentano.
II
Heidelberg. bey Mohr und Zimmer 1808.

Israhel van Meckenems Stich „Der Lautenschläger und die Harfenspielerin“ diente als Vorlage (seitenverkehrt) für das Titelkupfer zum dritten Band von „Des Knaben Wunderhorn“.

Wunderhorn
Alte deutsche Lieder
A. von Arnim C. Brentano
III.

Heidelberg bey Mohr und Zimmer 1808.

Unbekannter Maler um 1760
Heidelberger Universitäts-(Parade-)Platz, um 1760
Öl auf Leinwand; 53 : 74 cm; Inv.Nr. G 904

Friedrich Rottmann (1768–1816)
Der Brückenplatz, Steingasse und Gasthäuser „Zum goldenen Hecht“ und „Zum goldenen Hirsch zum Brückentor“, um 1800
Feder/Tusche, Pinsellavierung in Grau und Aquarell; 432 : 677 mm; Inv.Nr. Z 1461

Idylle und Aussicht *Eichendorffs* Heidelberg

von

Peter Pfaff

I Um Besucher wirbt Heidelberg damit, daß es romantisch sei. Der Appell wird verstanden. Und wer kommt, findet, was versprochen wurde. Die Stadt zeigt sich, als sei sie kein Artefakt aus Gründen sozialer Ökonomie, sondern Kind der Natur. Mannheim oder Karlsruhe sind anders. Durch ihre klar geordnete Anlage bekennen sie sich als Schöpfungen einer aufgeklärten Epoche und als Produkte der Vernunft. In ihrer schönen Zweckmäßigkeit taugten sie, bevor sie zerstört wurden, zu Symbolen des selbstbewußten Geistes. Aber ihre freie Rationalität wurde nicht geliebt. Das ‚Herz' ging allemal an Heidelberg verloren, weil es will, daß auf allen menschlichen Hervorbringungen der Segen der Natur ruhe. Der Blick über Stadt und Fluß, Brücke und Ufer, Schloß und Berge, ins Tal und in die Ebene bestärkt diese Sehnsucht – auch jenen, die ihre wahren Motive nicht durchschauen.

Was die Werbung des Heidelberger Verkehrsamtes behauptet und was alle Welt fühlt, hatte sich schon Eichendorff notiert:

Heidelberg ist selbst eine prächtige Romantik; da umschlingt der Frühling Haus und Hof und alles Gewöhnliche mit Reben und Blumen, und erzählen Burgen und Wälder ein wunderbares Märchen der Vorzeit, als gäb es nichts Gemeines auf der Welt. (1, 932)[1]

Das Cliché – so nennt man ja eine Druckvorlage – war unendlich reproduzierbar. Aber als der Dichter es in den Fünfzigerjahren des letzten Jahrhunderts wiederverwendete, war er längst nicht mehr sicher, was seine Idylle für die Welt noch beweisen könnte. Zu einer Hauptstadt seiner romantischen Phantasie war Heidelberg geworden. Doch nur wenn die Phantasie im Recht war, konnte der topisch berufene Ort als ihr schönstes Argument in Betracht kommen.

Wie sehr Romantik seit Novalis' Tod oder Hölderlins Verstummen an Glaubwürdigkeit verloren hatte, hat sich Eichendorff nicht verhehlt. In der Literatursatire ‚Viel Lärmen um Nichts', die 1832 entstand, ließ er Leontin, einen Dichter seinesgleichen, sagen:

Die spröde Welt, die wir als unser Lustrevier erobern wollten, hat uns nach und nach bis auf ein einsames Waldschloß zurückgedrängt, und die von der alten Garde tun mir die Ehre an, sich um die zerrissene Standarte der Romantik zu versammeln, die ich auf der Zinne des Kastells aufgesteckt. Dort rumoren wir auf unsere eigene Hand lustig fort, gefallen uns selbst, und ignorieren das andre. Rauschen und singen doch die Wälder noch immerfort wie in der Jugend, und jeden Frühling wirbelt die Lerche die alten Gesellen zusammen, und von Zeit zu Zeit besucht uns dort wohl noch unser schönes Waldlieb. (2, 668)

Grausamer urteilt der Poet über sich, wenn er meint, er selbst „sei eigentlich ein bloßes in Gedanken stehengebliebenes Hirngespinst“ (ebd.). Solche Sarkasmen gestehen, daß der alte Zauber in einem historischen Moment nicht mehr wirkt, da Frankreich von der Juli-Revolution erschüttert wurde und das Junge Deutschland gegen eine allmächtige Bürokratie wenigstens literarisch kämpfte. Es wird sogar angedeutet, die Idee einer ‚Poetisierung des Lebens‘ könne vom romantischen Anfang an verfehlt gewesen sein. Denn die Welt hätte sich diesem Ansinnen so ‚spröde‘ nicht gezeigt, wenn die Romantiker ihr Vorhaben besser auf die geschichtliche Wirklichkeit berechnet hätten.

Oft ist geschildert worden, wie es zu Verkennungen kam. Ganz richtig hatte man die Französische Revolution von 1789 für den Ausbruch einer Krisis gehalten, die sich lange vorbereitet hatte. Aber in den Schulen des spekulativen Idealismus hatte man auch gelernt, daß die Möglichkeit eines ‚Staates der Freiheit‘, dessen Konkretion in Paris gescheitert war, transzendental begründet und poetisch vorgebildet werden müsse. Überhaupt war zu bedenken, inwiefern eine Idee sich realisieren lasse. In dieser Absicht rückte Friedrich Schlegel in seinem wohl berühmtesten Aphorismus die Revolution, Fichtes ‚Wissenschaftslehre‘ und Goethes ‚Lehrjahre‘ als die bedeutendsten Erscheinungen der Epoche zusammen.[2] Das spekulative Geschäft aber war vorab zu vollbringen. Es erwies sich jedoch enorm aufwendig, und je energischer man sich ihm widmete, um so mehr geriet der tatsächliche Verlauf der Geschichte aus dem Blick. Nur wenige aus klassisch-romantischen Kreisen vermochten zu sehen, daß die Staatsumwälzung ökonomisch motiviert war. Denn 1789 wollten sich vor allem die finanziellen Vermögen – nicht die subjektiven – befreien.

Die romantische Mißachtung der Ökonomie läßt sich mit einem literaturgeschichtlichen Beispiel belegen. Die ‚Lehrjahre‘ waren in Schlegels Kanon des Epochalen geraten, weil der Roman die Leistung der Kunst überhaupt zu präfigurieren schien. Erzählt er doch, wie ein Bürgersohn zunächst einmal zu ästhetischen Lebensformen findet. Schulden sollte Wilhelm eintreiben und wird unterwegs in ein kunstvoll inszeniertes Spiel verwickelt. Aber es konnte nicht ausbleiben, daß man das Buch besser verstand. Man begann auf Lothario zu achten. Aus dem bunten Handlungsmuster tritt vor allem diese Figur – groß, nüchtern, klar – als die ökonomisch planende Vernunft heraus, an der aller histrionische Schein vergeht, und ihre Suprematie war als geschichtliche Chance gemeint. Die Romantiker erschraken. Die Romane, die sie als spezifisch romantische unter dem Eindruck des goetheschen schrieben, variieren dieses Modell in der Absicht, das prosaische Skandalon zu beseitigen und schließlich jede Verbindlichkeit des Empirischen zu bestreiten. Indem man aber auf den Vorrechten der Phantasie bestand, begab man sich der Wirkung auf die Erfahrung der Wirklichkeit. Eichendorffs ‚Waldeseinsamkeit' wurde zur Chiffre auch dieser melancholischen Einsicht.

Indessen wäre das ‚Hirngespinst' einer Vereinigung von Vernunft und Natur, von Geist und Welt, von Poesie und Leben gar nicht so anziehend gewesen, wenn man sich nicht von seiner Möglichkeit für eine Weile hätte tatsächlich überzeugen können. Die Natur selbst schien für seine Glaubwürdigkeit zu sorgen.

Von den goethezeitlichen Dichtern wurde durchweg die Natur als Bürge dafür berufen, daß das Wirkliche und das Erdenkliche nicht prinzipiell im Streite liegen. Klopstock, Herder, Goethe hatten den alten Glauben an eine zweite, natürliche Offenbarung in mannigfachen Abwandlungen festgehalten. Sofern Natur göttlich war, war sie selbst modifizierter absoluter Geist, in dessen erscheinendem Ganzen sich der subjektive zuhause fühlen durfte. Daß das Gemüt und alle menschlichen Kräfte aus diesem Ursprung herkommen, wurde gegen jede Theorie verfochten, die materielle und ideelle Welt radikal trennte und der Spiritualität unbedingte Verfügungsrechte zuerkannte. In dem Maße, wie man sich der natürlichen Genealogie des Menschen versicherte, ließ sich vorstellen, daß alte Kulturen mit dem natürlichen Zusammenhang, aus dem sie erwachsen waren, vermittelt geblieben waren. Das goldene Zeitalter solcher ontologischen Harmonie wurde verschieden datiert: in die Epoche der hebräischen Patriarchen, in die mythischen Anfänge der Mediterranen, ins klassische Altertum und sogar ins christliche Mittelalter. Hardenbergs ‚Christenheit oder Europa' überredete die Romantiker davon, daß die neuzeitlichen Entfremdungen erst durch Luthers Kritik des Katholizismus initiiert worden waren.

Freilich war Hardenbergs Mittelalter eine transzendentale Konstruktion: wahr im Sinne einer poetischen Illustration des theoretisch Möglichen. Aber sein Bild war insofern mit einer Darstellung historischer Wirklichkeit zu verwechseln, als die Relikte jener vergangenen Welt – Städtebilder, Kirchen, Burgen – einen ästhetischen Zauber ausübten, der angesichts ihrer Vorhandenheit nicht leicht als Spiel bloß der Phantasie zu verdächtigen war. Sogar jetzt noch schien eine vergangene Unmittelbarkeit von Kultur und Natur an jenen loci amoeni erfahren werden zu können. Dem Gefühl war dort romantische Theorie bewiesen. Und so verfügte die Schule über mehr als nur das Postulat der Versöhnung: nämlich über reelle Örter, von denen aus sich die zeitgeschichtlichen Entwicklungen als Irrtum der Historie verachten ließen. Von den Aufbrüchen des neuen Jahrhunderts begriff man nichts als den Preis, den sie freilich kosteten. Die Selbstbehauptung des Bürgertums, die nicht idealistisch motiviert war, mutete ‚philiströs' an, und die Umwälzungen der gesellschaftlichen Produktion, die der greise Dichter der ‚Wanderjahre' immerhin noch erwog, oder die Prozeduren der Kapitalwirtschaft, welche die Imagination des jungen Balzac stipulierten, wurden gar nicht oder nur oberflächlich wahrgenommen. Man hielt sich bestenfalls an Symptome. So etwa erzählte Eichendorff 1856 von einer Eisenbahnfahrt, deren „Vehemenz" ihr einziger Zweck sein mochte:

> Diese Dampffahrten rütteln die Welt, die eigentlich nur noch aus Bahnhöfen besteht, unermüdlich durcheinander wie ein Kaleidoskop, wo die vorüberjagenden Landschaften, ehe man noch irgendeine Physiognomie gefaßt, immer neue Gesichter schneiden, der fliegende Salon immer andere Sozietäten bildet, bevor man noch die alten recht überwunden hat. (1, 895)

Dem neuzeitlich Reisenden fällt ein Schloß im Walde auf, von dem man ihm mitteilt, es sei von einem echten Eremiten bewohnt. Der Umstand reizt, jenen aufzusuchen, den die anderen als ‚letzten Romantiker' und ‚impertinenten Rückschritt' haben verächtlich machen wollen (ebd.).

Die romantische Entscheidung gegen die wirkliche, prosaische Geschichte drückt sich darin aus, daß die Stadt literarisch gemieden wird. Eichendorffs Romane und die meisten seiner Erzählungen spielen auf Burgen und in Schlössern, in Parks und kleinen Residenzen, die in Waldgebirgen verstreut sind. Und selbst wenn die Figuren einmal in europäische Kapitalen, nach Rom oder Paris, geführt werden, so wird das historisch Besondere nicht bemerkt. Nur einmal darf eine Stadt erkennbar erscheinen, aber dann, weil sie wie Heidelberg mit der zeitgenössischen Geschichte gar nichts zu schaffen hat, vielmehr als ein über wirklich romantisierender Ort begegnet:

> In dieses Märchens Bann verzaubert stehen
> Die Wandrer still. – Zieh weiter, wer da kann!
> So hatten sie's in Träumen wohl gesehen,
> Und jeden blick's wie seine Heimat an,
> Und keinem hat der Zauber noch gelogen,
> Denn Heidelberg war's, wo sie eingezogen. (1, 435)

Die Realität der Idylle ist selbstverständlich, aber ihre Wahrheit – wenn nicht die der Romantik überhaupt – wäre erst zu begründen. Eichendorff wußte es, und er hat sich in zwei seiner poetischen Arbeiten darum bemüht.

Doch zunächst sei von seiner Methode die Rede, Landschaft überhaupt zu denken.

II Wer einen Dichter recht verstehen will, muß seine Heimat kennen. Auf ihre stillen Plätze ist der Grundton gebannt, der dann durch alle seine Bücher wie ein unaussprechliches Heimweh fortklingt. (2, 297)

Die Maxime führt Fortunat im Roman ‚Dichter und ihre Gesellen' an, und man hat sie auf Eichendorff selbst angewendet. Wahr ist: Schloß Lubowitz, seine Gärten, die Oder, die schlesischen Berge und Täler, eben die Welt seiner Kindheit, hat Eichendorff im Werk immer wieder variiert. Denselben Typus der Kulturlandschaft fand er in Halle an der Saale mit Schloß Giebichenstein, schließlich in Heidelberg in konzentrierterer Weise wieder. Seine literarische Topologie rührt aus Erfahrung.

Dennoch war die Wiederholung der Bilder nicht bloß obsessive Reminiszenz. Auch Eichendorff legte erst aufgrund einer hermeneutisch-poetischen Reflexion im wahrgenommenen Reellen das Wesen frei. Als solches wesentliches Sinnbild wurde es dann der Dichtung verfügbar. Das Eigentümliche dieser Landschaften war für die Kritik nicht leicht einzusehen. Eichendorff hat darüber nie theoretisiert. Was als Naturlehre zugrundeliegt, mußte daher den Bildern abgemerkt werden. Erst Richard Alewyn hat die Landschaftskunst des Dichters recht lesen gelehrt.

Alewyn hielt sich nicht – wie biographisch orientierte Interpreten – an die Darstellung jener Lokalitäten, deren wirklicher Einfluß auf des Dichters Phantasie bezeugt ist. Er untersuchte die zahllosen Naturbilder, die als eine à la longue monotone Staffage oft mißachtet wurden. An ihnen fiel auf, daß sie nicht eine natürliche Szenerie in ihren obwaltenden Verhältnissen schildern wollen. Vielmehr wird das konkret Vorhandene nur ‚gestreift', denn es soll vor allem eine dieses Distinkte durchlaufende Bewegung fühlbar werden. In Eichendorffs Landschaften klingt zumeist von irgendwoher ein Vogellied, streicht ein Lufthauch herüber, glänzt ein Lichtschimmer heraus oder hernieder, bricht ein Dunkel herein. Was solchermaßen herkommt, rührt denjenigen geheimnisvoll an, der für das kaum faßliche

Geschehen empfindlich ist. Alewyn zeigte an den präpositionalen Bestimmungen (‚aus den Tälern', ‚über die Wälder', ‚durch den Garten', etc.), wie „die zuerst geschrumpfte Landschaft sich ausdehnt, indem auf der Achse, die durch Bewegung dargestellt wird, Abstände eingetragen und damit Zonen abgesteckt werden, die den Zwischenraum ausfüllen zwischen dem Hier und jenem anderen Rand, an dem die Ferne liegt". Und: „Indem Landschaft so erfüllt wird, wird sie zugleich gedehnt, die Ferne wird, indem sie vermittelt wird, zugleich hinausgerückt. So entsteht Raumtiefe, und damit erhält der Eichendorffsche Raum seine wichtigste Dimension".[3] Denn in der Landschaft eröffnet sich dadurch, daß der Ursprung der Bewegung nicht wahrgenommen wird, ein Horizont jenseits der überschaubaren Umgebung. Das aus der Ferne unsichtbare Anmutende verlockt zum Aufbruch ins Ungewisse. Die Natur – wenn sie es denn noch ist, die so hintergründig einwirkt – treibt selbst die Figuren dazu an, sich aus gegenwärtigen Verhältnissen zu lösen. Die Welt bringt Eichendorffs Wanderer auf den Weg. Sie werden von der Lust ergriffen, die geöffneten Richtungen zu durchmessen, und weil ein Ziel sich ihnen weder zeigt noch von ihnen gesetzt wird, vagieren sie.

Wieviel Überlegung in Eichendorffs Landschaftsbilder eingebracht ist, läßt sich an der Entstehung seines Heidelberg-Motivs vorweisen. Erst spät wurde es in der Dichtung eingeführt. Denn als Eichendorff 1807 in die Stadt einzog, erlebte der Neunzehnjährige sie wohl kaum anders als irgendeiner, der für ihre Reize nicht völlig blind ist. Noch am Tage der Ankunft – einem 17. Mai – schaffte er sich Überblick. Er trug ins Tagebuch ein:

> Nachmittags bestieg ich zum erstenmale den heiligen Berg, deßen untere Hälfte mit Weingärten, die obere mit Laubholtz bedekt ist, ... u. obschon ich mich so verirrte, daß ich durchaus den Gipfel nicht erreichen konnte, so genoß ich doch die himmlischste Aussicht gantz unten auf die gantze Stadt, vor mir auf eine unendliche schimmernde Ebne, die sich bis Frankreich hin erstrekt, in der sich die Thürme von Mannheim erheben, u. die vom Rhein, wie von einem Silberfaden durchschnitten, u. rechts von den blauen Rheingebirgen begränzt wird. (4, 580)

Und in den nächsten Tagen ist er mehrfach im Schloßgarten und blickt vom Schloßaltan nach Westen:

> Himmlische Aussicht bey Sonnenuntergang (nirgends so schön) in das ferne himmlische Thal, gantz in rosigem Duft schwimmend, der lieblich an den Ruinen der Burg schimmert, aus der die Töne [der Abendmusik] durch die Berge hallen. (4, 581 f.)

Die Landschaft wird beschrieben, ihr Reiz in gemein-romantischer Sprache aufgezeichnet. Alles ist schon benannt, was später an diesem Bilde bedeutsam werden wird. Indessen läßt sich nicht behaupten, daß bereits im Tagebuch Heidelberg zu einem natürlichen Typos erhoben worden wäre.

Der Stadt verdankte Eichendorff nicht nur den sinnlichen Eindruck; in ihr wurde er auch angeregt, das Bild in höherem Verstande zu deuten. Im Studienjahr, das er am Neckar verbrachte, hörte er Görres. Görres arbeitete damals – in der Tradition Herders und Schellings – an einer Genealogie der modernen Kultur aus dem Mythos. Die neuzeitlichen Zersplitterungen und Entfremdungen schienen ihm die notwendige Folge einer Aufklärung zu sein, die eine anfängliche mythische Einheit der Kultur im Scheidewasser der Kritik aufgelöst hatte. Aber die Totalität brauchte nicht für immer verloren gegeben zu werden. Ein geschichtliches Bewußtsein, das in die Ursprünge zurückreicht, begreift von dorther den Zusammenhang von Glauben und Wissen, von Vernunft und Wahrnehmung. Um ihre Wiedervereinigung war es Görres zu tun. Weniger dieses dritt- oder viertälteste Systemprogramm der Romantik mag Eichendorff beeindruckt haben, als die Beschwörung des ursprünglichen Zustands selbst. Görres sprach von ihm mit den Mitteln einer poetischen Rhetorik, die Herder in die Geschichtsphilosophie eingeführt hatte:

> Und kennt ihr das Land, wo die jugendliche Menschheit die frohen Kinderjahre lebte, wo die Feuersäule stand, in der die Götter zu ihren Lieblingen herniederstiegen, und sich in ihre munteren Spiele mischten? Kennt ihr das Land, wo die junge Phantasie zuerst in den Blüthendüften sich berauschte, und in dem süssen Rausche der ganze Himmel in zauberische Visionen sich ergoß? Kennt ihr das Land, wo die schönen Bilder lebten und wandelten, die tief in unsrer Seele wie ferne Schatten schweben, und in ihrer Ferne noch uns mit unendlichem Reitze an sich ziehen, und als Ideale über allem unserem Thun und Bildern stehen, und ein unnennbares Sehnen wie nach der fernen Liebe in uns wecken?[4]

Görres meinte Indien und seine Mythen, die er für die ältesten hielt und die im „Strome" der Geschichte – wie stark verwandelt auch immer – fortlebten, so daß „Ahndungen" der Spätgeborenen bei den Frühesten sich wiederfinden (ebd.). Aber die Diktion, in der die urgeschichtlichen Erfahrungen aufgerufen wurden, ließ doch auch eine seither unveränderte Natur sehen, die noch immer in ihrer „Bildersprache" mit den Menschen „sich unterhält". Natur besteht unwandelbar als ‚Hieroglyphe' eines Wesens, das sich in ihr offenbart (ebd.). So holt sie, die ‚göttliche', den geschichtlich entfremdeten Geist zurück.

Es war zweifellos richtig[5], Eichendorffs Landschaftskunst in den Zusammenhang der hieroglyphischen Naturtheologie zu rücken, die Herder folgenreich erneuerte. Doch hat der Dichter, der davon schon in Halle gehört haben mag, aus dieser Tradition nicht die symbolische oder gar emblematische Deutlichkeit des Naturbildes übernommen.[6] Den Hieroglyphikern war die Natur Rätsel, aber eines, dessen Lösung sie für möglich hielten. Mit ihren Bestimmungen der Chiffren arbeiteten sie einer transzendentalen Kritik zu, die seit Fichte jede Bestimmtheit des Seienden dem Geiste zugute hielt. Natur wurde so zum objektiven Korrelat der Reflexion. Solcher Rückführung auf den selbstbewußten Begriff wirkte Eichendorffs Landschaftskunst entgegen. Deren Bilder sind nicht allegorisch konstruiert. In ihrer irrationalen Vagheit lassen sie es bei der schwebenden Phänomenalität der Erscheinungen sein Bewenden haben. Die Natur, die sie zeigen, ist wohl transparent, aber doch auch diffus, so daß ihre verschwommenen Verhältnisse erst gar nicht als Abbilder von Urbildlichem in Betracht kommen. Kein Wort, sondern ein Lied schläft in allen Dingen, und die noch sprachlose Musik bringt den Dichter zu poetischem Reden, dessen wesenloser Enthusiasmus mit Verkündigung ontologischer Wahrheit nicht verwechselt werden darf.

Auch diese zutiefst anti-idealistische Strategie der Impräzision hat Alewyn bemerkt. Er wies auf eine spezifische Hyperbolik hin, die alles Bestimmte verwischt. Nicht das erkennbare Einzelding nennt Eichendorff. Er spricht von unzählbarer Quantität (a l l e Nachtigallen sangen) oder indeterminanter Mehrzahl (‚Blumen', ‚Vögel', ‚Gärten', ‚Wälder'). Das Konkrete wird so zum Vorwand dessen, was immer unbekannt und fern, immer lockend und unerreichbar bleibt.[7]

Freilich kann die Dimension der Unabgeschlossenheit (die ‚himmlischste Aussicht') geistlich verstanden werden. Dann ist Natur Vorhof der Unendlichkeit. Aber Unendlichkeit ist die noch ganz und gar unspezifische Transzendenz, ein als solches Unfaßliches. Wie es um das Metaphysische bestellt sei, teilt Natur nicht mit. Was sich darüber gleichwohl wissen läßt, weiß man aus der schriftlich begründeten geistlichen Tradition. Eichendorffs schöne Welt verbürgt nichts. Sie ermöglicht – um den Titel des ersten Romans aufzugreifen – durch ihre ‚Gegenwart' allenfalls eine ‚Ahnung' davon, daß das Sichtbare ins Unsichtbare übergeht. Aber ein Ariadne-Faden zur Wahrheit ist nicht ausgelegt. Das Licht, das so leicht als christliche Eindeutigkeit erfahren werden könnte, spielt in mannigfachen Reflexen, und weder die Sinne noch die Erkenntnisvermögen können daran die intelligible Quelle ausmachen. Das leuchtende Labyrinth der Welt ist – um es mit einem Lieblingswort Eichendorffs zu sagen – ‚verworren' und es verwirrt ein Gemüt immer dann, wenn nicht christliche Dogmatik Halt bietet. So ist die sichtbare Welt eine Aporie für die Erkenntnis, und ihre Unbestimmbarkeit läßt strenge Katholizität geraten sein.

Die Heidelberger Landschaft selbst scheint es nahe zu legen, die ‚himmlische Ferne' geistlich zu deuten. Doch nicht als naturtheologisches Exempel hat sie Eichendorff in die Dichtung eingeführt. In der Novelle ‚Dichter und ihre Gesellen', die zum Roman auswuchs, wird das sich öffnende Tal und die Aussicht zur konkreten Bedingung eines Fernwehs, das nichts von Zielen weiß. So wurde der Roman zur Geschichte eines romantischen Irrtums.

III Landschaft führt dann nicht in die Irre, wenn das Heilszeichen in sie gesetzt ist. ‚Ahnung und Gegenwart' eröffnet mit einem derart eindeutigen Bild: ein Strom zieht in die Ferne, aber auf einer Insel in seiner Mitte mahnt ein Kreuz. Dadurch ist Natur sakramental interpretiert wie der mittelalterliche Pilgerweg, auf dem Stationen die Richtung weisen. Von solcher – wahrhaft ‚romantischen' – Sicherheit erzählt Eichendorff nicht. Er inszeniert die moderne ‚Verworrenheit', die als solche zu erkennen erst dazu bringt, an alte dogmatische Bestimmungen zu denken. Aber vor dieser Krisis nimmt der Charme des Bloß-Phänomenalen gefangen. Dann verspricht Natur alles, – als hätten jene Romantiker recht, welche der Kunst die Ontodizee zu leisten aufgaben. Friedrich Schlegel berief Spinoza als Bürgen dafür, daß alles Heil vom Sein zu erwarten steht. Aber vorauszusetzen war eine Substanz. Substanzlos ist hingegen Eichendorffs Welt. Die ‚neue Mythologie' der Früheren war ein Versehen. Der seinsverliebten Dichtung ist abzuschwören. Der erste Roman hält über sie Gericht. Dennoch blieb Eichendorff Dichter. Und der zweite Roman – zwanzig Jahre nach ‚Ahnung und Gegenwart' – gesteht diese Inkonsequenz ein. Denn während der große Poet Victor von Hohenstein das sacrificium poesiae, mit dem der erste Roman schloß, wiederholt, darf Fortunat, der kleinere, sich beim Weltlichen einstweilen aufhalten. Sein Name bezeichnet das doppelte Glück, daß seine säkulare Sehnsucht erfüllt wird und daß doch für die Richtigkeit seines Weges gesorgt ist.

Fortunat ist Heidelberger Romantiker im eigentlichen Sinn dieser Bestimmung. Die Landschaft Heidelbergs hat ihn erweckt. Ursprünglich hatte Eichendorff sogar vor, den Beginn der Erzählung am Neckar zu lokalisieren. Dann aber wählte er doch ein schlesisches Städtchen – etwa Warmbrunn –, in dem Fortunat einen Heidelberger Studienfreund aufsucht. Auch in dieser Fassung kommt dem genius loci Heidelbergs höchste Bedeutung zu. Denn Fortunat wird mit einer Erinnerung an die vormals zutiefst erfahrene und in Wahrheit archetypische Landschaft in die Handlung eingeführt:

In den letzten Strahlen der Abendsonne wurde auf der grünen Höhe ein junger Reiter sichtbar, der zwischen dem Jauchzen der Hirten und heimkehrenden Spaziergänger fröhlich nach dem freundlichen Städtchen hinabtritt, das wie in einem Blütensee im Grunde lag.

Er sann lange nach, was ihn hier mit so altbekannten Augen ansah, und sang immerfort ein längst verklungenes Lied leise in sich hinein, ohne zu wissen, woher der Nachhall kam. Da fiel es ihm plötzlich aufs Herz: wie in Heidelberg lagen die Häuser da unten zwischen Gärten und Felsen und Abendlichtern, wie in Heidelberg rauschte der Strom aus dem Grunde, und der Wald von allen Höhen! So war er als Student manchen lauen Abend sommermüde von den Bergen heimgekehrt und hatte über die Feuersäule, die das Abendrot über den Neckar warf, in die duftige Talferne gleichwie in sein künftiges, noch ungewisses Leben hinausgeschaut. – (2, 293)

Der Blick damals prädisponierte Fortunat zur Wanderschaft. Seither ist er in einer vagen Stimmung unterwegs, folgt reflexionslos einem versprechlichen Licht. Das Recht zu solcher Ruhelosigkeit muß er vor dem Freund verteidigen, der die goldene Ferne als Utopie beargwöhnt und eine ortsfeste, bürgerlich-tüchtige Existenz gewählt hat. Fortunat indes beharrt:

warum denn Träume? Die Ahnung war es, der erste Schauer des schönen, überreichen Lebens, das gewißlich mit aller seiner geahnten und ungeahnten herrlichen Gewalt über uns kommen wird, wenn wir nur fröhlich standhalten. (2, 295)

Auf Gefährdungen und gar auf Katastrophen ist Fortunat gefaßt. Das Abenteuerliche des Lebens überhaupt klingt an, wenn er das Heidelberg-Bild gegen den Topos der Seereise vertauscht:

Was hindert denn zum Exempel dich, alle den Ballast von Vor-, Neben- und Rücksichten frisch wegzuwerfen, und frei mit mir in das offene Meer zu stechen? (ebd.)

Aber das größte Risiko seines Lebens ist – um im Bilde zu bleiben – nicht der Sturm, sondern die Windstille, in der alle Bewegung und aller Entschluß erstirbt.

Für das sanfte Angehaltenwerden hat Eichendorff ein besonderes, prototypisches Bild. Es findet sich ebenfalls im ersten Kapitel. Da Fortunat mit Walter aufbricht, um das Schloß des Dichtergrafen Victor zu besuchen, verlaufen sie sich, obwohl man das Ziel des Wegs vom Städtchen aus sah, von dem man aufbrach:

So waren sie lange aufs Geratewohl umhergeschweift, als Walter endlich zu seinem Schrecken bemerkte, daß schon die Abendsonne schräg durch den Wald funkelte. Jetzt fand er auch, daß sie alle Richtungen verloren hatten, er wußte nicht, wo er war. (1, 300)

Man verbringt die Nacht im Freien, und als Fortunat einmal erwacht, wirkt ein Zauber:

Er sah freudig rings um sich her, die tiefe Einsamkeit, die unbekannte Gegend, der Schlafende [Walter], und die Pferde im Mondschein, alles war ihm so neu und wunderbar ...

und er singt, wie schön es sei,

... hier zu verträumen
Die Nacht im stillen Wald,
Wenn in den dunklen Bäumen
Das alte Märchen hallt. (2, 301)

Die Natur, die sich in Heidelberg unabsehbar geöffnet hatte, hat sich hier verschlossen, und der magische Schein des Lichts verlockt – um es mittelhochdeutsch zu sagen – zum ‚Verligen'. Das kleine Nachtstück der Waldeseinsamkeit steht für das gleiche wie die Tannhäuser-Dämonie, die Eichendorff so oft in Dichtungen montierte: für den sinnlichen Bann, der das Leben fesselt. Ihm verfällt die ästhetische Existenz, die nichts als die Schönheit reflektiert, und ein Zirkel reizender Phänomene schließt sie ein. Fortunat freilich entrinnt, aber nicht deshalb kommt er frei, weil er die Gefahr verstünde, sondern weil der Schein flüchtig ist oder weil die Gesellschaft, in der er wandert, ihn mit sich entführt.

Schließlich aber gehört es zu seinem Wesen, von allem, was ihm begegnet, nur leicht berührt zu werden. Die anmutige Florentine, Kordelchen bei den reisenden Schauspielern, die ein Nachbild der goetheschen Philine ist, die Gräfin Juanna, dieser Inbegriff von Dämonie, vermögen ihn nicht zu binden. Fortunat bleibt allemal Zuschauer. Doch ist solche Distanz, die ihn vor den fatalen Verstrickungen bewahrt, zugleich das Symptom einer romantischen Krankheit: der ästhetischen Indifferenz. So moduliert Eichendorff von einem Erbübel ins andere, gegenteilige.

Das Verhängnis der Leichtfertigkeit wird am erotischen Beispiel demonstriert. Fortunat, der einst in Heidelberg von „künftigem, großen Glück" (2, 398) träumte, findet in der Römerin Fiammetta das Mädchen, das ihn für sich einnimmt. Aber so leidenschaftlich er ihr zugetan ist und so viele Zeichen ihrer Neigung er auch von ihr erhält, so wenig vermag er es doch, sich ihrer zu vergewissern. Ein poetischer Wahn verstellt ihm den Sinn. Er sieht sie als den „Zaubervogel im Walde, der ihn neckend immer tiefer in das grüne Labyrinth verlockte, von dem kein Ende abzusehen war" (2, 416). Er lebt mit dieser Phantasie der Unerreichbarkeit, in der sich seine bloß ästhetischen Erfahrungen mit der bald unendlichen, bald verschlossenen Landschaft reflektieren. Und weil eine erfüllbare Liebe sich ihm in eine phantastisch unerfüllbare Sehnsucht verwandelt, muß er sich ihrer entwöhnen. Es gelingt ihm auch,

> sich alle Liebestorheit aus dem Sinne zu schlagen, sich endlich mit einer Art von Wut auf die Sehenswürdigkeiten der Stadt [zu werfen], mancherlei Studien und Ausflüge in die Umgebung [zu machen] (ebd.),

mit einem Wort: das Dasein Fiammettas zu ignorieren. Die Analogie dieser Episode zu Goethes lebenskluger Distanz von der schönen Mailänderin, die im dritten, 1827 erschienenen Teil der ‚Italienischen Reise' erzählt wird, läßt das Paradox noch klarer hervortreten, daß die poetische Liebe allemal lieblos verfährt. Sie ist ein Kunststück der Sehnsucht auch da, wo Erfüllung winkt, und sie ist blind für das wirkliche Bedürfnis der Geliebten.

Fortunat mangelt es trotz aller ästhetischen Wahrnehmungsfreude am Blick für das Reelle. Er sieht nicht Fiammettas Liebe und auch nicht, daß bürgerliche Umstände ins Unglück stürzen. So versäumt er die Verbindlichkeit, die das eine wie das andere ihm auferlegt. Er sorgt sich so wenig um sich wie um andere. Insofern sind seine bürgerlichen Freunde achtbarer. Mit ihrer Charakteristik weicht der Roman Eichendorffs von der gemein-romantischen Verächtlichkeit gegen die ‚Philister' für einmal ab. Walter hatte sich der Einladung Fortunats, in die Ferne zu schweifen, nicht mit trivialen Gründen verweigert. In deutlicher Beziehung auf Fortunats Heidelberg-Bild erwidert er:

> Was mich eigentlich zwischen diesen Bergen festhält, ... das kann ich ... ehrlich sagen: es wäre mir schwer, ja gewissermaßen unmöglich, den einmal mit Ernst und Lust begonnenen Geschäften zu entsagen, die wie ein stiller, klarer Strom in tausend unscheinbaren Nebenarmen das Land befruchten, und mich so von meiner stillen Stube aus in immer wechselndem, lebendigem Verkehr mit den entferntesten Gegenden verbinden. (2, 295)

Praxis ist ein wirkliches Verhältnis. Auch der Baron Manfred, der ein Gut bewirtschaftet und zuletzt in wichtigen Staatsdienst berufen wird, ist nicht philiströs. Er bemüht sich, dem verträumten Fortunat die verwaiste und heimatlose Fiammetta zuzuführen. Indem Manfred bürgerliche Verantwortung übernimmt, bewährt sich Praxis ethisch. Sie wird Fürsorge.

Aber bloß um eine moralische Korrektur der Phantasie ist es dem Roman nicht zu tun. Er will eine größere geschichtliche Dimension eröffnen, die der sich selbst überlassenen ästhetischen Erfahrung verdeckt bleibt. Daß im Ästhetischen überhaupt kein Heil sei, – davon überzeugt sich der Dichter Victor. An sich selbst hat er den Nihilismus einer naturgläubigen Phantasie erleiden müssen. Er sah die Welt als Spiel der Vernichtung. Ihr Sinnbild ist die wilde Spanierin Juanna. Sie brachte jenen Tod, die sie liebten, ehe sie sich tötete. Durch Juanna kommt Victor dazu, die Tragödie für die einzig wahre Gattung der Dichtung zu halten. Doch stiftet deren Inszenierung des Bloß-Zeitlichen keinen Sinn. Diese Einsicht nötigt Victor zu christlicher Radikalität. Als Weltgeistlicher wird er künftig die säkularisierte Epoche missionieren, ihr einen Weg durch die Zeit ins Ewige weisen.

Fortunat bleibt solche Konsequenz erspart. Ihn rettet sein ästhetischer Indifferentismus vor der Krisis. Er hat sich so tief wie Victor mit der schönen Welt nie eingelassen. Aber einsehen muß auch er, daß Natur und naturwüchsige Phantasie ihm einen Zweck des Lebens vorenthalten haben. In einem allegorischen Märchen teilt er mit, wie er irrte und wie er sich neu orientiert. Von zwei Kindern erzählt er, die sich lieben, aber in dem Maße, wie sie sich in die Bilder der Welt vertiefen, einander aus dem Blick verlieren. Mancher Zauber hält den Knaben fest, das Mädchen sieht er nicht wieder. Erst als ein Birnbaum, der – es gilt die Märchenregel unbeschränkter Möglichkeit – fromm zur sonntäglichen Kirche eilt, sich vom Kind erklettern läßt, ihm Übersicht ermöglicht, wird das Mädchen erspäht. Die geistliche Allegorie ist durchsichtig. Ohne die Stütze des Glaubens findet sich kein Ziel. In den Eingang des Märchens ist denn auch eine Landschaft eingezeichnet, deren christliche Markierungen Leben vorzeichnen:

> eine sehr schöne Gegend ..., fruchtbare Auen, Flüsse, Dörfer, Schlösser, dahinter ein wunderbar gezacktes Gebirg mit einsamen Kapellen und Wäldern, an deren Saum eine Prozession mit bunten Fahnen dahinzog. Das Abendrot schien über das Bild ... (2, 478)

In dieser eschatologischen Szenerie soll sich Liebe begeben: als ein Glück vor dem Ende der Zeit. Und wenn das im Märchen schließlich wiedererlangte Mädchen sich als Tocher der Nacht und Aurora zu erkennen gibt, dann ist mit dem Tagewechsel wohl auch ein Zeitenwechsel gemeint, der den Anbruch der Ewigkeit präfiguriert.

Fortunat hat, da sich ihm in Heidelberg die Aussicht in einen goldenen Abend eröffnet, nicht wissen können, daß er in Rom eine Ehe schließen wird. Nun aber, da er zufällig, wohl auch durch Liebe, nicht zuletzt durch den Beistand der Freunde auf diesen Weg eines sakramentalen Lebens in der Hauptstadt des Glaubens gebracht ist, darf er freilich der Dichter einer schönen Welt bleiben, die er von nun an übergänglich versteht: als Sinnenspiel vor der Unendlichkeit.

IV Als Eichendorff – wiederum zwanzig Jahre später – in der Verserzählung ‚Robert und Guiskard' das Bild der Heidelberger Landschaft aufgriff, hat er die darin angelegte lebensgeschichtliche Perspektive verkehrt. Nun fällt der Blick gleichsam von draußen auf die eng gedrängte Stadt zurück. Sie wird Aristokraten zur Zuflucht, die der Revolution entflohen. Eichendorff läßt die Familie, von der er erzählt, über die nördlichen oder südlichen Odenwaldberge ankommen, damit die Ansicht der anmutigen Lage sie um so mehr überrasche. Von ihrem ersten Eindruck heißt es:

Geblendet sahen zwischen Rebenhügeln
Sie eine Stadt, von Blüten wie verschneit,
Im klaren Strome träumerisch sich spiegeln,
Aus lichtdurchblitzter Waldeseinsamkeit
Hoch über Fluß und Stadt und Weilern
Die Trümmer eines alten Schlosses pfeilern.

Und wie sie an das Tor der Stadt gelangen,
Die Brunnen rauschend in den Garten gehn,
Und Hirten ferne von den Bergen sangen,
Und fröhliche Geselln beim duft'gen Wehn
Der Gärten rings in wunderlichen Trachten
Vor ihrer Liebsten Türe Ständchen brachten.

Der Wald indes rauscht von uralten Sagen,
Und aus des Schlosses Zinnen überm Fluß,
Die wie aus andrer Zeit herüberragen,
Spricht abendlich der Burggeist seinen Gruß,
Die Stadt gesegnet seit vielhundert Jahren
Und Schiff und Schiffer, die vorüberfahren. (1, 435)

Der außergeschichtlichen Idylle wird zugetraut, Menschen, die der Streit der Epoche versehrte, in Frieden einzubürgern. Die Flüchtlinge werden in einem Haus am Hang unter dem Schloß heimisch und leben in dieser „Bergeinsiedelei" (1, 411) ein wechselloses privates Glück. Ihr trauriges Schicksal zuvor will der Erzähler von ihnen selbst erfahren haben: nämlich die Katastrophe einer Aristokratie, welche in der Folge der Ereignisse von 1789 nicht nur enteignet wurde, sondern die sich auch über der Frage entzweit hatte, ob die bürgerlichen Ansprüche rechtmäßig seien. Diese Krisis seines Standes hatte Eichendorff in gelöster Prosa unter dem Titel ‚Der Adel und die Revolution' erzählt. In ‚Robert und Guiskard' geriet ihm das Sujet 1855 beinah zur Kolportage: gräfliche Brüder engagieren sich gegensätzlich, geraten in Gefechten aneinander, ohne sich zu erkennen; der Monarchist wird auf den Tod verwundet, aber vom verliebten Gärtnerstöchterlein gepflegt und vor Nachstellungen gerettet, so daß der Graf von Clairmont gern in eine Ehe der Königstreuen einwilligt, bevor man nach Deutschland aufzubrechen genötigt ist.

Die politisch-historische Moral dieser Fabel war nicht neu. Schon Goethe beschloß die ‚Lehrjahre' mit Mesalliancen dieser Art und spielte auf die Möglichkeit einer gütlichen Vermittlung der ständischen Konflikte an. Solche Versöhnung gebot die Vernunft. Mehr als ein halbes Jahrhundert später fügt Eichendorff diesem Gedanken nur den anderen hinzu, es könne eine bereits in alten feudalen Verhältnissen angelegte Loyalität der Höchsten und Niedrigen sich als Liebe bewähren. Doch indem er dieses sozialgeschichtliche Wunder in Heidelberg ansiedelte, gestand er ein, daß eine reelle Chance nicht auszurechnen sei. Die konservative Utopie dokumentierte die Resignation dessen, der nach 1831 und 1848 nicht mehr glauben mochte, was nach 1789 vielen immerhin noch möglich schien.

Der realhistorische Pessimismus klingt auch im Titel der Verserzählung an. Die Namen der Brüder sind aus Kleists Fragment ‚Robert Guiskard' genommen. Dort schwächt eine Pest den Normannenherzog, beunruhigt das Volk und läßt die Rivalität der Thronfolger ausbrechen. Dieser Handlung, deren Pestmotiv den griechischen ‚König Oidipos' erinnert, kann man geschichtliche Bedeutung beilegen. Im griechischen Drama war die Pest die furchtbare Objektivität einer nicht durchschauten Schuld. Auch in Kleists Entwurf scheint sie ein Elend des corps social symptomatisch zu bezeugen. Und in Eichendorffs Epopöe, die auf ein solches Bild verzichtet, wird ein moralisches Übel der Aristokratie diagnostiziert. Der alte Graf von Clairmont spricht vom Volke als von „Knechten" ohne „Erbarmen". Aber die Erbarmungslosigkeit der Aufrührer reagiert bloß auf die Verachtung, die sie durch

Jahrhunderte zu tragen hatten. Solche Wechselwirkung wird am Verhältnis des Vaters zu Robert demonstriert, der grollt und revoltiert, weil er in die Isolation getrieben wurde:

> Der Vater hatt zu ihm kein rechtes Herze,
> Und niemand fragte mehr nach seinem Schmerze. (1, 412)

Der ganze Stand hat den naturrechtlich und christlich begründeten Auftrag der Fürsorge nicht erfüllt und erfährt nun die Folgen der Lieblosigkeit am eigenen Leib.

Die Schuld der einen rechtfertigt nicht die Forderungen der anderen. Eichendorff wandelt die althergebrachte konservative Kritik an der abstrakten Freiheitskonzeption der politischen Aufklärung so gut wie gar nicht ab. Robert denkt Freiheit – Rousseau folgend – als ursprüngliches Privileg des Menschen überhaupt. Er will helfen, die in Ketten gefesselte ‚Dame‘ zu befreien. In Paris allerdings belehrt ihn ein Standesgenosse, der mit den Jakobinern paktiert, darüber, daß in der gegenwärtigen Anarchie sich ein Machtwechsel vorbereite, den es nicht zu versäumen gilt. Die Triftigkeit solchen Opportunismus liegt auf der Hand: Geschichte war immer der Wandel von Herrschaftsverhältnissen. Robert aber will es nicht anerkennen. Dem zutiefst Verstörten entdeckt sich nun in einer Art Vision das eigentliche Wesen der Freiheit. Ihr Sinnbild ist die „feste Burg der Eichen“, die aus irdischem Boden in die Lüfte wächst, oder es ist die Flamme, die das Unreine verzehrt und ‚emporlodert‘ (1, 420). Wirklich frei ist demnach nur, wer die Vorläufigkeit des Zeitlichen christlich durchschaut und lebend der Bestimmung zur Ewigkeit entspricht.

Die Epoche an diesen heilsgeschichtlichen Zusammenhang zu erinnern, ist offenkundig die Absicht der Epopöe. Damit fügt sich ‚Robert und Guiskard‘ in den Zusammenhang der anderen späten Verserzählungen – ‚Julian‘ (1853) und ‚Lucius‘ (1857). Reizvoll ist das Mittelstück, weil Eichendorff den Grundgedanken der ganzen Sequenz dieser kaum mehr geglückten Dichtungen dem Heidelberger Stadtbild einzeichnete.

Denn wenn der „Zauberring“ der Heidelberger Idylle für die Emigranten auch vor allem als Zuflucht sich darbietet, so wendet sich doch noch einmal der Blick in die weite Ebene nach Westen:

Doch da sie jetzt um einen Fels sich wandten,
Tat's plötzlich einen wunderbaren Schein,
Kirchtürme, Fluren, Fels und Wipfel brannten,
Und weit ins farbentrunkne Land hinein
Schlang sich ein Feuerstrom mit Funkensprühen,
Als sollte die Welt in Himmelslohn verglühen. (1, 435)

Die Feuersäule über dem abendlichen Neckar, die Eichendorff 1807 zuerst sah und die Görres als Zeichen frühzeitlicher Epiphanie anschauen ließ, wird nun zum Vorschein der Apokalypse. So ist Heidelberg als Ort gedacht, an dem das Hiesige zu leben im Schein des absolut Künftigen nicht schwer fällt. Der „Zauber" seiner Natur hat „keinem ... noch gelogen" (1, 435), denn er verleugnet die Zeitlichkeit nicht. Wer christlich denkt, wird durch die Stadt an Unendliches verwiesen. Und die Landschaft, die für einen Augenblick alle Weltgeschichte vergessen läßt, mahnt an die Heilsgeschichte. Nie lag Heidelberg so nah an Rom, Jerusalem, ja an der Civitas Dei wie im Plan, den ihm die fromme Phantasie erfand.

Anmerkungen

1 Ich zitiere: Joseph von Eichendorff, Werke, 4 Bde, München (Winkler) 1970.
2 Friedrich Schlegel: Kritische Schriften, hrsg. von Wolfdietrich Rasch, München 1964, S. 48.
3 Richard Alewyn: Eine Landschaft Eichendorffs (zuerst 1957) in Alewyn, Probleme und Gestalten. Essays (zuerst 1974), Frankfurt am Main 1982, S. 225 u. ff.
4 Joseph Görres: Glauben und Wissen (1805), in: Gesammelte Schriften, hrsg. im Auftrage der Görres-Gesellschaft, Bd. 3, hrsg. von Günther Müller, Köln 1926, S. 8.
5 Den Einfluß Görres' auf Eichendorff und sein Heidelberg-Bild hat behandelt: Gerhard Möbus, Eichendorff in Heidelberg. Wirkung einer Begegnung, Düsseldorf 1954.
6 Anders denken: Oskar Seidlin: Eichendorffs symbolische Landschaft, in: Eichendorff heute, hrsg. von Paul Stöcklein, München 1960, S. 218ff., der das Naturbild als „sichtbare Theologie" interpretierte; und: Alexander von Bormann, Natura loquitur. Naturpoesie und emblematische Formel bei Joseph von Eichendorff, Tübingen 1968.
7 Dazu: Lothar Pikulik: Bedeutung und Funktion der Ferne bei Eichendorff, in: Aurora 35, 1975, S. 21–34.

Charles de Graimberg (1774–1864)
Der Heidelberger Schloßhof nach Süden, vom Durchgang des Friedrichsbaus gesehen, um 1820
Bleistift, quadriert; 431 : 763 mm; Inv.Nr. Z 5493

JOHANN JACOB MEYER (1787—1858) nach eigener Vorlage
Schloßhof zum Brückentor hin, 1820/1822
Aquatinta, koloriert; 190 : 265 mm; Inv.Nr. S 2440[4]

Johann Jacob Meyer (1787–1858) nach eigener Vorlage
Ansicht von Stadt und Schloß, 1820/1822
Aquatinta, koloriert; 190 : 265 mm; Inv.Nr. S 2440[5]

Friedrich Salathé (1793—1858) nach Charles de Graimberg (1774—1864)
Blick auf Heidelberg vom Philosophenweg, 1818
Aquatinta; 249 : 316 mm; Inv.Nr. S 926[4]

Christian Philipp Koester (1784—1851)
Der dicke Turm des Heidelberger Schlosses, 1818
Öl auf Leinwand; 46,4 : 57 cm; Inv.Nr. G 440

Goethe und Mariane von Willemer sollen sich angeblich an dem auf dem sog. Stückgarten befindlichen Steintisch zum letzten Mal begegnet sein.

So als wär kein Raum dazwischen
Goethe am 14. November 1825
an Mariane von Willemer

Und nur der Wissende hat das Recht,
sich an dem geheimen Sinn zu erbauen;
es ist mit den Außlegungen ganz wunderbar,
man könnte sie eben so gut
Hineinlegungen nennen.

Mariane von Willemer am 23. Juli 1817
an Goethe

Der west-östliche Garten Mariane von Willemer, ihr Gedicht ‚Das Heidelberger Schloß' und Goethe

von

Klaus Manger

Unter dem Datum vom 25. August 1824 sendet Mariane von Willemer an Goethe in Weimar von der bei Frankfurt am Main gelegenen Gerbermühle ein Geburtstagsgedenken. „Nur wenige Worte mögen Sie an dem Tage begrüßen, der für so viele ein Tag des Segens geworden; mit inniger Liebe gedenken wir Ihrer und segnen still und einsam das Fest Ihrer Geburt."[1] Der Gruß schildert die festliche Natur, aus deren Gestimmtheit Erinnerung heraufzieht: „Der Himmel scheint es verherrlichen zu wollen, denn die Sonne färbt mit glühendem Purpur den klaren Abendhimmel, der Main ist dunkelblau wie die Schatten, die Wolken sind beinahe grün, und der Berg ist violett, ganz so wie damals; aber einer fehlt, der es betrachtet und deutet, und andere dadurch beglückt."[2] Die Gedanken weilen bei dem Geburtstagsfest, das auf der Gerbermühle neun Jahre zuvor am 28. August 1815 begangen und an dem Goethe von der Schreiberin dieser Zeilen ein Turban verehrt wurde, als eine Art westlicher Dichterkrönung mit östlichem Insignium.[3] Nun bietet das erneut zu begehende Geburtsfest wiederum Gelegenheit zum Schenken. Denn es gilt den fünfundsiebzigjährigen Dichter zu feiern. Ein Kästchen mit Artischocken ist ihm zugedacht.[4] Doch bevor der Brief mit dem Wunsch schließt: „Leben Sie hoch und glücklich!", wird dem Leser, der sich soeben in eine expressive Landschaftsschilderung am Main versetzt sah, ein erneuter Ortswechsel zugemutet.

Goethe gesteht schon in seiner Antwort vom 23. August desselben Jahres auf Marianens Brief, daß er „überall gern und willig hingefolgt" sei, wohin ihn die „herzlich geliebte Reisende" versetzt habe.[5] Mariane von Willemer hatte nämlich unter dem Datum vom 15. August 1824 Goethe über ihre Reise mit Willemer ins

Salzburgische berichtet, von der sie auf dem Weg über Straßburg und Heidelberg nach Frankfurt zurückgekehrt waren. So teilt sie mit, auf dem Straßburger Münsterturm Goethes Namen gefunden zu haben. Zuletzt aber habe sie Heidelberg wiedergesehen, „und in welcher Bewegung, ist mir unmöglich zu sagen; und so sei es denn überhaupt genug und wohl schon zu viel für heute".[6] Auf diesen Reisebericht antwortet Goethe, der wie hier häufig an Mariane und Johann Jakob von Willemer gemeinsam seine Briefe richtet: „ich bin ihr überall gern und willig hingefolgt, nur in Heidelberg mußt ich etwas länger verweilen."[7] Heidelberg ist schon aus diesen peripheren Zeugnissen als Brennpunkt eines gemeinsamen Interesses erkennbar. Hierher versetzt nun auch der erneute Ortswechsel innerhalb der Mitteilungen des Geburtstagsbriefes.

„Gedenken Sie meiner, und in Liebe; daß ich Ihrer gedenke, möge Nachstehendes beweisen, so wie, daß die schönste Gegend immer eine fremde bleibt, wenn nicht durch Liebe und Freundschaft sie heimisch geworden; wo fände sich für mich eine schönere als Heidelberg!"[8] Empfänger wie Absender erscheinen an Heidelberg als einen zentralen Ort ihres gemeinsamen Erinnerns wie gefesselt. Marianens tiefe Bewegung bei der neuerlichen Begegnung mit diesem Ort, die ihr „unmöglich zu sagen" ist, sowie die aufgefrischten Erinnerungen, aus denen sie sich gleichsam losreißen zu müssen scheint, haben eine poetische Frucht gezeitigt, die in Gestalt des folgenden Gedichts dem Geburtstagsbrief beigefügt ist.

Johann Christian Xeller (1784—1872) hat die Ansicht vom Heidelberger Schloß gen Südwesten gezeichnet. Mariane von Willemer fügte sie, ohne daß der Zeichner wußte, was sich für sie und ihren Adressaten damit verband, ihrem Brief bei, den sie um den 19. Juli 1825 herum an Goethe schrieb. Brief und Zeichnung bat sie Xeller, der einem Ruf nach Berlin als Restaurator in den königlichen Sammlungen folgte, in Weimar zu übergeben. Darin schreibt sie: „Erlauben Sie mir, mein lieber Freund, daß ich Ihnen den Überbringer dieser Zeilen als einen geschickten Zeichner empfehlen darf, dessen Bescheidenheit ihm nie erlaubt hätte, sich Ihnen persönlich vorzustellen, wenn ich nicht — da ich sein Verlangen und seinen heißen Wunsch, Sie nur einmal zu sehen, kenne — mich erboten hätte, ihm durch meine demütige Bitte dies Glück zu verschaffen; nicht als ob ich der Meinung wäre, als gelte sie so viel bei Ihnen, aber weil ich zugleich aus eigennützigen Absichten wünsche und hoffe, daß Sie es gütig aufnehmen, wenn er auf meine Veranlassung diesem Blättchen eine kleine Zeichnung beilegte, die als ein Beweis seiner tiefen Ehrfurcht Sie an jenen Ort erinnern möge, der mir ewig unvergeßlich sein wird.“ Und Mariane beschließt ihren Brief mit der Bitte: „Legen Sie zu jenem Blättchen von Xeller die Strophen über die Ruinengärten; möchten sie sich gegenseitig ergänzen, und Sie meiner dabei gedenken!“ (Willemer-Briefwechsel [Weitz], Nr. 146; vgl. S. 549, 662 und 668. Hans Wahl, Gerbermühle und Heidelberg. Zu zwei Zeichnungen von Christian Xeller, in: Goethe VII [1942], S. 77—82 mit Abb.) — Vgl. S. 181 f. Kl. M.

Das Heidelberger Schloss
den 28. Juli abends 7 Uhr

Euch grüß ich weite, lichtumfloßne Räume,
Dich alten reichbekränzten Fürstenbau,
Euch grüß ich hohe, dichtumlaubte Bäume,
Und über euch des Himmels tiefes Blau.

Wohin den Blick das Auge forschend wendet
In diesem blütenreichen Friedensraum,
Wird mir ein leiser Liebesgruß gesendet
Aus meines Lebens freudevollstem Traum.

An der Terrasse hohem Berggeländer
War eine Zeit sein Kommen und sein Gehn,
Die Zeichen, treuer Neigung Unterpfänder,
Sie sucht ich, und ich kann sie nicht erspähn.

Dort jenes Baumsblatt, das aus fernem Osten
Dem *westöstlichen* Garten anvertraut,
Gibt mir geheimnisvollen Sinn zu kosten
Woran sich fromm die Liebende erbaut.

Durch jene Halle trat der hohe Norden
Bedrohlich unserm friedlichen Geschick;
Die rauhe Nähe kriegerischer Horden
Betrog uns um den flüchtgen Augenblick.

Dem kühlen Brunnen, wo die klare Quelle
Um grünbekränzte Marmorstufen rauscht,
Entquillt nicht leiser, rascher, Well auf Welle,
Als Blick um Blick, und Wort um Wort sich tauscht.

O! schließt euch nun ihr müden Augenlider.
Im Dämmerlichte jener schönen Zeit
Umtönen mich des Freundes hohe Lieder,
Zur Gegenwart wird die Vergangenheit.

Aus Sonnenstrahlen webt ihr Abendlüfte
Ein goldnes Netz um diesen Zauberort,
Berauscht mich, nehmt mich hin ihr Blumendüfte,
Gebannt durch eure Macht kann ich nicht fort.

Schließt euch um mich ihr unsichtbaren Schranken
Im Zauberkreis der magisch mich umgibt,
Versenkt euch willig Sinne und Gedanken,
Hier war ich glücklich, liebend und geliebt.[9]

Das Gedicht liegt in der eigenhändigen Reinschrift Mariane von Willemers auch als sogenannte spätere Fassung vor.

Euch grüß ich weite lichtumfloßne Räume
Dich alten reichbekränzten Fürstenbau,
Euch grüß ich hohe dicht umlaubte Bäume
Und über euch des Himmels tiefes Blau.

Wohin den Blick das Auge forschend wendet,
In diesem blütenreichen Wunderraum,
Wird mir ein leiser Liebesgruß gesendet
O freud- und leidvoll, schöner Lebenstraum.

Auf der Terrasse hoch gewölbten Bogen
War eine Zeit sein Kommen und sein Gehn,
Die Chiffer von der lieben Hand gezogen
Ich fand sie nicht, sie ist nicht mehr zu sehn.

Dort jenes Baums Blatt das aus fernem Osten
Dem westöstlichen Garten anvertraut,
Gibt mir geheimer Deutung Sinn zu kosten,
Ein Selam, der die Liebende erbaut.

Durch jenen Bogen trat der kalte Norden
Bedrohlich unserm friedlichen Geschick.
Die rauhe Nähe kriegerischer Horden
Betrog uns um den flüchtgen Augenblick.

Dem kühlen Brunnen wo die klare Quelle
Um grünbekränzte Marmorstufen rauscht,
Entquillt nicht leiser, rascher, Well auf Welle,
Als Blick um Blick, und Wort um Wort sich tauscht.

O schließt euch nun ihr müden Augenlider!
Im Dämmerlicht der fernen schönen Zeit
Umtönen mich des Freundes hohe Lieder,
Zur Gegenwart wird die Vergangenheit.

Aus Sonnenstrahlen webt ihr Abendlüfte
Ein goldnes Netz um diesen Zauberort.
Berauscht mich, nehmt mich hin, ihr Blumendüfte,
Gebannt in euren Kreis, wer möchte fort?

Schließt euch um mich, ihr unsichtbaren Schranken,
Im Zauberkreis, der magisch mich umgibt,
Versenkt euch willig, Sinne und Gedanken,
Hier war ich glücklich; liebend und geliebt.[9]

Wenn das dem Gedicht vorgesetzte Datum stimmt, woran zunächst kein Zweifel bestehen kann, so ist es allerdings nicht, wie es, wenn man es isoliert betrachtete, erscheinen möchte, auf dem Heidelberger Schloß, sondern auf der Gerbermühle am Main entstanden. Denn am 28. Juli 1824 liegt jene Reise, die von den Willemers kurz nach dem 20. Mai angetreten worden war [10], bereits hinter ihnen. Eckermann hat sie an diesem 28. Juli mit seinem Besuch überrascht: „und während er mit Willemer im Garten ist," schreibt Mariane an Goethe, „kann ich mir nicht versagen, wenn auch eilige, doch herzliche Worte an den Freund zu senden". [11] Auf diesen Tag des Eckermann-Besuchs ist das Gedicht datiert, wenngleich erst vier Wochen später zusammen mit dem Brief vom 25. August abgesandt. Natürlich schließt das nicht aus, daß die Konzeption der Verse in die Zeit der frischen Begegnung mit dem altvertrauten Ort zurückreicht. Aber einen entscheidenden Anstoß zur Dichtung gab dann doch wohl das Gespräch über den Freund. Eckermann „beantwortete alle unsere vielen Fragen nach Ihnen zu unsrer großen Freude". [12] Ein solches Gespräch rückt den Freund natürlich nahe, anders als das die Erinnerung vermag, da es ja auch unmittelbare Gegenwart berührt und nicht nur aus Vergangenem leben muß.

Merkwürdig möchte der Wunsch erscheinen, den Mariane ihrem schriftlichen Gruß an Goethe beifügt. „Der Himmel möge es dem guten Eckermann verzeihen, wenn er vergebliche Hoffnungen in uns genährt, und es ihm auf seiner Reise nicht entgelten lassen." [13] Die Liebende hört aus Eckermanns Andeutungen, die, wie der folgende Brief kundtut, Goethes Vorhaben einer Reise an den Main betroffen haben müssen, unterschwellig bereits genau, daß sie „vergebliche Hoffnungen" nähren. Goethes unverzüglicher Antwortgruß gibt ihr rasche Bestätigung. „Die Lust zu einem wirklich vorgehabten Ausflug, um liebe Freunde, wenns auch nur eilig wäre, zu besuchen, vermindert sich mit jedem Tage." [14] Goethe scheut sich, anstehende Arbeiten zu unterbrechen, und bittet in diesem Brief vom 1. August seinerseits, „desto fleißiger und freundlicher zu schreiben" und ihm Artischocken zu übersenden, für deren Erhalt er schon am 16. August dankt. [15] Liebesgaben auf den Weg nach Weimar zu bringen, zeigt sich die Freundin am Main unermüdlich. In dieser Form des Gebens erweist sie ihre in den schon Jahre zurückliegenden wenigen Frankfurter und Heidelberger Tagen von 1814 und 1815 gefaßte Liebe [16] unentwegt. Und es ist schon ein besonderes Zeichen von Ungeduld, wenn sie ihren Brief vom 28. Juli mit den Worten beschließt: „nur dies eine noch, daß ich doch wohl einiger Zeilen gewürdigt werden möchte, auf die ich mit Verlangen harre." [17]

Das Gespräch mit Eckermann hat den fernen Freund jäh vergegenwärtigt. Das Verlangen wenigstens nach einigen Zeilen von ihm tritt in den Vordergrund und wird gerade in der Gewißheit nun nicht unterdrückt, daß man zwar fest an den Wünschen hängt, deren Erfüllung so nahe schien, aber doch deren Vergeblichkeit kennt. „So wäre denn jede Hoffnung, Sie hier [auf der Gerbermühle] zu sehen, verschwunden?“ [18] Diese den Brief vom 15. August einleitende Frage verdeutlicht, wie schwer es Mariane von Willemer fällt, sich mit ihrer Gewißheit abzufinden und die mächtige Wirklichkeit anzuerkennen, daß sie sich sogleich über sich selbst wundern muß: „Es ist doch eigen: erst versagte ich mir jede Hoffnung, und nun kann ich mich kaum von ihr trennen.“ [19] Und Willemer setzt darunter: „Ich bin gewohnt, schöne Hoffnungen nicht in Erfüllung gehn zu sehen.“ [20] Immerhin sieht sich Mariane durch Goethes Ermunterung, „desto fleißiger“ zu schreiben und von der Reise etwas vernehmen zu lassen [21], zu einem längeren Bericht aufgefordert, den sie jedoch nicht umhin kann mit dem Nachsatz zu schließen: „Verzeihen Sie, geehrter Freund, wenn ich Sie ermüdet oder Ihre Zeit geraubt, und halten Sie mir diese kleine Entschädigung zu Gut, die ich mir auf diese Art nehme, denn Ihre Gegenwart würde mich noch unbescheiden gemacht haben.“ [22]

Goethe verweist noch einmal in seiner Erwiderung auf die wirklich vorgehabte „eilige Tour“ und bekennt: „So betrügt mich ein Sommer nach dem andern um meine liebsten Wünsche.“ [23] Gerade in Hinblick auf den bevorstehenden Geburtstag des nun fünfundsiebzigjährigen Freundes tritt seine Abwesenheit um so schmerzlicher ins Bewußtsein und erzeugt auf diese Weise ein besonders inniges Gedenken, das seinen Ausdruck in dem ‚Heidelberg‘-Gedicht findet. Doch Goethes Dank für die Geburtstagsgrüße verrät auch einen anderen Hinderungsgrund für einen Ausflug zu seinen südwestlichen Freunden, der, wie deutlich wird, insbesondere durch Marianens Gedicht die Gestalt einer inneren Exkursion annimmt. Es ist die providente Scheu vor erneuertem Trennungsschmerz. Welche Rücksichten sucht man nicht aufeinander zu nehmen! „Wir leben in drehender Bewegung“, schreibt er an Mariane und nimmt den Abschied des Erbgroßherzogs Carl Friedrich und seiner Gemahlin, die nach Petersburg gehen, zum Anlaß für eine bedeutungsvolle Nachdenklichkeit. „Bei einem solchen Scheiden, was kommt da nicht alles zur Sprache, bei jeder Trennung wird empfunden, was eine befriedigte Gegenwart verschweigt; und um nicht noch mehrere Tage mit meinem schuldigen Schreiben zu zaudern, sage ich mit wiederholtem Dank: daß ich seit einigen Wochen von Heidelberg nicht wegkommen kann, und daß jene neubelebten Ruinengärten als Hintergrund aller Pflichtgefühle, aller Geschäfte und Zerstreuungen unwandelbar mir vor den Augen stehen."[24] Beinahe unvermittelt streben die Gedanken über die Trennung jenem Ort der Gemeinsamkeit zu. Das ist keine Äußerung aus einer „befriedigten Gegenwart", aber sie sucht die fern Gegenwärtige zu befrieden, indem sie der Briefschluß auch versichert: „treu anwesend Goethe".[25]

Hervorgerufen wird diese Versenkung ins wirklich Gegenwärtige, das macht Goethes Bekenntnis, von Heidelberg nicht wegzukommen, deutlich, vor allem durch das auf „den 28. Juli abends 7 Uhr" datierte Gedicht, das dem in der Ferne Weilenden somit verrät, wie innig das Gedenken und wie mächtig die Erinnerung ist, die in den Versen selbst auch zum Ausdruck kommt. Am Tage des Eckermann-Besuchs taucht die Dichterin ganz in die Imagination der Vergangenheit und lenkt des Freundes Gedanken in die gemeinsamen Heidelberger Tage zurück. Allerdings erstaunt die Angabe der Uhrzeit, die zunächst glauben machen mag, es handele sich um eine zeitlich genau ausgewiesene wirkliche Begehung des Heidelberger Schloßgartens. Sie hätte für sich, daß man anzunehmen geneigt sein könnte, die Verfasserin habe sich im Datum geirrt, oder es habe sich infolge imaginativer Kraft bereits das Geburtsdatum des 28. in die Datierung des Gedichts geschmuggelt. Ein solcher Irrtum müßte letztlich schon deshalb verwundern, weil er einzig dastünde und ausgerechnet das wichtige Gedicht beträfe. Vielmehr zeigt die Zeitangabe dem Empfänger an, wie wenig sich die Liebend-Geliebte vom Ort ihrer Liebe zu entfernen vermag, von dem dann auch der Freund nicht wegkommt, daß man geneigt sein möchte, Goethes Erwiderung auf ihre Verse „Zarter Blumen reich Gewinde", die Mariane ihm zum Geburtstag im folgenden Jahr widmet, auch auf das ‚Heidelberg'-Gedicht mit zu beziehen.

> Zärtlich willst du mir beweisen
> Du empfindest in der Ferne
>
> Was ich in der Fern empfinde,
> So als wär kein Raum dazwischen [.][26]

So erscheint in Marianes ‚Heidelberg' in einem doppelten Sinne Distanz überwunden, als es vom Main und in Hinsicht auf den Empfänger von Weimar an den Neckar versetzt und zeitlich zwar die neuerliche Begegnung mit dem Ort wohl zum Anlaß, aber das zurückliegende und im Erinnern kaum versiegte Erleben zum Gegenstand nimmt, „als wär kein Raum dazwischen".

Diese unbedingte Nähe bewahrt das Gedicht. Es schlägt aus seiner biographischen Bindung heraus um den „Zauberort", einen Ort verklärenden Andenkens, den „Zauberkreis" der Poesie und erhält im poetischen Gedächtnis auch den *„westöstlichen* Garten" des ‚Divan'. Im Aufbau des Gedichtes ist diese Überwindung der Distanz nachzuvollziehen. Die beiden einleitenden Grußstrophen versetzen in jenen „Friedensraum" des Gartens, der als ein westöstlicher Garten der Begegnung in den folgenden vier Strophen vergegenwärtigt wird. In den drei Schlußstrophen verklärt sich der Ort des Andenkens vollends, an dem Vergangenes zu vergegenwärtigen gelingt und auf diese Weise das Glück des erfüllten Augenblicks erlaubt, dem sich das lyrische Ich für einen Moment „willig" überläßt. Die neun regelmäßigen Strophen bilden Vierzeiler aus jambischen Fünfhebern mit von weiblichem zu männlichem Versende wechselnden Kadenzen im Kreuzreim. Diese Strophenform, bis ins achtzehnte Jahrhundert verhältnismäßig selten verwendet, wird durch die ihr im ‚Divan' erschlossenen Ausdrucksmöglichkeiten geradezu eine klassische Form des Liebesgedichts und schließlich die häufigste Strophenform des zwanzigsten Jahrhunderts.[27] Es ist die im ‚Buch Suleika' zumeist von Hatem gebrauchte „Suleikastrophe"[28], deren katalektischer Ausgang das Strophenende deutlich markiert, aber auch die Strophe selbst merklich in zwei Hälften gliedert, indem das Metrum die rhythmische Bindung von je zwei Versen begünstigt. Schon in der Wahl der dichterischen Form also erkennen wir eine Wiederaufnahme der Suleika-Rolle, mit der Mariane von Willemer an die poetische Zwiesprache im ‚West-östlichen Divan' anknüpft.

Wie in den beiden einleitenden Strophen das lyrische Ich die „Räume", den „Fürstenbau", die „Bäume" und „des Himmels tiefes Blau" grüßt, wobei die Reimworte zugleich jeweils das Objekt des Grüßens hervorheben, so kommt diesem Ich selbst gleichfalls ein „Liebesgruß" zu, nämlich örtlich „In diesem blütenreichen Friedensraum" und zeitlich „Aus meines Lebens freudevollstem Traum". Die Halbierung der Suleikastrophe ist gleich eingangs auch dadurch betont, daß Vers eins und drei identisch mit „Euch grüß ich" einsetzen und somit eine Parallele aufbauen, die ebenso den historischen Raum und seine Architektur, „lichtumfloßne Räume" und den „Fürstenbau", miteinbezieht wie den gewachsenen Raum der Natur. Besonders eindrucksvoll werden dabei zum einen die weiten Räume als lichtumflossene in Opposition zum Dach der hohen, dichtumlaubten Bäume gesetzt; zum anderen tritt der Fürstenbau als reichbekränzter zwar in Parallele zu den dichtumlaubten Bäumen, erscheint aber zugleich abgegrenzt gegen „des Himmels tiefes Blau". Die Einheitlichkeit dieses willkommenen Ortes bringen darüber hinaus die verwandten Reime zum Ausdruck, die im Wechsel von Plural zu Singular sonst nur zwischen ‚au' und umgelautetem ‚äu' variieren. Eine weitere kunstvolle Fügung tritt in den ausgesprochenen Eigenschaften auf, deren Adjektive paarweise aus einem Grundwort und einem Kompositum bestehen: weit und lichtumflossen, alt und reichbekränzt sowie hoch und dichtumlaubt. Daß der Blick nicht an der Oberfläche verweilt, sondern den Raum durchdringt, bestätigt die Wahrnehmung einer weiteren Dimension, indem sich zu weit, alt und hoch schließlich „des Himmels tiefes Blau" findet. Somit ist der Raum auch in den Bereich der Sehnsucht hinein entgrenzt.

Auf die Parallelität in ihrem Aufbau macht die zweite Strophe ungleich verhaltener durch den alliterierenden Eingang der Verse eins und drei, „Wohin" und „Wird", aufmerksam. Alles in diesem „Friedensraum" vermag dem Ich einen „Liebesgruß" zu senden, nach dem das Auge den Blick forschend wendet. In hochzeitlichem Schmuck, nämlich blütenreich, gibt sich der Friedensraum zu erkennen. Und der Liebesgruß bildet als ein leiser insofern einen eigenen Kontrast zur Aussage, als er aus dem einzigen Superlativ, aus des Lebens „freudevollstem Traum", herübertönt und erneut belebt. Daß so wie „Friedensraum" auf „Fürstenbau" auch „Blau" auf „Traum" assoniert, verstärkt außerdem die innere Zusammengehörigkeit beider Eingangsstrophen, die im Superlativ ausdrücklich gesteigert erscheinen und zudem mit dem Wort vom Traum an die Grenze der Erinnerung heranführen, da er in den folgenden vier Strophen poetische Wirklichkeit gewinnt.

Die in den Strophen drei bis sechs wiedererkannten Zeichen jenes Traumes führen durch den Tempuswechsel in die Vergangenheit: „War eine Zeit sein Kommen und sein Gehn". Doch alterniert der Tempusgebrauch in den vier Traumstrophen. Wie in der dritten herrscht auch in der fünften das Imperfekt, jene ‚raunende Beschwörung' der Vergangenheit,[29] wohingegen die Strophen vier und sechs im Präsens stehen. Erst der letzte Vers des Gedichts lenkt noch einmal auf die Ebene des Präteritums zurück. Die vier Strophen addieren, wie Vers fünf andeutet: „Wohin den Blick das Auge forschend wendet", gewissermaßen ausführlicher einzelne Stellen an dem Ort, durch deren Wiedererkennen sich das lyrische Ich der einst erlebten Wirklichkeit vergewissert. Der Blick fällt dabei auf der Terrasse hohes Berggeländer, auf nicht mehr auszumachende „Zeichen", auf jenes „Baumsblatt" des Ostens sowie auf die Halle und schließlich auf den Brunnen und seine Marmorstufen. Alle diese Elemente sind im Umkreis des Heidelberger Schloßgartens angesiedelt und weisen ihn als den geographischen Ort aus, der die Versenkung in die Vergangenheit zum Ereignis werden läßt.

Der Blick schweift in der Bewegung der vier Stropheneingänge zum ersten Halt „An der Terrasse", nimmt „Dort jenes Baumsblatt" wahr, erinnert die Horden, die „Durch jene Halle" kamen, und verweilt zuletzt bei „Dem kühlen Brunnen". Die Einheit dieser Strophen wird nicht nur durch die Assonanz des ersten und letzten Verses, nämlich „An" und „Als" jeweils zu Beginn des 9. und 24. Verses, gerahmt, sondern auch durch die Sequenz der alliterierenden Stropheneingänge „Dort", „Durch", „Dem" gewahrt und betont. Außerdem aber ist die Blickführung durch einen Rhythmuswechsel eingeleitet, mit dem das jambische Gleichmaß im Moment der konkreten Wahrnehmung durch daktylische Verseingänge unterbrochen wird, die sodann Trochäen nach sich ziehen. Läßt sich nämlich auch schon im Gedichteingang wahlweise anstatt der jambischen Betonung „Euch grüß ich" (v–́v) auch ein hinzeigendes daktylisches Beginnen, „Euch grüß ich" (–́v v), rechtfertigen, so ist in den Versen neun und zehn der Fingerzeig in „An der Terrasse" (–́v v –́v), obendrein alliterativ, und „War eine Zeit" (–́v v–́) eindeutig. Zu einer ebensolchen Lesung fordern auch die Verse 13: „Dort jenes Baumsblatt" (–́v v–́v) und 15: „Gibt mir geheimnisvollen Sinn" (–́v v–́v–́v–́) heraus, während ab Vers 17 der Atem wieder gleichmäßig geht und das jambische Metrum wiederhergestellt ist, bis es in der letzten Strophe nochmals den rhythmischen Wechsel beobachtet.

Das veränderte Atmen, in dem das sprechende Ich mit der konkreten Erinnerung im Blick momentan erzittert, verrät innere Teilnahme, die sich jedoch gleich wieder beruhigt gibt. Gerade beim Eintritt in die Unmittelbarkeit jenes westöstlichen Gartens ist diese Bewegung spürbar und ist es erst dann noch einmal am Ende des Wegs, den das Gedicht zurücklegt. Auch durch Assonanzen sind die Strophen verklammert, wie die Reime der Verse 13/15 „Osten/Kosten" und der Verse 17/19 „Norden/Horden" zum einen und der Verse 14/16 „anvertraut/erbaut" sowie 22/24 „rauscht/tauscht" zum anderen erkennen lassen, die zudem ihrerseits auf die Verse 2/4 und 6/8 im Gedichteingang assonieren, wie auch auf die Verse 5/7 „wendet/sendet" dort die Verse 9/11 „Berggeländer/Unterpfänder". Dagegen erscheinen die abschließenden drei Strophen gleichsam unverbunden.

Die Fügung zur siebenten Strophe veranschaulicht den Absatz, indem sie mit einem emphatischen „O!" einsetzt, das auf die sozusagen durch die assonanten Eingänge des Anfangs- und Schlußverses (v. 9 und 24) markierte Hermetik des Ortes folgt und das Finale mit dem Schlußbuchstaben des griechischen Alphabets anheben läßt, der gleichzeitig auf dessen Anfang in der Assonanz von „An“ und „Als“ zu antworten imstande ist und auf diese Weise den Kreis jener poetischen Erlebniswelt zu runden vermag. Grammatisch betrachtet konstatieren die ersten sechs Strophen ein Verhältnis zu der zur Sprache kommenden Umgebung, das sich in Aussagesätzen der ersten und dritten Person mitteilt. Mit Ausnahme des passiven Liebesgrußes, den das Ich empfängt, stehen sie im Aktiv. Die letzten drei Strophen aber durchzieht eine Reihe von Wünschen, die jeweils den in die weibliche Kadenz ausschwingenden Vers erfüllen. Die Sequenz der Imperative, alle in der zweiten Person Plural, bezieht nacheinander, wobei von einer Ausnahme (v. 27) noch zu sprechen sein wird, die Vokative mit ein, als welche sich die Reimwörter der Verse 25 bis 35 (außer v. 27) erkennen lassen, und erfaßt so „Augenlider/hohe Lieder“, „Abendlüfte/Blumendüfte“, „Schranken/Sinne und Gedanken“. Die Wunschsequenz greift zunächst scheinbar das Objekt „euch“ des Gedichteingangs wieder auf, heißt aber nun im Unterschied dazu gerade nicht das Licht der Außenwelt zu grüßen, sondern im Gegenteil die Augenlider zu schließen.

Die Halbierung der Suleikastrophe wird insofern beobachtet, als das Objekt, auf welches sich die Exhortation richtet, in der Langzeile des zweiten Verspaars im Unterschied zum ersten das lyrische Ich selbst ist. So treten „schließt euch [...] ihr Augenlider“ und „webt ihr Abendlüfte“ als auch „Umtönen mich [...] Lieder“ und „Berauscht mich, nehmt mich hin ihr Blumendüfte“ in Parallele. Aber auch die Verse mit männlicher Kadenz gehorchen, wenngleich differenzierter, diesem Parallelismus. Denn einerseits korrespondieren die zweiten Strophenverse miteinander, nämlich „Im Dämmerlichte“ und „Ein goldnes Netz“, die zur atmosphärischen Verklärung sowohl „jener schönen Zeit“ als auch „um diesen Zauberort“ beitragen. Andererseits schließen die Strophen mit Resumés, die gleichsam in zwei Schritten die Unentrinnbarkeit des Ich aus diesem Ort andeuten. Zuerst heißt es: „Zur Gegenwart wird die Vergangenheit.“ Die Erinnerung imaginiert das Vergangene im Jetzt, in welchem sich das Ich von Abendlüften und Blumendüften berauschen und hinnehmen läßt, so daß es zweitens bemerken muß: „Gebannt durch eure Macht kann ich nicht fort.“ In diesen Bann geraten, ergibt sich das Ich endlich weiterem Wünschen.

Wie die drittletzte beginnt die letzte Strophe wunschvoll: „Schließt euch“, womit das lyrische Ich aus dem Bannkreis des westöstlichen Gartens heraustritt, um ihn in diesem transitorischen Augenblick vollends in seine innere Erlebniswelt aufgehen zu lassen. Bei geschlossenen Augen wird die Vergangenheit erst wirklich gegenwärtig. Im Umherblicken hat sich das Ich des Ortes vergewissert. Aber jetzt „Umtönen mich des Freundes hohe Lieder". Der Garten ist in seiner verinnerlichten Gestalt nun auch von synästhetischen Phänomenen erfüllt. Sogar die Abendlüfte und Blumendüfte gehören in den Zusammenhang dieser reichen Erlebniswelt. Das Gesehene vervollkommnen die Lieder des Freundes. Im identischen Reim von „Augenlider" und „hohe Lieder" findet auch der äußerlich nicht wahrnehmbare Wechsel seinen adäquaten Ausdruck. „Im Dämmerlichte jener schönen Zeit" wird das Vergangene gegenwärtig und durchdringt die „Abendlüfte", worin sich das Datum „abends 7 Uhr" bestätigt. Der poetische Augenblick zieht alles als vergangen Empfundene in seine Gegenwart zusammen. Das lyrische als das darein gebannte Ich aber überläßt sich ihm nicht nur, sondern fordert vielmehr dazu auf: „Versenkt euch willig Sinne und Gedanken", um mit einem unmißverständlichen Bekenntnis zu schließen: „Hier war ich glücklich, liebend und geliebt." Das abschließende Präteritum gibt noch einmal einen Rückblick, nun auch aus dem Ganzen der imaginierten Vergegenwärtigung, denn das „Hier", in welchem alle Bestimmungen dieses Ortes zusammenschießen, weist diesen westöstlichen Garten als Ort der Liebe aus.

Die letzte Strophe, die in den bekenntnishaften Schluß mündet, der wie am Ende der Strophen sieben und acht ein nun allerdings in die Vergangenheit blickendes Resumé zieht, beginnt damit, daß sie die verschiedenartigen Wunschadressen jener vorausgehenden Strophen, deren Hälften im Wechsel zum Akkusativobjekt „mich" alternieren, in eine einzige zusammenzieht. So sind die Exhortationen wie „schließt euch" und die Beziehung auf das Ich wie „Umtönen mich" additiv in einen Vers verschränkt: „Schließt euch um mich ihr unsichtbaren Schranken". Aber noch in anderer Hinsicht bildet die letzte Strophe eine Summe aus dem Gedicht. Die „unsichtbaren Schranken" lassen nämlich vollends erkennen, daß sich zum einen der westöstliche Garten in einen ätherischen Raum verflüchtigt und zum andern das lyrische Ich diesen nicht nur erinnert, sondern auch zusehends verinnerlicht hat. Dadurch tritt das Ich selbst in die Mitte des gewonnenen Zauberkreises. Wenn wir auf die der Silbenzahl der Verse gegenläufige Anzahl der Wörter achten, erweist sich die Strophe entgegen dem zuvor bemerkten Parallelismus, wie er dem Typus der Suleikastrophe entspricht, nun als symmetrisch gebaut, da die Verse im Verhältnis der Wörter von 7 : 6 : 6 : 7 gegliedert sind. Die wohl auch aus diesem Grund zusammengehörigen Mittelverse aber zentrieren syntaktisch den Relativsatz: „der magisch mich umgibt", der in den Hauptsatz „Im Zauberkreis [...] Versenkt euch" eingebettet ist. Der Hinweis auf das Umgeben also wird vom auf den „Zauberkreis" bezogenen Hauptsatz umklammert oder, pointiert mit einer Lieblingswendung Goethes, das Umgebende ist selbst umgeben wie das Umfangende umfangen oder auch, mit Rücksicht auf den letzten Vers in Marianens Gedicht, die Liebende geliebt, womit die Wendung auch als eine panerotische Vereinigungsformel ausgewiesen erscheint. Das lyrische Ich aber bildet zugleich auch den Mittelpunkt der aus Haupt- und Relativsatz bestehenden syntaktischen Einheit, weil es im Sinne abbildender Wortstellung, wie im Vers zuvor auch, numerisch die Mitte einnimmt: „Im Zauberkreis der magisch *mich* umgibt, / Versenkt euch willig". Überdies wird dieser Konnex auch dadurch unterstrichen, daß die zweite Strophenhälfte sich dem alternierenden Schema der beiden vorhergehenden Strophen verweigert und das Akkusativobjekt „mich" nicht noch einmal wiederholt, weil es bereits in den zentrierten Relativsatz eingeschmolzen ist. Außerdem betont der Abbruch der Alternation auch das Ende der Wunschsequenz. Vor allem aber öffnet das Ich „Sinne und Gedanken", auch in dieser Beziehung unmittelbar auf die reimenden „Schranken" erwidernd, dem Zauber der Imagination, ohne in Sehnsucht zu vergehen. Schon der Reim in den Versen 22 und 24 ist diesbezüglich aufschlußreich. Nicht ein unerfüllt bleibendes romantisches Sehnen wünscht Erwiderung oder Ergänzung im Verhältnis von Lauschen und Rauschen, sondern der Tausch der Worte begleitet vielmehr das Rauschen der Quelle. Dieses Neben- und Ineinander erwirkt eine Harmonie, die in ihrer poetischen Verwirklichung ebenso das Erfülltsein gesteht, wie sie bekennt, daß dieses, obzwar poetisch zu vergegenwärtigen, dennoch vergangen ist. Darum birgt der Wunsch „Versenkt euch" keine Redundanz. Denn erst im Eingeständnis einstigen Glücks kann die Gegenwart daran teilhaben: „Hier war ich glücklich, liebend und geliebt." Dabei ist es für das Ich gewiß nicht so sehr bedeutungsvoll, gleichsam in Klimax „glücklich, liebend und geliebt" zu sein, als vielmehr summarisch glücklich zu sein, indem es sich „liebend und geliebt" weiß. Darum rückt auch das Glück, „glücklich", in den Mittelpunkt des letzten Verses. Im Brennpunkt des deiktischen „Hier" steht so das liebende und geliebte Ich, das sich im Augenblick der Verklärung zum einen in den westöstlichen Garten versetzt sieht und zum andern im Heidelberger Schloßgarten wiederfindet.

Diese Doppelung verlangt zwiefache Rücksicht. Sie gilt noch einmal den vier Strophen, die auf das Ambiente des Schloßgartens zu Heidelberg Bezug nehmen. Denn als eine Folie des Gedichts ist diese Verbindung unverkennbar, obzwar ihn kaum jemand ohne die Angaben des Gedichts und des Briefwechsels zweifelsfrei zu ermitteln vermöchte. Dem Bezug zum ‚Westöstlichen Divan' aber soll das zweite Augenmerk gelten. Vorerst also wird nochmals der Zusammenhang mit Heidelberg in den Vordergrund gerückt, der erst dann weiterzuführen vermag, wenn den „reichbekränzten Fürstenbau" mit dem Heidelberger Schloß zu identifizieren gelungen ist, was die Überschrift erlaubt, die jedoch im Hinblick auf den ersten Empfänger der Verse nicht verlangt war. Damit aber erscheint das Gedicht, ohnedies schon durch seine poetische Qualität ausgewiesen, erst recht aus dem Kontext der Gelegenheitspoesie und der Casualcarmina[30] herausgerissen. Nicht weil es eine Frau gedichtet hat, sondern weil es vollendete Poesie ist, gehört das Gedicht in die Anthologien, in denen man es vermißt.

Wie schon angemerkt, erfaßt der schweifende Blick in den Strophen drei bis sechs Einzelheiten des Heidelberger Schloßgartens, deren genaue Lokalisierung und Bedeutung für das Gedicht keineswegs belanglos sind. Von den vier Strophen widmet sich jede einem bestimmten Element des Gartens. Diese sind nacheinander die Terrasse und ihr hohes Berggeländer, heute die Scheffelterrasse, der östliche Baum, nämlich die Ginkgo biloba, die Halle sowie schließlich der Brunnen. Die Assonanzen bündeln diese Verse, wie gesehen, innerhalb des Gedichts. Den Wechsel, der in der Eingangsstrophe Architektur und Natur berücksichtigt, vollziehen diese Strophen dergestalt nach, daß die Architektur von Terrasse und Halle mit der Natur von Baum und Quell alterniert. Der kunstvolle Zusammenhang, der den östlichen Baum in einen westlichen Garten verpflanzt oder die Quelle in der Architektur des Brunnens mit Marmorstufen faßt, macht diesen Wechsel nur beziehungsreicher.

Die poetisch versammelten Örter sind im einst als „achtes Weltwunder" gepriesenen Hortus Palatinus leicht auszumachen, den Salomon de Caus im Auftrage des pfälzischen Kurfürsten Friedrich V. anlegte und dabei den aus der alten Burg hervorgegangenen Fürstenbau des Schlosses mit Terrassengärten umgab.[31] Auffälligstes und weit in die Rheinebene hin sichtbares Merkmal ist die in hohen Bogen an den Berg im Osten angelehnte Stützmauer, die es erlaubte, den Garten als eine Terrasse hochzulegen. Als Vorbild hierfür dürfen vielleicht die sogenannten Hängenden Gärten der Semiramis gelten, die in der Steigerung der sieben Weltwunder die erste Stelle einnehmen, weshalb der Renaissancegarten nun in den Augen der Zeitgenossen die achte Stelle und somit einen neuen Rang beansprucht, weil er außerdem mit mechanischen und musikalischen Wasserspielen und mythologischen Szenen bereichert war, die im Dreißigjährigen Krieg zerstört worden sind.[32] Auf die mächtige Stützmauer des östlichen Gartens, die so augenfällig ist, bezieht sich, auch deshalb sinnvoll zuerst, der Vers „An der Terrasse hohem Berggeländer", worin das Bauwerk zwar erkennbar, aber doch verhältnismäßig unpräzise bleibt. Die spätere Fassung des Gedichts spricht dagegen so genau wie einprägsam: „Auf der Terrasse hoch gewölbten Bogen".[33] Diese Formulierung stellt auch insofern eine Verbesserung dar, als das neue Reimpaar „Bogen/gezogen" den beiden folgenden Strophen eine weitere Assonanz gewinnt und den Zusammenhalt der Gartenszenerie zusätzlich verdichtet. Es ist übrigens bemerkenswert, daß gerade die vier hierauf bezogenen Strophen die häufigsten Änderungen in der Überarbeitung erfahren, wie ein Überblick veranschaulicht, der jeweils den vollständigen Vers wiedergibt, in welchem die Änderung kursiviert erscheint.

v. 6	In diesem blütenreichen *Friedens*raum,	>	In diesem blütenreichen *Wunder*raum,
v. 8	*Aus meines Lebens freudevollstem* Traum.	>	*O freud- und leidvoll, schöner Lebens*traum.
v. 9	*An* der Terrasse *hohem Berggeländer*	>	*Auf* der Terrasse *hochgewölbten Bogen*
v. 11	Die *Zeichen, treuer Neigung Unterpfänder,*	>	Die *Chiffer von der lieben Hand gezogen*
v. 12	*Sie sucht ich, und ich kann sie nicht erspähn.*	>	*Ich fand sie nicht, sie ist nicht mehr zu sehn.*
v. 15	Gibt mir *geheimnisvollen* Sinn zu kosten	>	Gibt mir *geheimer Deutung* Sinn zu kosten,
v. 16	*Woran sich fromm* die Liebende erbaut.	>	*Ein Selam, der* die Liebende erbaut.
v. 17	Durch jene *Halle* trat der *hohe* Norden	>	Durch jenen *Bogen* trat der *kalte* Norden
v. 32	Gebannt *durch eure Macht kann ich nicht* fort.	>	Gebannt *in euren Kreis, wer möchte* fort?[34]

In Verbindung mit unserer Betrachtung der Örter in diesem Garten muß folglich außer der Bearbeitung im 9. allein die im 17. Vers berücksichtigt werden, weil von den übrigen Änderungen das Lokale selbst unberührt bleibt. Denn die Zeichen (v. 11) sind ohnehin verschwunden, so daß sich ihren Ort zu ermitteln erübrigt. Über den Standort der Ginkgo biloba aber gibt die Schilderung der mit den Willemers verwandten Emilie Kellner Aufschluß, die vom letzten Aufenthalt Marianes in Heidelberg u. a. berichtet: „Als wir [Mariane von Willemer und Emilie Kellner] zur Gesellschaft zurückkehrten, hatte sie sich gefaßt, blieb aber still. Im Heraustreten aus dem Schloßhofe, wenn man sich rechts wendet, gleich vornen am Wege in der Anlage, steht der Baum Gingobiloba." Hier sei Mariane stehengeblieben und habe gesagt: „Dies ist der Baum, von welchem er mir damals ein Blatt brach und schenkte und mir dann das Gedicht machte und zuschickte."[35] Der Baum stand also damals in der Anlage im westlichen Schloßgarten, so daß die Augen auf dem Weg von der Terrasse zum Baum von Osten nach Westen schweifen. Hierauf fällt der Blick auf „jene Halle", durch die Soldaten in den Schloßgarten gelangt sind. Es kommt dafür wohl nur die Torhalle des Brückenhauses in Frage, durch welche man aus dem Innenhof des Schlosses kommend in den Garten tritt. Verbündete Truppen, Bayern und Österreicher sowie Russen, rückten 1815 ein und nahmen in Heidelberg Quartier. Am 25. Mai wurde nach der Rückkehr Napoleons von Elba und dem Wiederaufleben der Kämpfe das Hauptquartier der verbündeten Armeen nach Heidelberg verlegt und verblieb in der Stadt bis zum Beginn der Offensive. Am 23. Juni allerdings, zwei Tage nachdem in Heidelberg die Nachricht vom Siege Wellingtons und Blüchers bei Waterloo eingetroffen war, verließ das Hauptquartier bereits wieder die Stadt. Auf dem Rückmarsch von Frankreich kamen dann noch einmal russische Kolonnen durch Heidelberg.[36] Emilie Kellner läßt Mariane von Willemer erzählen: „Hier [im Schloßgarten] schrieb er mit seinem Stock mir einen Vers in den Sand und dann wurden wir durch eine Horde jubilirender Studenten und Soldaten gestört."[37] Dem Gedicht zufolge gelangten diese Horden, die an der Nordseite von der Stadt zum Schloß gestiegen waren, nach Überqueren des Schloßhofes durch jene Torhalle in den Garten. Die Personifikation „der hohe Norden" bezeichnet dabei exakt die Richtung, aus welcher jener Einbruch in den Friedensraum des Gartens erfolgt ist. Wenn die Überarbeitung die Halle auf ihren Torbogen reduziert, betont sie das Hindurchtreten stärker, während die frühere Fassung mit der Halle eher einen Raum suggeriert. Wenn der „hohe" beziehungsweise „kalte Norden" gleichsam wie der Kriegsgott Mars den Frieden bedroht, so lassen sich damit auch die russischen Truppen in Verbindung bringen, die, zumal der Baum aus dem Osten stammt, nicht ganz zu Unrecht als nördliche Eindringlinge empfunden werden. Vor allem in Hinblick auf den „kühlen Brunnen" bleibt der „kalte Norden" so bedeutungsschwach, wie er als der „hohe Norden" mißverständlich erscheinen kann, da man mit den russischen Soldaten nicht unbedingt Bewohner des Polarkreises verbindet. Den Brunnen aber hat Günther Debon einleuchtend an der bergwärts gelegenen, südlichen Seite des Schloßgartens lokalisieren können[38], so daß die von Nord nach Süd schweifenden Augen jetzt die zuvor in der Ost-West-Richtung genommene Blickachse kreuzen. Damit überlagern die geographischen Achsen auch die Verbindung von Architektur und Natur und verschränken, indem sie eine schematische Polarität von architektonischem Bestand im Norden und Osten sowie des Naturraums im Süden und Westen vermeiden, beide alternierend und gekreuzt ineinander.

Erweist sich der Heidelberger Schloßpark durch die biographische Bindung Mariane von Willemers und Goethes als Ort der Liebe, an den zu denken die Liebende sich ins Dämmerlicht „jener schönen Zeit“ versenkt, so führt auch seine Charakterisierung als „*westöstliche[r]* Garten“ über poetische Grenzen hinaus zum ‚West-östlichen Divan‘. Zwar scheint zunächst nur die aus dem Osten in den westlichen Garten versetzte Ginkgo biloba solches Anknüpfen zu erlauben. Die innigen Verbindungen jener „neubelebten Ruinengärten“ mit dem ‚Divan‘ aber, denen nun unsere Aufmerksamkeit gilt, lassen die Gartenstrophen geradezu als eine Collage aus dem ‚Buch Suleika‘ erkennen. Die persönliche Erinnerung und das poetische Andenken sind in eine untrennbare Einheit verschmolzen. Denn auch in einem ganz wörtlich genommenen Sinn „umtönen“ das lyrische Ich des Freundes „hohe Lieder“. Und tritt er selbst nicht leibhaftig in Erscheinung, so zwingt ihn doch die Macht der Poesie.

„Auf der Terrasse hoch gewölbten Bogen / War eine Zeit sein Kommen und sein Gehn“. Die Erlebniswirklichkeit erlaubt es, Goethe als Gast der Brüder Sulpiz und Melchior Boisserée in Heidelberg durch den Garten des Thibautschen Hauses dank dem Entgegenkommen seines Besitzers[39] steil hinansteigen zu sehen, um auf die große Gartenterrasse des Schloßparks zu gelangen.[40] Hieran erinnert das Gedicht, doch seine Worte führen darüber hinaus, wie das Brunnengedicht im ‚Divan‘ zu erkennen gibt, worin Hatem spricht: „Von Suleika zu Suleika / Ist mein Kommen und mein Gehn.“ (VIII 27, 15 f.)[41] Indem die Dichterin hierauf antwortet, läßt sie sich erneut in ihrer alten Rolle als Suleika vernehmen, in der sie nun allerdings des Imperfekts sich zu bedienen gehalten sieht. Darum heißt es, hier „War eine Zeit sein Kommen und sein Gehn“. In jene Zeit versetzen auch die „Zeichen“, die in der späteren Fassung als „Chiffer“ wiederkehren und somit deutlicher noch auf den ‚Divan‘ Bezug zu nehmen vermögen. „Die Chiffer ist zur Hand“ (VIII 37, 10), heißt es da, und in sprechender Verbindung zu Vers elf zudem: „Doch da war von deiner Hand / Meine Chiffer leis gezogen“ (VIII 27, 4 f. vgl. 37, 5). Besonders eng ist der Zusammenhang zwischen der vierten Strophe und der Eingangsstrophe von

‚Gingo biloba‘ (VIII 10). Von wörtlichem Zitat aber ist denn doch nicht zu reden. Denn die Geste des Weisens, wie sie den Kreis der Erinnerung zieht, rückt von der Unmittelbarkeit der Vorlage ab. Beide Male spricht zwar ein lyrisches Ich, doch ist es diesmal Hatem und dann offensichtlich noch einmal die in ihrer Suleika-Rolle Sprechende, die beide auch über die zeitliche Distanz hinweg ein Gespräch zu führen scheinen. Dabei beansprucht Hatem den Garten als den seinigen:

> Dieses Baums Blatt, der von Osten
> Meinem Garten anvertraut,
> Gibt geheimen Sinn zu kosten,
> Wie's den Wissenden erbaut. (VIII 10, 1–4)

Da die spätere Strophe die Reime der Vorlage wahrt, klingt sie als deren Echo nach, das einerseits eine intime Nähe andeutet, andererseits aber den Ort des Gartens zugleich in einen Raum weitet. Dem entsprechen die Korrespondenzen von „Dieses“ und „jenes“ Blatt, aber auch das „Dort“, das innerhalb des „Hier“ (v. 36) Entfernung bemerkt. Während Hatem den Baum „von Osten / Meinem Garten anvertraut“ sieht, gerät die Erwiderung gleichsam ins Anonyme, da die Ferne betont und das Personale in bezug auf das Blatt gemieden wird, „das aus fernem Osten / Dem *westöstlichen* Garten anvertraut“. Vor allem aber verrät das weggenommene Possessivpronomen, daß der Garten, dort der ‚meine‘, hier der ‚westöstliche‘ ist. In dieser Identität ist gleichsam beiläufig mitgeteilt, daß der Garten des Freundes als der westöstliche die Dichtung des ‚West-östlichen Divan‘ ist. Im übrigen bleibt die Hatem-Strophe gnomisch und damit allgemein, wogegen gerade die beiden letzten Verse (v. 15f.) in Mariane von Willemers Gedicht auf das lyrische Ich bezogen sind: „Gibt mir geheimnisvollen Sinn zu kosten / Woran sich fromm die Liebende erbaut.“ Hatems Strophe sucht die Gemeinsamkeit, Suleika indes weicht gleichsam ehrfürchtig vor dem Geheimnis zurück. Das macht die frühere Fassung im reflexiven ‚sich erbauen‘ noch deutlicher als die nochmalige Distanz, durch welche „die Liebende“ auch beispielsweise den Namen Suleikas zu absorbieren geeignet ist.

Die Überarbeitung von Vers 16 „Woran sich fromm die Liebende erbaut“ in „Ein Selam, der die Liebende erbaut“ überrascht. Denn sie nimmt der früheren Fassung einerseits nicht nur ihren beschaulichen Charakter, der sich seinerseits schon stark von der ‚Gingo biloba‘-Strophe entfernt hat, indem „Liebende“ auf „Wissenden“ assoniert und das „fromm“ (in einem ausschließlich pietistischen Sinne wäre es wohl mißverstanden) in eine religiöse Sphäre führt, die jedoch andererseits auch von „Selam“ behauptet wird, aber zugleich in der arabischen Form des Heil- und Segenswunsches: Salam! oder Selam! auch in den östlichen Raum des ‚West-östlichen Divan‘ übersetzt wird und um so entschiedener in den gleichbenannten Garten versetzt.

Möchte es schon erstaunen, daß die Kriegsstrophe überhaupt einen Platz in diesem Gedicht eingeräumt bekommt, so um so mehr, als sie nun im ‚Buch Suleika‘ keinen Rückhalt zu finden scheint. Und doch ist auch im ‚Divan‘ die kriegerische Gefährdung des Menschen reflektiert, wenn etwa im ‚Buch des Timur‘ die von einem Herrscher ausgehende Gewalt zur Sprache kommt. ‚Der Winter und Timur‘ verbindet, wie im Titel kenntlich gemacht, eine Naturgewalt und einen Herrscher. Die Dämonie des Tyrannen kann allein durch eine Naturgewalt gebrochen werden. Genau die Verbindung von Kälte und Krieg aber nimmt die Kriegsstrophe auf, wodurch die spätere Fassung „der kalte Norden“ jetzt nicht allein als glücklichere, sondern auch als gelungene Wendung erkennbar wird. Denn im ‚Divan‘-Gedicht ist die feindliche Planetenkonstellation von Mars und Saturn (VII 1, 18) dem menschlichen Geschick ebenso feindlich, wie es in diesen Versen zum Ausdruck kommt. Nachdem das ‚Buch der Betrachtungen‘ damit geendigt ist, daß Suleika spricht (IV 25), und das ‚Buch des Unmuths‘ damit, daß ‚Timur spricht‘ (V 15), stehen im ‚Buch des Timur‘ beide Sprechenden dergestalt nacheinander, daß im Anschluß an ‚Der Winter und Timur‘ erstmals Suleika als Angesprochene erscheint. Denn das erste Buch der zweiten Hälfte des ‚Divan‘, wenn wir seine zwölf Bücher zu halbieren nicht zögern, vereint das Timur-Gedicht mit dem ‚An Suleika‘ (VII 1 und 2), weshalb man es kaum Buch nennen, sondern eher als Auftakt zum längsten Buch der Sammlung, zum ‚Buch Suleika‘, betrachten möchte. Während aber der Kriegsheld dem Buch der Liebenden gleichsam exzentrisch vorgelagert ist, sind die Kriegsverse in Mariane von Willemers Gedicht insofern zentral, als sie die fünfte von insgesamt neun Strophen bilden.

Bedeutungsvoll wird diese Komposition insbesondere durch den Zusammenhang, den die Strophe im Kontext des Gedichts bewahrt. Denn Bedrohung und Frieden werden hier im Rückblick zur äußeren Bedingung einer Zweisamkeit der Liebenden. Gemeinsamkeit und Trennung hängen davon ab. Im Augenblick, da das Gedicht das einzige Mal den Freund und die Liebende in der ersten Person Plural des Personalpronomens „uns“ (v. 20) vereint, geschieht das in Erinnerung an den „flüchtgen Augenblick“, um den ihr Rendezvous betrogen worden ist. Gleichzeitig sind mit dieser Strophe und ihren Implikationen die vier Gartenstrophen in das Heidelberg-Gedicht dadurch integriert, daß ihre Isolation nun verhindert ist, weil sie das Zentrum des Gedichts birgt. Diese Einbettung und Verzahnung ist in der späteren Fassung noch auf eine andere Weise signifikant. Denn zum einen exponiert sie mit dem Schlußwort der beiden einleitenden Strophen die Insel der Heidelberger Schloßgarten-Strophen als „Lebenstraum", zum anderen schließen diese beiden ersten einleitenden Strophen mit einer Emphase, wie die drei Schlußstrophen mit einer solchen auch beginnen:

> O freud- und leidvoll, schöner Lebenstraum! (v. 8)
> O schließt euch nun ihr müden Augenlider! (v. 25)

Ganz nebenbei ergibt sich hierdurch auch die gespiegelte Fügung der Verseingänge „O" und „A" beziehungsweise „A" und „O", mit welcher die konkreten Erinnerungen ein- beziehungsweise ausgeleitet werden. In Fortführung des bereits beobachteten Ausdrucks der Vollkommenheit, wie er im Aufeinandertreffen von erstem und letztem Buchstaben des griechischen Alphabets zutage tritt, bestärkt die spiegelbildliche Doppelung den gefaßten Gedanken und vervollkommnet die Vorstellung vom „Zauberort" und „Zauberkreis". Darin weiß sich das lyrische Ich magisch umfangen.

Das Brunnengedicht des ‚Divan' ist zwar deutlich in Verbindung mit der Chiffer (v. 11) zitiert, des Brunnens gedacht wird aber erst zu Beginn der sechsten Strophe, mit welcher die Imagination des Heidelberger Schloßgartens endet. Doch auch hier antwortet auf den Vers „An des lust'gen Brunnens Rand" (VIII 27, 1) nur die wörtliche Anlehnung „Dem kühlen Brunnen". Denn die im Brunnen gefaßte Quelle steht im ‚Divan' nicht so sehr im Vordergrund. Vielmehr markieren der Rand des Brunnens auf der einen und das Ende des Kanals auf der anderen Seite des mit Hatem gemeinsamen Weges die Orte, da Suleika ihre von ihm gezeichnete Chiffer, ihre Lettern erblickt. Wie diese Zeichen, wie immer sie ausgesehen haben mögen[42], ihr zu erkennen geben, erstreckt sich der zurückgelegte Weg zwischen ihnen, weshalb Hatem resümiert: „Von Suleika zu Suleika / Ist mein Kommen und mein Gehn." (VIII 27, 15 f.) Tatsächlich aber floß das Wasser des Kanals[43] in Richtung der Terrasse und endete nahe jenem Zugang, auf den die Verse hindeuten: „Auf der Terrasse hoch gewölbten Bogen / War eine Zeit sein Kommen und sein Gehn". Zwar ist damit unvermerkt in Überlagerung der axial geschnittenen Blickführung ein Kreis vom Ausgangspunkt über die Ginkgo biloba im Westen, die nördliche Torhalle und den vom Brunnen ausgehenden Wasserlauf zur Terrasse zurück geschlossen, dem die Verse folgen und der gleichsam Hatems und Suleikas, Goethes und Marianes Weg begleitet, doch münden die Verse dieser letzten Heidelbergstrophe zugleich in Fragmente eines anderen ‚Divan'-Gedichts, wobei aufschlußreich ist, inwieweit der Fragmentcharakter Bedeutung trägt.

> Lieb' um Liebe, Stund' um Stunde,
> Wort um Wort und Blick um Blick;
> Kuß um Kuß, vom treusten Munde,
> Hauch um Hauch und Glück um Glück. (VIII 17, 1–4)

Dieser Vierzeiler steht einleitend und blockhaft weiteren fünf Versen voraus, die ihrerseits im Unterschied zum Kreuzreim des Anfangs im Schema cdccd gereimt sind und also deutlich abgesetzt erscheinen, was durch die motivische Geschlossenheit der ersten vier Verse befürwortet wird. Denn sie sind ganz von den sieben nominalen Doppelungen beherrscht, in denen sich Wechselseitigkeit und dialogischer Charakter aussprechen. Die Doppelungen exponieren die „Liebe" und beziehen Zeit, „Stunde", Sprache, „Wort", Sehen, „Blick", und Liebesbezeugung, „Kuß", mit ein, um nach dem aktiven Teil schließlich gleichsam in passiv empfundenem „Hauch" und „Glück" zu vergehen. Die Erinnerung fällt aus den Doppelungen die Steigerung hin zum Glück sowie die Liebesbezeugungen aus, also gewissermaßen die Unmittelbarkeit jener erlebten Situation. Darum muß auch auf den anschließenden Vers: „So am Abend, so am Morgen!" (VIII 17, 5) verzichtet werden, der nicht nur die Wechselseitigkeit perpetuiert, sondern im Glücksgefühl auch ihre Dauer wünscht. Als Ausruf tritt er gleichsam in den neun Versen des Gedichts, sie verbindend wie trennend, zwischen die zwei Vierzeiler. Mit dem im Kreuzreim ist er inhaltlich, mit dem, der umarmenden Reim aufweist, formal durch den präludierenden Reim verbunden.

Allein ein Vers der Doppelungen wird übernommen. Denn „Well' auf Welle" (v. 23) knüpft an das Bild der Quelle an und bezeichnet eine Folge, die auch ein Nacheinander in der Zeit anzudeuten geeignet ist und somit als Transposition von „Stund' um Stunde" (VIII 17, 1) erscheinen mag. Der kühle Brunnen steht, wie daraus hervorgeht, in Kontrast zu der leidenschaftlichen Wechselseitigkeit. Weder leiser noch rascher können ihm „Well' auf Welle" entquellen, „Als Blick um Blick und Wort um Wort sich tauscht". Andererseits nimmt sein Wasser keine Notiz von der liebevollen Zweisamkeit in seiner Nachbarschaft. Es fließt ihretwegen nicht rascher oder etwa leiser. Im Heidelberg-Gedicht tritt das Verbum „tauscht" zu den Doppelungen von Blick und Wort hinzu. Im Reflexivum ist die Selbstgenügsamkeit jenes Augenblicks gefaßt und somit hervorgehoben, da der Blick- und Wortwechsel dieses Hinweises sonst nicht bedürfte. Doch den ‚Divan'-Vers erwidernd, sind jetzt auch die Doppelungen vertauscht, als spiegelten sie obendrein das Gegenüber und Miteinander im ‚Divan'. Nachdrücklich wird durch diesen poetischen Eingriff das „Wort" betont, dessen Austausch schließlich auch zur gemeinsamen Verfasserschaft im ‚Buch Suleika' geführt hat.

Die von Mariane von Willemer aus dem ‚Divan' berufenen Verse stammen allesamt von Goethe, sind also keine Selbstzitate und stehen nicht in den von ihr herrührenden Gedichten.[44] Wenn wir unser Interesse auf die Datierung richten, ist leicht auszumachen, daß die zitierten Gedichte des ‚Divan' mit Ausnahme des Baumgedichts zwischen dem 22. und 25. September 1815 entstanden sind.[45] Vom 12. August bis zum 17. September 1815 hatte Goethe in Willemers Stadthaus „Zum roten Männchen" in Frankfurt am Main und vor allem auf der Gerbermühle gewohnt. Am 18. September war Goethe in Begleitung von Sulpiz Boisserée nach Heidelberg gereist und weilte hier bis zum 7. Oktober, dem Tag, an dem er die Heimreise nach Weimar antrat und seinen Weg über Würzburg zu nehmen sich kurzfristig entschlossen hatte.[46] Zwischenzeitlich aber waren am 23. September die Nachgereisten, Willemer, Mariane und Rosine Städel, eingetroffen, die sich bis zum Morgen des 26. September in Heidelberg aufhielten und auf den Weg ihrer Heimkehr nach Frankfurt das Versprechen mitnahmen, Goethe dort erneut zu sehen, was dieser durch die Heimreise über Würzburg aber verhinderte. So wurden jene Septembertage in Heidelberg zu einer denkwürdigen und hohen Zeit gemeinsamen Erlebens, das unwiederholbar war und blieb. Für Mariane und Goethe gab es kein Wiedersehen.

Am 17. September 1815, einen Tag vor Goethes Aufbruch vom Main zum Neckar, entstand die Zwiesprache mit Hatem, den Suleika um die Auslegung ihres Traums bittet, aus welchem Hatem liest:

> Mich vermählst du deinem Flusse,
> Der Terrasse, diesem Hayn (VIII 8, 13 f.).[47]

Das läßt sich, so man will, passend auf die Gerbermühle beziehen, scheint dann jedoch auch schon wie eine Vorahnung auf Heidelberg hinzudeuten. Andererseits wird darin eine typische Landschaft des ‚West-östlichen Divan' sichtbar, in welcher sich ungeachtet der Anlehnungen an die historischen Orte Hatem und Suleika zu bewegen gegeben ist. Zunächst kann darum Mariane Hatems Antwort auf Suleikas Traum ‚Als ich auf dem Euphrat schiffte' (VIII 7) sowohl auf die Gerbermühle am Main als auch auf die Gartenterrasse im Schloßpark oberhalb des Neckars beziehen. Denn die von ihr wahrgenommene Suleika-Rolle erlaubt ihr, Hatems Antwort, die dieser auf Suleikas ‚Erlebnis' gibt, in einem tieferen Sinne zu verstehen. Während einer Schiffahrt auf dem Euphrat entgleitet Suleika der von Hatem empfangene goldene Rind „Fingerab, in Wasserklüfte" (VIII 7, 3), wie der unerhört kühne Vers lautet, den man schon ob seiner hohen sprachlichen Konzentration Mariane von Willemer absprechen zu sollen glaubte.[48] Erst die zweite Strophe verrät, daß Suleika spielt und ihr Erlebnis als Traum enthüllt:

> Also träumt' ich, Morgenröthe
> Blitzt in's Auge durch den Baum (VIII 7, 5f.).

Wie der Traum in die Tiefe der „Wasserklüfte", so richtet sich das Erwachen auf die „Morgenröthe". Und der hierauf gereimte Vokativ nennt den Dichter, von dem sich Suleika die Deutung erbittet:

> Sag Poete, sag Prophete!
> Was bedeutet dieser Traum! (VIII 7, 7f.)

Hatems untertänig „erbötig[e]" Antwort deutet zunächst auf die Vermählung des Dogen von Venedig mit dem Meere hin, um dann sogleich zu erkennen:

> Ach zu tausend Himmelsliedern
> Süßer Traum begeisterst du! (VIII 8, 7f.)[49]

Mit dem doppelt apostrophierten Akkusativ „Mich" zu Eingang der dritten und vierten Strophe aber bezieht Hatem den Traum auf sich und, indem er sieht, daß Suleika ihn zugleich ihren Orten, den Gegenden, wo sie weilt: „deinem Flusse", „Der Terrasse" und „diesem Hayn" vermählt,[50] ihn in den Zauberkreis ihres Daseins bannt, gelobt er schließlich:

Hier soll bis zum letzten Kusse
Dir mein Geist gewidmet seyn. (VIII 8, 15f.)

Insbesondere die Resonanz des Reims in Suleikas Versen auf „Goethe“ macht, wenn wir die Welt des ‚Divan‘ durch solche Zudringlichkeit, weil die Texte dies erlauben[51], für einen Moment zu stören uns getrauen dürfen, den tiefen Zusammenhang zwischen dem Weimarer Dichter und der Poetin von der Gerbermühle deutlich, den das Geburtstagsgedicht bestätigt. Der „Lebenstraum“, der bei Hatems Kommen und Gehen einsetzt, deutet unter dieser Voraussetzung auf dasselbe „Hier“ wie in Hatems Antwort (VIII 8, 15):

Hier war ich glücklich, liebend und geliebt.

Das lyrische Ich entfernt sich mit diesem Vers nicht aus dem imaginierten Raum, der ihm ganz innerlich geworden ist, sondern bekennt damit, daß es zu jener Zeit, da es den Freund kommen und gehen sah, Abstand gewonnen hat. Es sagt sich nicht vom Erlebten los, sondern entsagt seiner bezwingenden Kraft, indem es sich die zeitliche Distanz zu jenem Augenblick eingesteht. Die bewahrte Erinnerung hat poetische Gestalt gewonnen und liegt, die Zeit in einen Augenblick zusammenziehend, zwischen Einst und Jetzt. Keineswegs blickt das lyrische Ich auf diese Insel als auf ein verlorenes Paradies zurück, wenngleich der Garten paradiesisch anmutet. Denn es ereignet sich hier keinerlei Sündenfall, weder der Liebe noch des Geistes. Vielmehr wird im Gedichteingang der Ort gegrüßt, der Elemente menschlicher Kultur und Geschichte aufweist sowie an den „freud- und leidvoll, schöne[n] Lebenstraum“ zu erinnern vermag. Auf diese Weise reicht Erlebniswirklichkeit in den Raum des Gedichts hinein, ohne daß ein Mythos berufen wird.

Vor allem aber beinhalten die Verse ebensowohl Zustimmung zur Freude des Erlebten wie zum Leid der Trennung. Darum ist der Wechsel vom Präteritum zum Präsens ein Thema des Gedichts, das auch sein genaues Datum kenntlich macht. Die poetische Fassung bejaht das Vorübergeflohene, indem sie dieses festhält. Der archetypische Ort des Gartens liegt dabei dem Dichten gleichwohl voraus, obzwar es sich nicht um den Paradiesesgarten handelt, dem auch Goethe im ‚Buch des Paradieses‘ nicht jenen Rang einräumt, den er als Aition von Schuld und Sühne im Kontext christlicher Mythologie einnimmt. „So gefallen schöne Gärten“ (XII 9, 13). Aber der Dichter muß sich von Huri sagen lassen, die nicht stärker in ihn dringen will: „Sing mir die Lieder an Suleika vor: / Denn weiter wirst du's doch im Paradies nicht bringen." (XII 7, 17f.) Damit, so wird gegen Ende des ‚Divan' deutlich, ist im ‚Buch Suleika' ein Höhepunkt erreicht, in dem die Landschaft des Gartens am deutlichsten evoziert zu sein scheint.[52] Das Bild des Gartens ist indes, wie ‚Im Gegenwärtigen Vergangnes' sichtbar macht, auch schon da, bevor Goethe auf seiner früheren Reise von 1814 an den Main gelangt. Der Blick auf Eisenach und die Wartburg[53] spiegelt sich in der Strophe:

> Ros' und Lilie morgenthaulich
> Blüht im Garten meiner Nähe,
> Hinten an bebuscht und traulich
> Steigt der Felsen in die Höhe.
> Und mit hohem Wald umzogen,
> Und mit Ritterschloß gekrönet,
> Lenkt sich hin des Gipfels Bogen,
> Bis er sich dem Thal versöhnet. (I 12, 1–8)

In der wahrgenommenen Szenerie sind Architektur und Natur dergestalt harmonisiert, daß der aufwärts gelenkte Blick sich ungestört wieder senken kann. Vom Genießen dieser Landschaft wendet der Dichter sein Lied wieder auf Hafis. Wenn durch diesen engen Zusammenhang west-östlicher Poesie zuweilen Gärten „nach Persischem Geschmack"[54] betreten werden, so sei daran erinnert, daß das deutsche an griechisch *paradeisos* angelehnte Wort seinerseits eine Lehnübersetzung Xenophons darstellt und auf das awestische „pairadaeza" zurückgeht.[55] Zum einen macht es deutlich, daß auch die abendländische Gartentradition in den persischen Königsgärten ihre Vorbilder hat, zum anderen aber diese Parks weitgehend schon Liebesgärten sind. So soll auch Nebukadnezar die sagenhaften „Hängenden Gärten" seiner aus Persien stammenden Gemahlin Semiramis in Babylon gebaut haben, die wiederum als Vorbild für die Gartenterrasse des Heidelberger Schloßparks zu erkennen sind.

Der poetisch verklärte Ort der Natur, ein *locus amoenus*[56], bildet im Garten des ‚Divan' die Landschaft Suleikas,[57] die im Gedicht von 1824 erneut poetisch imaginiert wird. Auch sechs Jahre später ist die Erinnerung beispielsweise ungemindert und der Zusammenhang von Ort, Zeit und Liedern gleichermaßen bedeutsam: „Ich habe die Tage am Main und Rhein auf das neue durchlebt, konnte mich aber einer Bemerkung nicht erwehren: die Erwähnung jener Tage gleicht einem Liede, wozu nur einige die Melodie kennen, für die meisten bleibt es ungesungen. Da ich nun so glücklich bin, die schöne gefühlvolle Weise zu kennen, so schließen mir einige Worte einen Himmel von Erinnerungen auf, und so denk ich mir noch viele Tage in diesen ruhigen und besonnenen Erzählungen, und man muß alle glücklich preisen, die so eine rührende Melodie zu den einfachen Worten kennen."[58] Ausgerechnet der „westöstliche Garten" wird in diesen Erinnerungen nicht berührt, in welchem sich doch das lyrische Ich von den Liedern des Freundes umgeben weiß. Auch in den übrigen Briefen kommt die Sprache bestenfalls auf Heidelberg, wohingegen Goethes Hinweis auf die „neubelebten Ruinengärten" schon ein klares, allerdings auch durch das Geburtstagsgedicht nahezu unausweichliches Zugeständnis an Deutlichkeit darstellt. Es spricht alles dafür, daß jene Heidelberger Tage und den daran gebundenen „Lebenstraum" zu erinnern allein dem Gedicht vorbehalten bleibt.

Die Erlebniswirklichkeit erfährt somit eine poetische Steigerung, die Mariane von Willemers Gedicht zum 28. August 1824 in den Zusammenhang der großen Liebesdichtungen stellt. Zuvörderst ist das Goethes ‚West-östlicher Divan', der seinerseits zu Beginn des ‚Buchs der Liebe' sechs Liebespaare als ‚Musterbilder' (III 1) benennt, an anderer Stelle jedoch betont, wie unvergleichlich Suleika über die anderen Mädchen, die sie um Hatems Lieder beneiden (VIII 19, 7 f.), als „Herrinn" (VIII 19, 40) erhoben und Hatems Auserwählte ist.[59] Wenn das Gedicht des Freundes „hohe Lieder" (v. 27) nennt, so beansprucht es diese nach dem Vorbild des ‚Hohen Liedes' als Liebeslieder. Es ist nicht auszuschließen, daß der Plural auch den Anspruch des biblisch kanonischen Buches relativiert. Jedenfalls weist diese Spur zum ‚Canticum canticorum Salomonis'[60] und damit in den Raum weiterer Liebesdichtung, auf die das Gedicht wie auf des Freundes Lieder zu antworten scheint. Im Unterschied zum ‚Buch der Liebe' – „Salomo und die Braune!" (III 1, 14; vgl. III 11) – berührt der ‚Divan' im ‚Buch Suleika' das Liebesverhältnis Salomons und Sulamiths nicht, ja scheint dieser orientalischen Liebesdichtung gegenüber sogar Distanz zu beobachten.[61] Zwar verbinden beide Liebesgärten der Brunnen und der Baum (Cant. I 16; IV 12 f.). Doch im Gegensatz hierzu werden nicht Lieder an Ostwind und Westwind gerichtet, sondern Nordwind und Südwind (Cant. IV 16) beschworen. Auf den Kanal (Cant. VII 5), die Morgenröte (VI 9), auf Sonne und Mond (VI 9) ist als weitere Gemeinsamkeiten zu verweisen. Aber wie deutlich auch Einzelheiten Gemeinsames vom Topos des Liebesgartens erkennen lassen, so ist doch unverkennbar, daß der westöstliche Garten doch wohl weniger ein Ort der Lust als vielmehr vor allem einer der Liebe, eines entsagenden *eros*, ist, der hier poetisch faßbar wird. Darum sind Zeichen der Erinnerung wie die Chiffer auch vermittelte. Sucht Sulamith im ‚Hohen Lied' den Geliebten (*sponsus*) und bemerkt: „Jch sucht jn / Aber ich fand jn nicht" (Cant. I 6), so gilt das hier von vornherein nur der Chiffer: „Sie sucht ich" beziehungsweise „Ich fand sie nicht". Die Anklänge sind auch im Gedichteingang nicht zu übersehen, wo der Raum des Gartens unter dem Dach der Bäume vorgestellt wird. „Vnser Häuser balcken sind Cedern" und „vnser latten sind Cypressen" (Cant. I 17). Insbesondere aber unterscheiden sich beide Dichtungen in ihrer Wahl des Zeitpunkts. Lenz und Morgen, „Vnser Bette grünet" (Cant. I 16; II 12), führen in die Frühe und mit der „Morgenröte" (Cant. VI 9) an den Beginn des Tages. Hierin sind dem ‚Hohen Lied' die ‚Divan'-Lieder und andere Liebesdichtungen verwandt. Das Geburtstagsgedicht aber wählt die Abendzeit, wie die „Abendlüfte" und das mitgegebene Datum erkennen lassen.[62]

Damit schlägt das Gedicht auch in zeitlicher Hinsicht einen Bogen. Was im Zeichen der Morgenröte beginnt, kehrt im abendlichen Dämmerlicht verklärt wieder. Die „neubelebten Ruinengärten" bieten dazu einen Anlaß, doch der wahre Ort solcher Einkehr ist das Gedicht, dem auch in das Innere dieses Erlebens Licht zu bringen gelingt. Die *transfiguratio*, vermittels derer das einstige Glück des Liebens und Geliebtwerdens aus bedeutsamen Zeichen gleichsam wiedererkannt und daraus auch bestätigt wird, gestattet der Liebenden, sich „fromm" an diesen Zeichen zu erbauen. In Luthers Übertragung von ‚Das Hohelied Salomo' bezeichnet die Frömmigkeit den höchsten Grad in der Steigerung der Apostrophen: „liebe Freundin meine schwester / meine Taube / meine frome" (Cant. V 2). Und wie Hatem Suleika über die Mädchen als Herrin erhebt, so bekennt Salomo von Sulamith, indem er sie sechzig der Königinnen und achtzig der Kebsweiber vorzieht: „Aber eine ist meine Taube / mein Frome" (Cant. VI 7 f.). Der *westöstliche* Garten, der Merkmale eines Topos vom Liebesgarten preisgibt, erscheint auf diese Weise verinnerlicht und wird in der Form poetischen Andenkens verklärt.

1 Marianne und Johann Jakob Willemer: Briefwechsel mit Goethe. Dokumente, Lebens-Chronik, Erläuterungen, hg. v. Hans-J. Weitz, Frankfurt am Main 1965, Nr. 136, S. 156. – Mariane von Willemer wurde am 20. November 1784 wohl in Linz beziehungsweise im nahen Urfahr als Tochter der Elisabeth Pirngruber, die 1788 den Schauspielleiter Joseph Georg Jung heiratete, geboren und kam als Ballettänzerin nach Frankfurt, wo sie der Bankier Johann Jakob Willemer (1816 nobilitiert) im Jahre 1800 in sein Haus auf und am 27. September 1814 zur Frau nahm. Vgl. die Untersuchungen von Max Neweklowsky und Georg Wacha in: Historisches Jahrbuch der Stadt Linz 1980, hg. v. Archiv der Stadt Linz, Linz 1981, 57–108, sowie das Referat von Joachim Müller, Stammte Goethes Marianne aus Linz? Zu neuen Untersuchungen ihrer Herkunft, in: Adalbert-Stifter-Institut des Landes Oberösterreich: Vierteljahresschrift 31 (1982) 73–76. – In der Schreibung des Vornamens Mariane folge ich, wie schon Günther Debon, Das Blatt von Osten. Gedanken zum Gingo-biloba-Gedicht, in: Euphorion 73 (1979) 227–236, Anm. 23, den Gepflogenheiten der Zeitgenossen, vor allem aber der Namensträgerin selbst, ihrem Manne und Goethe, doch beispielsweise auch Clemens Brentano und Sulpiz Boisserée. Deren phonetische Wiedergabe des Vornamens Mariane in Verbindung mit „Willmer" scheint deutlich auf ein langes zweites ‚a' im Vornamen hinzuweisen. Vgl. Brentanos Brief an Achim von Arnim, undatiert, in: Willemer-Briefwechsel (Weitz), S. 750f., und Sulpiz Boisserée, Tagebücher I: 1808–1823, hg. v. Hans-J. Weitz, Darmstadt 1978, S. 270 (unter dem 17. [16.] September 1815).

2 Willemer-Briefwechsel (Weitz): Nr. 136, S. 156f.

3 Über jene Geselligkeiten auf der Gerbermühle berichten die Aufzeichnungen der Boisserée-Tagebücher (Weitz), 257–259, wo es auch heißt: „Die Frauen hatten einen Turban von dem feinsten indischen Muslin mit einer Lorbeer-Krone umkränzt auf zwei Körbe voll der schönsten Früchte [...], dann einen voll der schönsten Blumen gelegt. Dazu hatte die Städel die Aussicht auf Goethes Fenster auf die Stadt Frankfurt artig gezeichnet, und die Wilmer ein schönes Kränzchen von feinen Feld-Blümchen aufgeklebt, zu beidem waren passende Verse aus dem Hafis geschrieben –." Als Antwort hierauf läßt sich das Geschehen vom 17. September 1815, Boisserée-Tagebücher (Weitz), S. 271, verstehen: „Endlich las G[oethe] noch Gedichte [...] und die kleine Frau schmückte sich mit ihrem Turban, einem orientalischen farbigen Shawl den G. ihr geschenkt. – Es wurde viel gelesen, auch viel Liebes-Gedichte an Suleika, Jussuf und Suleika usw." Vgl. dazu das ‚Divan'-Gedicht VIII 15: „Komm Liebchen, komm! umwinde mir die Mütze / Aus deiner Hand nur ist der Tulbend schön." vom 17. Februar 1815, auf welches jene gesellige Zeichensprache anspielt. – Goethes ‚Divan' zitiere ich mit römischer Ziffer für das Buch und arabischer für das Gedicht nach: Goethe, West-östlicher Divan. Kritische Ausgabe der Gedichte mit textgeschichtlichem Kommentar, hg. v. Hans Albert Maier, Tübingen 1965. Vgl. zur Datierung im Band Kommentar S. 294.

4 Vgl. Willemer-Briefwechsel (Weitz): Nr. 136, S. 157 und 425. Wie etliche andere sinnerfreuliche Früchte des Sommers gelangen die „Distelköpfe" wiederholt auf den Weg nach Weimar; vgl. etwa den Brief Nr. 134 oder Goethes Antwort vom 6. Oktober 1824 (Brief Nr. 137, S. 158), worin Goethe dankt: „Also abermals Artischocken!"

5 Willemer-Briefwechsel (Weitz): Nr. 135, S. 156.

6 Willemer-Briefwechsel (Weitz): Nr. 133, S. 154.

7 Willemer-Briefwechsel (Weitz): Nr. 135, S. 156.

8 Willemer-Briefwechsel (Weitz): Nr. 136, S. 157.

9 Das Gedicht folgt in der hier wiedergegebenen Textgestalt seiner früheren und späteren Fassung dem Abdruck im Willemer-Briefwechsel (Weitz): Nr. 136, S. 157f. und S. 660f. Die an

Goethe gesandte Handschrift von Gedicht und Brief fehlt. Darum hat sich Weitz, worin ihm zuzustimmen ist, für die früheste verfügbare Fassung entschieden, als welche das Goethe-Museum der Stadt Düsseldorf, Stiftung Anton und Katharina Kippenberg (Nr. 94) eine Abschrift von Goethes Schreiber John mit leichten Änderungen von Goethes Hand aufbewahrt. Diese Fassung bildet die Satzvorlage für Nr. 3 des zweiten Jahrgangs 1831 (S. 9) der Privatzeitschrift ‚Chaos' Ottiliens von Goethe. Vgl. Chaos. Hg. v. Ottilie von Goethe unter Einschluß der Fortsetzungen Création und Creation. [Mit dem Abdruck von:] Reinhard Fink, Das Chaos und seine Mitarbeiter [zuerst in der Festgabe: Wissenschaft und Bibliothek. Otto Glauning zum 60. Geburtstag, Leipzig 1936, 43–53], Bern ^{r}1968. Vgl. K. J. Schröer in: Goethe-Jahrbuch 4 (1883) 372. – Das Gedicht und der dazugehörige Brief, den Weitz seinem Abdruck zugrundegelegt hat, werden außerdem in einer authentischen Reinschrift Mariane von Willemers im Freien Deutschen Hochstift (II–12311) aufbewahrt, die, was Schriftzüge und die unten beobachtete Konsequenz in der Überarbeitung deutlich zu machen vermögen, als eine spätere Fassung zu gelten hat. Ihr folgt die erste Ausgabe: Briefwechsel zwischen Goethe und Marianne von Willemer (Suleika), hg. mit Lebensnachrichten und Erläuterungen v. Theodor Creizenach, Stuttgart 1877, benutzt in der mit einem Vorbericht von Wilhelm Creizenach versehenen 2. Auflage, Stuttgart 1878, Nr. 87, S. 200 f. Diese spätere Fassung, der unser Text folgt, liegt auch im Faksimile vor: Mariannens von Willemer Festgruß zu Goethes 75. Geburtstage. Eine Säkularerinnerung zum 28. August 1924 (mit einer Nachbemerkung von O. Heuer), Freies Deutsches Hochstift. Frankfurter Goethemuseum, Frankfurt am Main 1924.

10 Willemer-Briefwechsel (Weitz): Nr. 130, S. 151. Hier heißt es unter dem 20. Mai 1824: „Mit Rührung trenne ich mich von diesem Blatte, da ich wahrscheinlich, wenn es in Ihren Händen ist, schon im Wagen sitze, aber mich doch im voraus auf die Antwort freuend, die ich bei meiner Rückkehr zu finden hoffe."

11 Willemer-Briefwechsel (Weitz): Nr. 131, S. 151. Auch schreibt Mariane im Rückblick: „Die Reise hat mich sehr erquickt und bleibt mir eine wohltuende Erinnerung; wie viel hätte ich noch hievon zu schreiben, was ich, teils gedrungen, teils gezwungen, nicht berühren kann."

12 Willemer-Briefwechsel (Weitz): Nr. 131, S. 151.

13 Willemer-Briefwechsel (Weitz): Nr. 131, S. 151.

14 Willemer-Briefwechsel (Weitz): Nr. 132, S. 152.

15 Willemer-Briefwechsel (Weitz): Nr. 134, S. 155.

16 Vgl. die Lebenschronik: Willemer-Briefwechsel (Weitz): S. 551 f. sowie S. 287 und 328. Hiernach haben sich Goethe und Mariane erstmals am 4. August 1814 in Wiesbaden und zum letzten Male am 26. September 1815 in Heidelberg gesehen. Vgl. Anm. 62.

17 Willemer-Briefwechsel (Weitz): Nr. 131, S. 151.

18 Willemer-Briefwechsel (Weitz): Nr. 133, S. 152.

19 Willemer-Briefwechsel (Weitz): Nr. 133, S. 152.

20 Willemer-Briefwechsel (Weitz): Nr. 133, S. 154.

21 Willemer-Briefwechsel (Weitz): Nr. 132, S. 152.

22 Willemer-Briefwechsel (Weitz): Nr. 133, S. 154.

23 Willemer-Briefwechsel (Weitz): Nr. 134, S. 155.

24 Willemer-Briefwechsel (Weitz): Nr. 137, S. 159; vgl. Nr. 146, S. 169. Als Mariane um den 19. Juli des Jahres 1825 den Zeichner Christian Johann Xeller ihren Brief Goethe überbringen läßt, bittet sie ihn, dessen Zeichnung (vgl. Abb. S. 177) zu den „Strophen über die Ruinengärten" zu legen.

25 Willemer-Briefwechsel (Weitz): Nr. 137, S. 159. Innerhalb der sprechenden Briefschlüsse ist dieser eine Einzelstimme. Zumeist bekennen sie eine „unveränderte" oder „unwandelbare" Gesinnung, die auch im „und so fortan" oder „and so for ever" Goethes sich ausgedrückt findet. Während Mariane oft „herzlich" und „treu ergeben" grüßt, gibt sich Goethe besonders gern in Superlativen wie „treulichst" oder auch „treulichst anhänglich" zu erkennen. Stets bleiben diese Formeln lebendig, vor allem im Augenblick „eiligst unwandelbar" das Dauernde bewahrend: „Und so fort und für ewig".

26 Willemer-Briefwechsel (Weitz): Nr. 148, S. 170, und Nr. 149, S. 170f. Goethe antwortet auf die vierstrophige Huldigung, indem er daraus wiederum eine Zwiesprache formt, in welcher ‚Sie' und ‚Er' einander entsprechen, als setzten sie das Rollenspiel von Hatem und Suleika fort, nur daß jetzt das Bewußtsein von Entfernung gleichsam zwischen den Strophen steht, über das sich die chiastische Wiederholung von Empfinden und Ferne hinwegsetzt.

27 Vgl. Horst Joachim Frank: Handbuch der deutschen Strophenformen, München und Wien 1980, 321–327, Strophennr. 4.106. Demnach (S. 324) gelangte der Vierzeiler zu dieser Wirkung unter dem Einfluß des französischen Symbolismus durch George und seine Formensprache, insbesondere aber durch dessen deutsche Nachbildung von Baudelaires ‚Les Fleurs du Mal'.

28 Wolfgang Kayser: Beobachtungen zur Verskunst des West-östlichen Divans, in: W. K., Die Vortragsreise. Studien zur Literatur, Bern 1958, 149–168. „Wenn man die Strophe als Suleikastrophe bezeichnet, so muß dabei angemerkt werden, daß sie meist von Hatem gebraucht wird und daß die zweizeiligen Dipodien eben *seine* Bindung und seine Beglückung ausdrücken" (S. 165). Dieser Befund ist jedoch nur insoweit zutreffend, wie Suleikas aktive Beteiligung in diesen Zwiesprachen, diesem Ballspiel (vgl. Divan VIII 16) der Lieder, unberücksichtigt bleibt.

29 Thomas Mann: Der Zauberberg. Roman, Vorsatz, in: Gesammelte Werke in dreizehn Bänden, Frankfurt am Main [2]1974, Bd. 3, 9, im Hinblick auf „den Erzähler, den raunenden Beschwörer des Imperfekts".

30 Vgl. Wulf Segebrecht: Das Gelegenheitsgedicht. Ein Beitrag zur Geschichte und Poetik der deutschen Lyrik, Stuttgart 1977, worin, vor allem im Hinblick auf Goethes: „Alle meine Gedichte sind Gelegenheitsgedichte", das „Gelegenheitsgedicht als Machwerk (Casualcarmen) und als Kunstwerk (Erlebnisgedicht)" unterschieden wird (S. 1–14 und 287ff.).

31 Vgl. Salomon de Caus: Hortus Palatinus a Friderico rege Boemiae electore Palatino Heidelbergae exstructus (1620), auf deutsch wiedergegeben und kommentiert von Johann Metzger, Beschreibung des Heidelberger Schlosses und Gartens. Nach gründlichen Untersuchungen und den vorzüglichsten Nachrichten, Heidelberg 1829, 83–105.

32 Lili Fehrle-Burger: Der Hortus Palatinus als „achtes Weltwunder", in: Ruperto-Carola Bd. 31, Jg. 14 (1962) 106–119. Metzger (Anm. 31), 80. Die Schloßterrasse dagegen verfiel am stärksten im 18. Jahrhundert, bis sie mit erheblichem Aufwand unter Carl Theodor erneuert wurde. Vgl. Metzger, Beschreibung des Schloßgartens, als Fortsetzung der Schloßbeschreibung (Anm. 31), 73–82, hier Nr. 75, S. 78. Zu der großen Terrasse mit der hohen Futtermauer und den nischenartigen Gewölben vgl. Tafel II im Querschnitt und Tafel XII in der Ansicht. „Diese große kolossale Mauer mit den Bögen, wovon einzelne Theile lange her den Stürmen der Zeit trotzten, wurde ums Jahr 1616 durch Salomon von Caus auf die westliche Abdachung des Friesenberges erbaut und dahinter mit denen vom Berge abgebrochenen Felsstücken und Schutt ausgefüllt, um eine beträchtliche horizontale Fläche zu bekommen, die er, durch das Ausfüllen des Friesenbergthales, mit dem ehemaligen Hasengarten 1. u. 2. in Verbindung setzte."

33 Willemer-Briefwechsel (Weitz): Nr. 136, S. 660, v. 9; vgl. den synoptischen Abdruck.

34 In dieser synoptischen Gegenüberstellung sind die Abweichungen kursiviert.

35 Emilie Kellner: Goethe und das Urbild seiner Suleika, Leipzig 1876, 47. Vgl. Divan VIII 10 und Kommentar (Anm. 3), 288. Die Reinschrift, deren Verbleib Maier (S. 289) unbekannt geblieben war, trägt das Datum „d. 15. S. 1815". Herbert Albrecht, Über den Fächerblattbaum (Ginkgo biloba). Herkunft, Name und Verbreitung. Goethes Gedicht an Marianne von Willemer, in: Jahrbuch der Sammlung Kippenberg N.F.3 (1974) 32–40, erwarb die Handschrift 1949. Sie ist dort auch (Abb. 16) reproduziert. Maier (Abb. 3) mußte sich in seinem Kommentar mit einer Photographie von Ernst Beutler behelfen. – Das Datum vom 15. September 1815 auf der Reinschrift verweist auf Goethes Frankfurter Aufenthalt. Die Boisserée-Tagebücher (Weitz), S. 269, sind unter diesem Datum aufschlußreich: „G[oethe] hatte der Wilmer ein Blatt des Ginkho biloba als Sinnbild der Freundschaft geschickt aus der Stadt. Man weiß nicht ob es eins, das sich in 2 teilt, oder zwei die sich in eins verbinden. So war der Inhalt des Verses. –" Das bezieht sich, möchte man Maiers Vermutung (Kommentar, S. 289) bestärken, doch schon zweifelsfrei auf das Gedicht oder wenigstens auf dessen zweite Strophe, worauf zuerst Ernst Beutler, Die Boisserée-Gespräche von 1815 und die Entstehung des Ginkgo-biloba-Gedichtes, in: Goethe-Kalender 1940, 140, hingewiesen hat. Demnach liegt der Ursprung des Gedichts in Frankfurt. – Günther Debon kommt nun zu dem Schluß, daß in Boisserées Tagebuch „etwas nicht stimmt" (S. 232), wo Boisserée doch gerade Goethes Datum auf der Reinschrift zu stützen vermag, das Debon aber gleichfalls in Zweifel zieht (S. 234). Abgesehen davon, daß man zunächst einmal die Evidenz des Authentischen zu erweisen und zu bestätigen sucht, dürften Gedicht wie Baum in den Zusammenhang Heidelbergs gehören, was die Erinnerung der Intima an jene Heidelberger Septembertage am besten belegt, die aus der Äußerung Emilie Kellner gegenüber und vor allem aus ihrem Heidelberg-Gedicht selbst im Kontext seiner Divan-Rezeption spricht. Außerdem ist auf Goethes Gespräch mit Georg Friedrich Creuzer am 25. und 26. September 1815 in Heidelberg hinzuweisen, als dessen Nachklang eine eigenhändige Abschrift Goethes vom Gingo-biloba-Gedicht zu Weihnachten dieses Jahres Creuzer erreicht. Vgl. Willemer-Briefwechsel (Weitz): Nr. 23, S. 27, S. 331 und 603. Auch dazu Debon, S. 230f. – Goethe schreibt unter dem Eindruck der Trennung, da er sich „in die Poesie flüchten" muß, jenen bedeutsamen Brief an die Frankfurter „teuren Freunde" zu Händen von Rosine Städel. Aus der Distanz, wie zuvor von Frankfurt auf die Gerbermühle, wenn Boisserée denn zuverlässig ist, läßt Goethe nun wiederum aus Heidelberg der erneut Getrennten das deutliche Symbol zukommen, wobei er dem Gedicht im Brief (Divan VIII 10) vorausschickt: „Da jedoch jenes bekannte wunderliche Blatt durch seine prosaische Auslegung einigen Anteil gewonnen, so stehe hier die rhythmische Übersetzung." Willemer-Briefwechsel (Weitz), Nr. 23, S. 26–28. Die Auslegung in Prosa dürfte sich zunächst auch auf die Heidelberger Gespräche beziehen und schlösse eine auf die Gerbermühle geschickte zweite Strophe nicht unbedingt aus. Mit dem Brief aber sind Frankfurt so gut wie Heidelberg als Entstehungsorte für das Gedicht gesichert. Die Reinschrift, auch wenn sie erst nach dem 15. September 1815, etwa als Beilage an den Großherzog (so Debon, S. 234), entstanden sein sollte, bewahrt das Datum der ursprünglichen Konzeption, die Mariane unmittelbar zugegangen ist. Sollte, wenn Goethe denn seinerzeit das Symbol wirklich zunächst in Prosa zum Ausdruck gebracht, etwa *sie* seinen Gedanken sofort in Versen erfaßt haben? In Versen, wie sie Boisserée hörte, wie sie sich aber auch für Goethe fanden, so daß in der Zwiesprache der Liebenden das Symbol zugleich selbst seine Kraft zu bewahrheiten vermocht hätte. Die von Mariane Kellner gegenüber geäußerte Verfasserschaft Goethes wäre, wie mehrfach, kein Einwand gegen ihre Mitwir-

kung. Den poetischen *kairos* aber, es fällt nicht leicht, dem Potentialis in Verbindung mit dem Briefschluß „Angeeignet“ hier auszuweichen, gäbe der Brief an Rosette zur Einsicht preis, wofür auch Mariane bereits zwei Tage nach dem Reinschrift-Datum dadurch einen Wink gibt, daß sie sich mit ihrem von Goethe erhaltenen (Dichter-)Turban schmückt (vgl. Anm. 3): „Hiermit nun, liebe Rosette [. . .], überliefre ich Ihnen, mit den sämtlichen Geheimnissen der neuern Philologie, auch meine eignen, zu beliebigem Privatgebrauch.“

36 Vgl. Karl Kollnig: Die historische Situation Heidelbergs zur Goethezeit, und Ludwig Derwein, Goethe und Heidelberg, in: Goethe und Heidelberg, hg. v. der Direktion des Kurpfälzischen Museums, Heidelberg 1949, 14–24 und 25–40.

37 Kellner (Anm. 35): S. 45. – In Verbindung mit dem Gingo-biloba-Gedicht, aber auch vor allem in Zusammenhang mit den Bemerkungen oben (Anm. 35) ist anzufügen, daß die Folge der Strophen 4 und 5 des Geburtstagsgedichts im dem Blatt des Baumes gegebenen Sinn den allerdings durch äußere Störung hervorgerufenen Wechsel von „Eins und doppelt“ (VIII 10, 12) beobachtet.

38 Günther Debon: Das Brunnengedicht des ‚Divan‘, in: Euphorion 74 (1980) 198–212, besonders 201 ff. Vgl. Metzger (Anm. 31), S. 81, und als Frontispiz zu diesem Band: Plan des Schlosses und des im Jahr 1804 angelegten Schloßgartens zu Heidelberg sammt den naechsten Umgebungen, aufgenommen und gezeichnet [von J. Metzger] im Jahr 1826, Nr. 90. Verkleinert bei Debon, Abb. 1.

39 Vgl. Derwein (Anm. 36): S. 32.

40 Vgl. Metzger (Anm. 31 und 38): S. 77, Nr. 71. Ehemals stand hier am Eingang in den Garten von der Friesenbergseite her eine große Treppe. „Der Weg, der von hier aus nach dem Friesenberge, Burggraben und am Fuße des östlichen Schlosses, am Akazienwalde vorbei, nach dem Burgwege führt, ist im J. 1805 angelegt worden.“

41 Die Reinschrift des Brunnengedichts ist auf den 22. September 1815 datiert (vgl. Maier, Kommentar zu VIII 27, S. 323), liegt also der Ankunft der Frankfurter Freunde in Heidelberg um einen Tag voraus. Vgl. zur Datierung Debon (Anm. 38), S. 207.

42 Vgl. ‚Chiffer‘ in Goethes ‚Noten und Abhandlungen zu besserem Verständnis des west-östlichen Divans‘ in: Goethes Werke, Bd. 2, Gedichte und Epen II, textkritisch durchgesehen und kommentiert v. Erich Trunz (Hamburger Ausgabe), München [12] 1981, S. 193 f. Vgl. Referat und Diskussion bei Debon (Anm. 38), 204–206.

42 Metzger (Anm. 31): S. 80, Nr. 85. Debon (Anm. 38), S. 202 f. Zwar läßt sich das vom Brunnen auslaufende Bächlein schwerlich als Kanal, doch immerhin als Imaginationsquelle für Divan VIII 42, 7: „In des Canales reinem Wellenleben“ denken, worin Zypresse, Kanal und Wasserfäden in Nachbarschaft stehen. Sein Vorbild in Isfahan war jedoch nicht von Zypressen, sondern von Laubbäumen begleitet. „Selbstverständlich malt der Dichter in seinen Strophen nicht den Schloßgarten, sondern eine Szenerie des Morgenlandes.“ (Debon, S. 202) Der *„westöstliche* Garten“ spricht eigentlich dagegen.

44 In dieser heiklen Frage nach der Verfasserschaft im ‚Divan‘ hat eines der letzten Worte Wilhelm Solms, Welche Suleikalieder sind von Marianne? in: W. S., Interpretation als Textkritik. Zur Edition des West-oestlichen Divans, Heidelberg 1974, 97–106, gesprochen: „Übrigens sind die Lieder, die dem Titel von E [der Erstausgabe des ‚Divan‘ von 1819] zufolge allein Suleika gehören, keinen Hatem-Teil enthalten, die vier Gedichte *Mariannes*.“ (S. 106) Die sinnvolle Unterscheidung des Titels ‚Suleika‘ von der Sprecherrolle in den Suleika mit Hatem verbindenden Gedichten läßt Solms zu diesem Ergebnis kommen. Dabei versteht er jedoch Divan VIII 7 „Als ich auf dem Euphrat schiffte“ und die zugehörige Auslegung in VIII 8 gegenüber

Maier, dessen Zählung beide Gedichte isoliert, als Bestände des Sprecherwechsels Suleika / Hatem und so als die *eines* Gedichts. Diese Lesart hat die Evidenz des Authentischen für sich. Mariane von Willemers Brief vom 5. April 1856 an Herman Grimm nämlich gibt sowohl ihre Verfasserschaft als auch im Sinne der beiden über Kreuz gelegten Ginkgo-Blätter, wie sie die Reinschrift des zugehörigen Gedichts zieren, ihre schöpferische Mitwirkung am ‚Divan' (vgl. Solms, S. 103, Anm. 121) zu erkennen: „Im Divan hast Du nichts auszuscheiden, außer dem Ost- und Westwinde [VIII 31 und 34] habe ich nichts auf meinem Gewissen, als allenfalls noch ‚Hochbeglückt in deiner Liebe' [VIII 5] und ‚Sag du hast wohl viel gedichtet' [VIII 11]. Doch habe ich manches angeregt, veranlaßt und erlebt!" Nach: Herman Grimm, Goethe und Suleika (zuerst in: Preußische Jahrbücher 24 [1869] 1–21), in: Studien zum West-östlichen Divan Goethes, hg. v. Edgar Lohner (Wege der Forschung, Bd. 287), Darmstadt 1971, 285–309, hier S. 299. Vgl. zu den Divergenzen, die sich darin auftun, daß VIII 11 Sprecherwechsel aufweist, VIII 39 dagegen nicht angeführt wird, Solms, 102ff.

45 ‚Gingo biloba' (VIII 10) vom 15./27. September 1815 (vgl. Anm. 35). „Lieb' um Liebe, Stund' um Stunde" (VIII 17): 25. September 1815. „An des lust'gen Brunnens Rand" (VIII 27): 22. September 1815.

46 Willemer-Briefwechsel (Weitz): Nr. 25 und 26, S. 28–31 und 340ff. Vgl. Hans-J. Weitz, Unerkannte Grüße Goethes an Marianne Willemer. Zwei Vorträge, in: Jahrbuch des Freien Deutschen Hochstifts 1970, 127–189, hier 129 und 148.

47 Vgl. Goethes wohl an Rosine Städel abgesandtes Blatt, datiert vom 28. August 1815, mit den Versen (Willemer-Briefwechsel (Weitz): Nr. 33, S. 353):

An die Stelle des Genusses
Trete Bildchen milden Scheins
Zu Erinnerung des Flusses,
Der Terrasse, dieses Hains.

48 Vgl. das Referat bei Solms (Anm. 44): S. 99f.

49 Vgl. zum Gedicht: Gisela Henckmann, Gespräch und Geselligkeit in Goethes ‚West-östlichem Divan', Stuttgart, Berlin, Köln und Mainz 1975, 58–61.

50 „Das Ringgedicht war wirklich Abschiedssymbolik", schreibt Ernst Beutler, Goethe, West-östlicher Divan. Unter Mitwirkung von Hans Heinrich Schaeder hg. und erläutert von E. B., Leipzig 1943, S. 573, da Goethe danach die Gerbermühle nicht wiedersah.

51 Vgl. Divan VIII 20 den Kreuzreim v. 9 und 11 von „Morgenröthe" auf „Hatem". Dazu Herman Grimm (Anm. 44), 302f.

52 Henckmann: Der Garten als Landschaft Suleikas (Anm. 49), 116–119.

53 Maier: Divan-Kommentar zu I 12, S. 102. Demnach trug die verschollene Reinschrift die Angabe: „Fulda d. 26. Juli 1814, Abends 6 Uhr". An eine solche Datierung scheint sich die des im ‚Chaos' (vgl. Anm. 9) zuerst veröffentlichen Heidelberg-Gedichts anzulehnen.

54 Wieland: Geschichte des Agathon, Sechstes Buch, Zweites Kapitel.

55 Xenophon: Anabasis I 2, 7.

56 Klaus Garber: Der locus amoenus als Ort erfüllter Liebe und der Geliebten, in: K. G., Der locus amoenus und der locus terribilis. Bild und Funktion der Natur in der deutschen Schäfer und Landlebendichtung des 17. Jahrhunderts, Köln und Wien 1974, 173–199, widmet sich gewissermaßen den Vorstufen, die hier umsichtig in den Blick kommen und in den Traditionen unterschieden werden, die ihren Ausgang zum einen vom Goldenen Zeitalter und zum anderen vom Paradies nehmen. Aus der Perspektive dieser Überlieferungen werden Elemente des Gartens wie Quelle, Brunnen, Baum, Hain, Liebeslieder etc. als feste Bestandteile poeti-

scher Gärten erkennbar. Goethe kann sich hier auf eine außerordentlich reiche *westliche* Tradition beziehen, die in der anakreontischen Ausprägung des Rokoko noch unmittelbar in seine Gegenwart reichte. Im Verhältnis zum hortus conclusus, wie ihn der Hortus Palatinus vorzustellen vermochte, läßt sich die Natur im ‚Divan', der daran teilhat, zugleich als offene Landschaft erkennen. Diesen zwiefältigen Charakter weisen der Garten der Gerbermühle am Main sowie auch vor allem der Heidelberger Schloßpark auf.

57 Vgl. Henckmann (Anm. 49): S. 116. Demnach dient die „menschliche und gesellige Landschaft" im ‚Divan' als Hintergrund und ist nicht „naiv". Doch erscheint der ganze ‚Divan' als eine Pilgerfahrt ins Land des Ursprungs, das dem Garten Eden nähersteht als der Welt des Westens. Zudem spiegelt kein Ort die Besonderheit des Verhältnisses zwischen Hatem und Suleika, das Zusammenwirken „von kunstvollem Spiel und naturhafter Leidenschaft" besser als der Garten.

58 Mariane von Willemer im Brief vom 18. Juli 1830 an Goethe: Willemer-Briefwechsel (Weitz): Nr. 193, S. 235. Vgl. S. 456 und 458.

59 Weitz (Anm. 46): S. 160f.

60 Das Hohe Lied zitiere ich nach der Ausgabe: Martin Luther, Die gantze Heilige Schrifft Deudsch. Wittenberg 1545. Letzte zu Luthers Lebzeiten erschienene Ausgabe, hg. v. Hans Volz unter Mitarbeit von Heinz Blanke, Textredaktion von Friedrich Kur, München 1972, 1151–1158.

61 Vgl. Weitz (Anm. 46): S. 138ff. zu Goethe und dem Hohen Lied sowie zur Rolle der Sulamith in der Reformations-Kantate, S. 170 zu weiteren Bruchstücken der Kantate und S. 176 zum „Suleika-Ton" in den Strophen der Sulamith, auf die zuerst Richard Friedenthal, Goethe (1963), aufmerksam gemacht habe. – Vgl. Goethe, Werke, hg. im Auftrage der Großherzogin Sophie von Sachsen, Abt. 4: Briefe, Bd. 27, hg. v. Carl Schüddekopf, Weimar 1903, 261, 12ff.: „Sulamit die Geliebteste in der Ferne."

62 Zum Schluß nochmals eine Überlegung zur Datierung des Gedichts: Die Reinschrift (Anm. 9) trägt kein Datum: Da die Goethe zugegangene Handschrift fehlt, ist nicht auszuschließen, daß jenes Datum auf der Abschrift, das nur in Kleinschreibung vom Erstdruck im ‚Chaos' (vgl. Anm. 9): „Den 28. Juli Abends 7 Uhr." abweicht, von Goethe hinzugefügt worden ist. Ist es ein sprechendes Datum? Das Gedicht wird kaum am Tage des Eckermann-Besuchs, am 28. Juli 1824, entstanden, höchstens in seiner vorläufigen Fassung vollendet oder auch erst begonnen worden sein. Es geht außerdem nicht aus den Zeugnissen hervor, ob Goethe Eckermann gebeten haben könnte, die Bewohner der Gerbermühle an diesem bestimmten Tage zu überraschen. – Jedenfalls vermag es an den Tag zu erinnern, an dem Goethe zehn Jahre zuvor, unterwegs nach Wiesbaden, vom 28. auf den 29. Juli 1814 in Frankfurt übernachtete. Zwar heißt es in Goethes Brief vom 29. Juli 1814 an Christiane nach Weimar, Willemer sei auf der Mühle. Das muß noch nicht heißen, daß Goethe und Marianne Jung, wie sie damals noch hieß, sich beispielsweise in Willemers Stadthaus nicht begegnet sein können. Vgl. Willemer-Briefwechsel, S. 287, 551. Weitz (ebda., S. 292) datiert beider erstes Zwiegespräch auf den 12. Oktober 1814. Vgl. Willemer-Briefwechsel: Nr. 8, S. 11f.

WILLIAM TURNER (1775—1851)
Ansicht Heidelbergs von Osten, um 1845
Öl auf Leinwand; 63,6 : 65,5 cm; Inv.Nr. G 2076

Charles de Graimberg (1774—1864)
Der Kornmarkt in Heidelberg, um 1840
Feder/Tusche, Bleistift; 230 : 309 mm; Inv.Nr. Z 664

GEORG MARIA ECKERT (1828–1905)
Waldlandschaft mit Blick auf das Heidelberger Schloß, um 1860
Öl auf Leinwand; 105 : 137 cm; Inv.Nr. G 1088

Die Geschichtlichkeit des romantischen Augenblicks in Gottfried Kellers Heidelberg-Bildern

von

Gerhard vom Hofe

Heidelbergs poetische Topographie, welcher Eichendorff nach ihrer Entdeckung um 1800 das Siegel einer „prächtige(n) Romantik“ [1] aufgeprägt hat, scheint sich Gottfried Kellers poetischem Blick weitgehend entzogen zu haben. Jedenfalls lassen die Zeugnisse aus seiner Heidelberger Studienzeit zwischen dem Herbst 1848 und dem Frühjahr 1850 erkennen, daß die Stadt und ihre herrliche Lage Kellers Augenlust nicht sehr beschäftigt und seine künstlerische Produktion offenbar nicht in dem Maße herausgefordert haben, wie sich das von einem immerhin geschulten Malerblick und einer lebhaften poetischen Einbildungskraft erwarten ließe. Mit Ausnahme eines Gedichtes, welches die schöne Brücke apostrophiert, die schon so manchen Künstler inspiriert hatte, und einer interessanten Betrachtung der Heidelberger Landschaft bei Gelegenheit eines Spaziergangs bleiben die ästhetischen Reize der Stadt und ihrer ‚idealen‘ Lage unbeachtet. Und das erstaunt doch, wenn man berücksichtigt, daß der nun mit einem Staatsstipendium nach Heidelberg Gekommene [2] zuvor die Münchener Malerakademie besucht und dort vor allem das Fach der Landschaftsmalerei durchaus studiert hatte, ja auch in seinen späteren „Bummeljahren“ in Zürich zwischen 1842 und 1848 nach dem abgebrochenen Kunststudium die Beschäftigung mit der Malerei keineswegs aufgegeben hatte. [3].

Erstaunlich wirkt Kellers weitgehendes Schweigen über die Naturschönheiten Heidelbergs auch im Hinblick auf sein Bekenntnis zur „glühenden“ Sinnlichkeit und Natur- oder Weltfrömmigkeit, das in der Begegnung mit Feuerbach in Heidelberg und in seiner Aneignung von dessen Philosophie eine neue Begründung gefunden hatte. [4] Was die vielzitierten Verse aus dem späten „Abendlied“ poetisch zum Ausdruck bringen:

> „Trinkt, o Augen, was die Wimper hält,
> von dem goldnen Überfluß der Welt!“ [5]

und was in einem Brief an Baumgartner als die Konsequenz seiner Feuerbach-Erfahrung zum ästhetischen Imperativ erhoben wird: „Nur für die Kunst und Poesie ist von nun an kein Heil mehr ohne vollkommene geistige Freiheit und ganzes glühendes Erfassen der Natur ohne alle Neben- und Hintergedanken“, [6] das ließe doch geradezu eine produktive Wiederentdeckung des „Romantischen“ Heidelbergs aus dem Geist Feuerbachs erwarten. Und wenn Keller in einem Brief vom 28. 1. 1849 wiederum an den Freund Baumgartner schreibt, [7] er sei entschlossen,

„*tabula rasa*" zu machen „mit allen meinen bisherigen religiösen Vorstellungen, bis ich auf dem Feuerbachischen Niveau bin", und die Folgen solcher Radikalkur für seine Kunstauffassung im Sinne eines mimetischen ‚Realismus' bedenkt, dann müßte diese Selbstklärung eines neuen Kunstprinzips eigentlich auch in sinnlich-poetischen Bildern Heidelbergs sich widerspiegeln. Das von den Romantikern poetisierte Schöne der Stadt und ihrer Landschaft wäre, von metaphysischen Sinnbezügen ‚gereinigt' und einer entschieden diesseitigen Welt mit dem Netz ihrer Verweisungen zurückgegeben, möglicherweise ganz neu zu entdecken. Denn die „Hauptfrage": „Wird die Welt, wird das Leben prosaischer und gemeiner nach Feuerbach?" hatte Keller im erwähnten Brief schon in Heidelberg eindeutig zugunsten der Poesie entschieden: „Nein! im Gegenteil, es wird alles klarer, strenger, aber auch glühender und sinnlicher."[8]

Aber vom vielbesungenen Zauber Heidelbergs und seiner „Romantik" reden – streng genommen – nur zwei Texte Kellers: eine historisch reflektierende Skizze *Die Romantik und die Gegenwart*, entstanden im Sommer 1849, und ein einziges Gedicht auf die „Schöne Brücke", welches in die selbstbesorgten Lyriksammlungen nicht einmal Aufnahme gefunden hat. Dabei war Keller in Heidelberg keineswegs künstlerisch und dichterisch unproduktiv.[9] Die alte Zauberkraft der unversiegten Musenquelle am Ort hat durchaus auch ihn inspiriert. So beginnt in Heidelberg die Arbeit am *Grünen Heinrich*, der als eine Art Bilanz seiner Jugendgeschichte und als eine poetische Beichte die „letzte subjektive Äußerung"[10] des Autors sein soll. Und hier entstehen einige Gedichte, die indessen mit Ausnahme des schon genannten Brücken-Gedichts, welches im Folgenden näher zu analysieren lohnt, und des zeitpolitisch gefärbten Liedes *Die Schifferin auf dem Neckar (II)* keinen erkennbaren Bezug auf die Stadt und seine Landschaft haben. So ergibt sich der wirklich merkwürdige Sachverhalt, daß dem „Augenmenschen" Keller die farben- und perspektivenreiche Szenerie Heidelbergs und seine „prächtige Romantik" zum poetischen Augenblick aufs charakteristische Detail sich verengt. Die in den Jahren der Klassik und Romantik poetisierten Reize und die Schönheiten der Stadt scheinen sich auf dies eine Objekt reduziert zu haben und im übrigen – wie Kellers „Grille", seine zeitkritische Reflexion über das Verhältnis von Romantik und Gegenwart auf einem Spaziergang über die „grünen Berge Heidelbergs" zeigt, – gänzlich aus der Stadt in die umgebende Landschaft geflohen zu sein. In der Entwicklung der lokalen Landschaftsmalerei nach etwa 1830 läßt sich eine analoge Tendenz beobachten, wenn die Stadt mit ihren bevorzugten Motiven offenkundig ihre Anziehungskraft für die Künstler verliert und schließlich zum reinen Nebenmotiv oder zum kulissenartigen Hintergrund herabsinkt.[11]

Die Stadt scheint im „Zeitalter der Prosa" (um mit Hegel zu reden) und in den Revolutionsjahren des 19. Jahrhunderts selber „prosaisch" geworden zu sein: sie scheint von der „Prosa" der Lebensverhältnisse eingeholt. In Kellers Heidelberg-Briefen erscheint die Stadt von den „Wettern" der Zeit zerrissen (nicht bloß – wie's bei Hölderlin heißt – die „schicksalskundige Burg"): von politischen Wirren und Unruhen des badischen Aufstands gezeichnet, vom „Kriegslärm" übertönt.[12] Und die aufdringlich krude Wirklichkeit, die Wahrnehmung des Milieus verstellt den Blick fürs Ästhetische. Ein typisches Beispiel für Kellers ungeschminkte und ironische Beschreibung der prosaischen Verhältnisse der Stadt ist sein Brief an die Mutter und die Schwester vom 31. Oktober 1848, also kurz nach seiner Ankunft in Heidelberg: dem Bericht über seine Wohnverhältnisse in der Unteren Neckarstraße und den „Luxus" seiner ärmlichen Behausung folgt eine wenig vorteilhafte Schilderung des Studentenmilieus: „Überhaupt ist hier ein lumpiges, liederliches Volk, alles lebt ganz und gar von den Studenten, die halbe und dreiviertels Bevölkerung sind uneheliche Studentenkinder und läuft in Fetzen herum (...)."[13] Wir können indes solchen kultur- und lokalgeschichtlich interessanten Milieustudien Kellers und seinen in den Briefen bezeugten „Merkwürdigkeiten", welche er in den ihm offenen Gesellschaftskreisen „wunderlicher" Hofräte und Professoren Heidelbergs beobachtet, nicht weiter nachgehen.[14] Auch von seinen Bildungserlebnissen, vermittelt durch Ludwig Feuerbachs[15] Religionsphilosophie vorab und Hermann Hettners[16] philosophische wie literarhistorische Kollegs, die eindrucksvollen Vorlesungen des Anthropologen Henle[17] oder auch die gelegentlich besuchten Lehrveranstaltungen der beiden bekannten Heidelberger Historiker Häusser und Schlosser, um derentwillen Heidelberg als Studienort ursprünglich überhaupt gewählt worden war,[18] kann nicht weiter die Rede sein. Wir müssen uns hier auch versagen, auf Kellers Begegnung mit den bedeutenden Freunden, die ihm über die Heidelberger Zeit hinaus verbunden bleiben, näher einzugehen oder über seine Beziehung zu den beiden Heidelberger Künstlern, zum „famosen Landschaftsmaler" Bernhard Fries[19] und dessen Antipoden Koester, dem in Kellers Sicht vermeintlich anachronistischen Maler vorromantischer Landschaften und einstigen Restaurator der Boissereeschen Sammlung,[20] mehr in Erfahrung zu bringen, als die Briefe verraten. Und auch Heidelberg als gewiß wichtige Station auf dem Wege Kellerscher Autorschaft wäre einer näheren Untersuchung wert, zumal ihm hier

– wie er in einem Brief vom 28. Januar 1849 an Hegi schreibt – zum Bewußtsein kommt, „auf dem eigentlichen Platze der Literatur“ zu sein, „welcher ich mich einzuverleiben zur Lebensaufgabe machen muß.“[21]

Stattdessen gilt das Augenmerk im Folgenden ausschließlich den beiden einzigen Texten, in denen Kellers ‚poetischer Augenblick‘ auf Heidelberg manifest geworden ist: zum einen der poetischen Verwandlung des sinnlich Geschauten ins Brücken-Gedicht, zum andern seiner Aufzeichnung *Die Romantik und die Gegenwart*, welche die eigene Anschauung der Heidelberger Landschaft mit einer ästhetischen und historischen Reflexion kritisch verbindet.

***

„Schöne Brücke, hast mich oft getragen,
Wenn mein Herz erwartungsvoll geschlagen
Und mit dir den Strom ich überschritt.
Und mich dünkte, deine stolzen Bogen
Sind in kühnerm Schwunge mitgezogen,
Und sie fühlten meine Freude mit.

Weh der Täuschung, da ich jetzo sehe,
Wenn ich schweren Leids hinübergehe,
Daß der Last kein Joch sich fühlend biegt;
Soll ich einsam in die Berge gehen
Und nach einem schwachen Stege spähen,
Der sich meinem Kummer zitternd fügt?

Aber sie, mit anderm Weh und Leiden
Und im Herzen andre Seligkeiten:
Trage leicht die blühende Gestalt!
Schöne Brücke, magst du ewig stehen,
Ewig aber wird es nie geschehen,
Daß ein bessres Weib hinüber wallt!“

Das Gedicht stammt aus Kellers Nachlaß. Das Autograph, ein Briefbogen, enthält den an wenigen Stellen korrigierten Text ohne Überschrift neben zwei weiteren Gedichten und datiert diese drei Texte „Heidelberg 1849“.[22] Lebensgeschichtliche Indizien sprechen für eine Entstehung im Spätherbst. Die maßgebliche kritische Werkausgabe rückt das Brücken-Gedicht unter der Rubrik „Aus dem Leben“ an die erste Stelle der Nachlaß-Gedichte, vielleicht um damit auf den besonderen biographischen Stellenwert und die lebensgeschichtliche Verankerung dieses Textes aufmerksam zu machen.[23] So ist denn auch das Gedicht in der Keller-Philologie immer wieder (und mit gutem Grund) aus solchem Zusammenhang interpretiert worden. Im Kommentar der kritischen Ausgabe wird ausdrücklich darauf verwiesen, die in der Schlußstrophe ungenannt bleibende „blühende Gestalt“ meine Johanna Kapp, die künstlerisch begabte Tochter des Hofrats Christian Kapp, der als Professor der Philosophie im Heidelberger Gesellschaftsleben eine bedeutende Rolle gespielt hat, eine phantastische Villa mit herrlichem Garten bis hinauf zum Philosophenweg besaß und in dessen gastfreundlichem Haus Keller viele Stunden „glücklicher Vergessenheit“ in Gegenwart Johannas verbracht hat.[24]

Der Weg zur liebevoll verehrten Johanna Kapp, die ihrerseits jedoch in unglücklicher Liebe Ludwig Feuerbach zugetan war, führte Keller von seiner Wohnung diesseits des Neckars in der Unteren Neckarstraße über die „alte“ („schöne“) Brücke zum jenseits des Flusses gelegenen Kappschen Haus „Zum Waldhorn“. Und diesen Weg vollzieht das Gedicht in mimetischer Bewegung nach, ohne doch einen konkreten Wirklichkeitsbezug herzustellen. Diesen indessen zu rekonstruieren, schien den Herausgebern der Keller-Gedichte und ihren Interpreten immer wieder notwendig. Kellers nicht abgesandter Brief an Johanna Kapp, datiert vom 7. und 11. Dezember 1849 und offenbar unmittelbar nach Johannas Weggang von Heidelberg nach München auf die dortige Malerakademie geschrieben, wurde als Deutungsschlüssel für das vermeintlich intime Liebes- und private „Bekenntnisgedicht“ geltend gemacht.[25] Und der mutmaßlich ungeschützten Nähe zur erlebten Lebenswirklichkeit, der geahnten Indiskretion subjektiver confessio wegen, so glaubte man zu wissen, soll Keller dies Gedicht weder in die 1851 zuerst veröffentlichte Sammlung der *Neueren Gedichte* noch in die 1883 publizierte Anthologie seiner *Späten Gedichte* aufgenommen haben.

Es soll hier nicht geleugnet werden, daß die biographischen Deutungsversuche zur Erhellung des Textes Wesentliches beitragen. Zur Rekonstruktion der formalen und semantisch-logischen Struktur dieses Gedichts jedoch scheint der Rekurs auf Biographisches und auf autobiographisches Material entbehrlich. Schon die handschriftlichen Sofortkorrekturen verraten nämlich die Tendenz zur ‚Reinigung‘ bloß subjektiver Äußerungen, den Willen zur Objektivität: wenn beispielsweise im 6. Vers der I. Strophe das unvergleichlich stärker emotional aufgeladene Wort „Liebe“ durch die panerotische und also vielbezügliche Affektbezeichnung „Freude“ ersetzt wird. Kunstwille statt subjektiver Herzensergießung zeigt sich auch in den Verbesserungen, die Keller in der Schlußstrophe vornimmt. Die

Schlußzeile hieß ursprünglich: „daß hinüber eine Beßre wallt!" Keller ändert die Zeile im Sinne einer klangrhythmischen Steigerung, indem er das Stilmittel der Alliteration einführt („Daß ein bessres *W*eib hinüber *w*allt!") und durch die grammatikalische Umstellung die manieriert wirkende Figur der inversio rückgängig macht und damit dem Subjekt, auf dessen religiös-poetische Stilisierung die ganze Schlußstrophe hinarbeitet, die exponiertere Stellung im Satz zurückgewinnt.[26]

Eine voreilige Festlegung auf eine verdeckte autobiographische Mitteilung lenkt den Blick leicht ab vom topisch strukturierten Material und den in romantischer Tradition vorgeprägten Stilformen. Werkgeschichtlich geurteilt gehört das Gedicht „Schöne Brücke" in die zweite Phase von Kellers lyrischer Produktion.[27] Nachdem die 1846 bei Winter in Heidelberg erschienene erste Sammlung der frühen Gedichte (überwiegend Naturlyrik und politische Lyrik enthaltend) die Ernte der ersten Phase, die deutlich im Zeichen politischer Lyrik der Jungdeutschen (Herwegh und Fallersleben zumal) und des *Buchs der Lieder* von Heine gestanden, eingebracht hatte, zeigen die nun in einer zweiten Phase hauptsächlich in Heidelberg und Berlin entstehenden Gedichte stärker den Einfluß romantischer und spätromantischer Lyrik. Der volksliedhafte Ton Heines und der Romanzenton der schwäbischen Dichter hinterlassen bei Keller Spuren. Reflexion aber durchsetzt die evokative Kraft der Naturbilder; und ein sentimentalischer Grundton herrscht vor. Kellers „stille Grundtrauer"[28] tingiert die nachgeahmten romantischen Muster und verleiht ihnen einen individuellen Klang.

Auch die Form des Brücken-Gedichts bleibt romantisch-konventionell. Die fünfhebigen Trochäen, die sechszeiligen Strophen, fast ein wenig pedantisch streng dem vorgegebenen Schema folgend, ohne rhythmische Besonderheiten, die paarweise gereimten Verse mit den weiblich-klingenden Endungen, die mit den beiden männlich-stumpfen Versen mit umarmenden Reimen alternieren, alle diese Merkmale bestätigen Kellers Imitation romantischer Muster und vielbeliebter Versformen. Romantisches Erbe ist auch die Anthropomorphisierung der Brücke, die Beseelung des Statisch-Unbelebten (womit Keller hier vielleicht sogar Hölderlins poetische Dynamisierung der Kurfürstenbrücke in dessen *Heidelberg*-Ode in sentimentalischer Manier ‚überbietet'). Und romantischer Konvention entspricht schließlich das Motiv verklärender Idealisierung der ungenannten Geliebten, ja deren Stilisierung zur liebend-leidenden ‚Heiligen', die ins Unerreichliche entrückt wird.

Der Aufbau dieses Gedichts „Schöne Brücke" läßt die Struktur eines Triptychons erkennen: die drei Strophen thematisieren drei Stadien auf dem Wege über die Brücke. Diesen drei Stationen sind die Zeitformen der Vergangenheit, Gegenwart und Zukunft zugeordnet, so daß aus der Verknüpfung der Zeitdimensionen durch die Reflexion des lyrischen Ich eine mögliche Geschichte konstituiert wird. Die „schöne Brücke" fungiert als die Manifestation der Dauer und stiftet Kontinuität. In ihrem Spiegel reflektiert sich der Abglanz der Geliebten; und in ihrem Angesicht, im Blick auf die der schönen Brücke zugemessene sinnbildliche Bedeutung entfaltet das Gedicht in den drei Strophen die auf die entzogene Frau gerichtete Empfindung in wiederum drei Modifikationen einer wehmütig-sentimentalischen Grundempfindung. Dabei erscheint die mittlere Strophe, welche mit dem Zeitadverb „jetzo" den gegenwärtigen Standort des Ichs akzentuiert, als die Achse des Gedichts und das Zentrum seiner Triptychon-Struktur. Denn hier wird die Perspektive der sinnlichen Wahrnehmung der Brücke als die Optik des Hinübergehenden festgelegt. Und hier liegt der Ausgangs- und Fluchtpunkt der ins Vergangene (Strophe I) und ins Künftige (Strophe III) ausgreifenden Reflexionsbewegung, hier wird der Brennpunkt sentimentalischer Empfindungen geortet. Die Analyse des Gedichts beginnt daher aus sachlichen Gründen mit dem „Mittelstück" und folgt dann den beiden anderen Blickrichtungen. So zeigt sich, daß die Anschauung der „schönen Brücke" von der jeweiligen Spielart sentimentalischer Empfindung gelenkt ist: Klage im Gegenwärtigen, Freude in der Erinnerung und wehmütige Verklärung der Verlorenen im Künftigen verändern die Bilder der Brücke.

Die mittlere Strophe ist ganz im Ton der Klage gestimmt, was die Intonation mit der Interjektion „Weh" anzeigt. Das Faktum einer „Täuschung", einer Desillusionierung – wie der Vergleich mit der ersten Strophe deutlich macht –, wird nicht etwa „rationalisiert", sondern als endgültig geworden angenommen. Gründe bleiben ausgespart. Die Erkenntnis dieser „Täuschung" kommt als poetischer Vorgang zur Darstellung: sie vollzieht sich für das Ich im Spiegel der Brücke, welche das schwere Liebes-Leiden nicht (mehr) mitträgt. Die Brücke, die einst mit ihren „stolzen Bogen" und deren Dynamisierung („in kühnerm Schwunge") den Affekt der Freude sympathetisch sogar noch gesteigert zu haben schien, versagt nun ihre Kommunikation. Sie erweist sich als bloß „totes" und statisches Gebilde, reduziert auf die pure materiale Gegenständlichkeit. Sinnliche Wahrnehmung führt die Folgen ausgebliebener Liebeserfüllung vor Augen. Und in ihrer Verbindung mit der Erinnerung scheint im Spiegel der Brücke, die ihre Bedeutung als vertrauter Gefährte des Ich in der Gegenwart eingebüßt hat, der Verlust der geliebten Frau auf.

In Form einer doch eher rhetorischen Frage wird die melancholische Einsamkeit der Natur (der Berge) als Flucht oder Zufluchtsort erwogen. Aber die Abwendung von dem Ort, welcher den Weg zu ihr im Vergangenen gebahnt hat und an welchen sowohl die Erinnerung als auch die Vorstellung der Zukunft unlösbar geknüpft bleiben, verbietet sich.

Der Zauber der Erinnerung vor allem hält das lyrische Ich an der Brücke, welche die Begegnung ermöglicht hat, fest. Im Rückblick vergewissert sich das Ich wiederum im Spiegel der liebevoll angeschauten Brücke des Glückes freudiger Erwartung. Die in der präteritalen Form gefaßte Eingangsstrophe apostrophiert nicht etwa die Geliebte selbst, sondern die Brücke als den Übergang zum erwarteten Glück. Erinnerung vergegenwärtigt die Bedeutung dieses Ortes, der ja nicht wie der Brunnen ein Ort der Begegnung selbst ist. „Schön" aber ist dieser Ort, und das epitheton ornans, so blaß es auch scheinen mag, signalisiert trotz seiner konventionellen Formelhaftigkeit den Reiz des Eros. Doch Keller ‚zitiert' – vermutlich unwissend – einen Topos Heidelberger Kunst. Die Schönheit der „alten" Brücke nämlich ist schon geradezu sprichwörtlich, seit Goethe sie wohl für die Poesie entdeckt hat, und zwar mit den Augen desjenigen, welcher „sich noch der alten hölzernen Brücke erinnert" und nun im Vergleich die „im echten guten Sinne gebaut(e)" neue Brücke staunend anschaut und ihr eine Schönheit zugesteht, „wie vielleicht keine Brücke der Welt" sie erreicht.[29]

„Schön" scheint die Brücke im Gedicht Kellers auch für sich selbst zu sein; aber vor allem spiegelt sie den Affekt der Freude als ein mitfühlender Gefährte auf dem Weg zur Geliebten. Ja sie steigert sogar die hochgemute Erwartung und die lebenerhöhende Freude. Und ihre Bedeutung für das Ich mag auch darin liegen, daß ihre „Schönheit" auf eine andere Schönheit vorausdeutet.

Die Anrede der Brücke kehrt als Figur in der letzten Strophe wieder, und diese Wiederholung der Eingangs-Apostrophe verweist auffällig auf Korrespondenzen zwischen der Anfangs- und der Schlußstrophe. In einer Art musikalischer Engführung bleiben Brücke und „blühende Gestalt" harmonisch verbunden. Dem Stichwort „Freude" in Strophe I entspricht in der Schlußstrophe die zweite Zeile: „Und im Herzen andre Seligkeiten", freilich als Klimax gewendet und anders gerichtet. Auch die frühere Erfahrung des Getragenwerdens von der Brücke kehrt als Wunsch und Bitte an die erneut als Gesprächspartnerin gewählte Brücke nun im Blick auf die Geliebte wieder. Am deutlichsten aber wird die bewußte Projektion einer Überbietung im Vergleich mit den eigenen Glücks- und Leiderfahrungen durch die

Veränderung des Sprachstils. Die Schlußstrophe verrät eine denkwürdige Modulation in eine religiös gefärbte emphatische Sprache. Besonders die Vokabeln „Seligkeiten", „ewig" und „hinüber wallen" signalisieren romantisches Pathos. Der beschwerte Beginn der dritten Strophe mit der den kontrastiven Vergleich betonenden Wendung „Aber sie", womit die ungenannte „blühende Gestalt" überhaupt das erste Mal im Gedicht direkt erwähnt wird, kündigt die Absicht an, die in der vorigen Strophe erhobene Klage des Ichs ins rechte Licht zu setzen und ihm das Recht zur Anklage zu entziehen. Die vermeintlich ähnlichen Empfindungen scheinen letztlich doch unvergleichbar, auch wenn der erste Vers der Schlußstrophe die Ausdrücke der Passion des lyrischen Ichs aus der Mittelstrophe aufnimmt („Weh und Leiden") und damit doch eine Gemeinsamkeit sinnfällig zu machen sucht. Aber vorherrschend bleibt die Tendenz, die „blühende Gestalt" ins Unvergleichliche zu entrücken. Solcher ‚Verklärung' dienen alle Formen sprachlicher Klimax. Im Kontrast zur Schwere der eigenen Last, der „kein Joch sich fühlend biegt", soll die Brücke nun die „blühende Gestalt" „leicht" tragen. Im Lichte einer Verklärung der Geliebten, die im Bilde der beinahe ätherisch-seligen ‚Pilgerin' über die schöne Brücke „wallt" und diese als ewigen Zeugen ihrer Unvergleichlichkeit gewinnt, verabschiedet Kellers poetisches Ich die Inkarnation der romantischen Liebe, die nurmehr im Modus poetisierter Erinnerung fortlebt. Zurück aber bleibt ein unvollkommen Liebender und Leidender, der mit seiner vergänglichen Liebe am Ende allein Liebe ‚schuldig' bleibt, während die Entrückte von aller Liebesschuld freigesprochen wird. So dient der in der Schlußstrophe berufene romantische Topos einer Apotheose des „ewig Weiblichen", der die religiöse Bilderwelt der Heiligenliteratur und Legenden noch durchscheinen läßt, nicht mehr zuerst als Zeichen einer verbürgten Hoffnung auf die Transzendenz der Liebe, sondern wie später im *Grünen Heinrich* als ein Mittel, den Zurückgelassenen sich selbst ins Unrecht setzen zu lassen. So läßt sich – scheint mir – auch diesem Brücken-Gedicht das Grundmotiv Kellerscher Dichtungen und das Stigma seines Lebens ablesen, das die neueren Keller-Monographien von Adolf Muschg[30] und Gerhard Kaiser[31] als konstantes Grundmotiv der Schuld mit Recht in den Brennpunkt ihrer Deutung gerückt haben. Der zweideutige Komparativ „bessres Weib" in der Schlußzeile, der die moralische Integrität, ja moralische Vollkommenheit einschließt, läßt in der apodiktisch-beschwörenden Rede des Ichs (niemals in Ewigkeit könne ein „bessres Weib" über die Brücke wallen) das Motiv eigener Liebesschuld angesichts solcher Vollkommenheit wenigstens anklingen.

Abschließend sei noch einmal Kellers poetischer Blick auf die „schöne Brücke" ins Auge gefaßt und ihre Bedeutung für die Struktur des analysierten Gedichts bezeichnet. Die drei Strophen ließen an ein Triptychon denken, deren dreigliedrige Darstellung die Stationen einer via amoris, einer freilich weltlichen via sacra amoris, ins poetische Bild setzt. Die „schöne Brücke" ist der Weg, der Übergang zum Ziel; und sofern die Brücke den identischen Ort der drei Stationen bildet, vermittelt sie die drei Situationen zu einer potentiellen Geschichte, welche jedoch in der Reflexion des Ichs sich erst herstellt. Die mittlere Strophe, welche mit der kritischen Selbstreflexion die Achse des Textes bildet, deutet an, daß der Liebesweg zugleich ein Passionsweg ist, der aber die Möglichkeit romantischer Verklärung einschließt. So thematisiert das Brücken-Gedicht aus der Sicht des poetischen Ichs die Entfaltung einer romantischen Liebe in den Stationen einer via dolorosa amoris.

Merkwürdig, wenn nicht befremdlich für den Feuerbach-Schüler Keller erscheint die Schlußstrophe mit ihrer religiös-emphatischen Sprache und der Verklärung. Dies widerspricht im Grunde Kellers Bekenntnis zur Geschichtlichkeit und seiner bewußten Preisgabe des Unsterblichkeitsglaubens. Die Auskunft, Keller zitiere hier traditionelle Topoi, befriedigt nicht ganz. Indessen scheint doch die vermeintliche Inkonsequenz im Medium der Dichtung erlaubt: Keller ‚rettet' das weltanschaulich Verlorene im Modus des Poetischen. Aber indem er die Erfahrung eigener „romantischer Liebe" noch einmal ins poetische Licht einer romantischen Apotheose rückt, nimmt er doch zugleich Abschied davon. Die im Gedicht Verewigte kehrt nicht zurück; und eine Wiederholung scheint der Logik des Textes gemäß ausgeschlossen.

Berücksichtigt man den lebensgeschichtlichen Kontext des Gedichtes, dann könnte man den schon erwähnten, niemals abgesandten Brief an Johanna Kapp vom 7. Dezember 1849 als einen Kommentar zum Gedicht lesen. Denn hier verbindet Keller seinen bewußten Abschied vom Traum der Jugend und seiner „Taugenichts"-Zeit mit dem Abschied vom Traum romantischen Liebesglücks: „Meine Jugend ist nun vorüber, und mit ihr wird auch das Bedürfnis nach einem jugendlich poetischen Glücke schwinden; (...)." Vielleicht werde er noch „ein fröhlicher Mensch, der diesen oder jenen Winterschwank aufführt. Mein Herz aber einem liebenden Weibe noch als bare Münze anzubieten, dazu, dünkt mich, habe ich es nun schon zu sehr abgebraucht und werde es noch ferner abbrauchen, bis es nur von *Ihnen* frei ist".[32]

Und im Brief an Follen (Herbst 1849) versucht Keller ein Resümee seiner Heidelberg-Erfahrungen, indem er sich eine bestandene Lebenskrise bewußt macht und in anderer Weise Abschied von seiner ‚romantischen' (im Text steht dafür synonym verwendet: *sonderbare[n]*) Jugend nimmt:

„Ich habe hier ein seltsames Jahr verlebt. Ich kann eben nicht sagen, daß ich sehr gelehrt worden bin; aber das wenige, was ich gelernt habe, hat so gut in die äußeren Erfahrungen eingegriffen, so viel Inneres mir aufgeschlossen, *ich habe mein Selbst*, welches in allerlei kleinen Passionen und Dingen von eitelm Geschmacke anfangen wollte zu verschwimmen, *herausgerettet und sozusagen neu entdeckt* und hergestellt, während ich doch meiner Natur nach der Alte geblieben bin, ich habe endlich meine *sonderbare Jugend* (ich bin diesen Sommer 30 Jahre alt geworden) so abgeschlossen – daß ich dies Jahr nicht zu meinen schlechtesten zähle."

Und er fügt hinzu: Sein Roman (i. e. der in Heidelberg begonnene *Grüne Heinrich*) werde seine „letzte subjektive Äußerung sein".[33]

***

Dieser Selbstprüfung und lebensgeschichtlich-existentiellen Abrechnung, welche sich in den Briefen der Heidelberger Zeit bezeugt, doch auch im Medium der hier entstehenden Dichtung als ein Abschiednehmen von der eigenen „subjektiven" Romantik seiner Jugend Spuren hinterlassen hat (wie am Beispiel des Brücken-Gedichts gezeigt), entspricht Kellers Versuch einer kritischen Selbstklärung seiner Position als Autor. Heidelberg als eine vergangene Hochburg der Romantik und als gegenwärtiger Schauplatz politischer Unruhen mußte zu solchem Versuch einer Bestimmung des eigenen geschichtlichen Standorts geradezu herausfordern. In einer von der Keller-Forschung bisher wenig beachteten tagebuchartigen Skizze, welche die Handschrift mit „Heidelberg, Juni 1849" recht genau datiert, wird der immer noch wirkungsmächtige, den Genius loci verkörpernde Geist der Romantik zum Stachel der Reflexion.

Der Titel dieser zu Lebzeiten Kellers unveröffentlichten „Grille" (wie der Autor seine Aufzeichnungen humoristisch charakterisiert, vielleicht um ihnen das Gewicht des Verbindlichen sogleich wieder zu nehmen), *Die Romantik und die Gegenwart*,[34] verheißt eine Konfrontation zweier Epochen unter der Voraussetzung, daß die Romantik, wenngleich sie fortwirkt, hier in historische Distanz gerückt wird und die Differenz der Zeiten erkannt ist. Die Selbstbestimmung vollzieht sich also im Spannungsfeld einer Auseinandersetzung mit der Tradition der

Romantik. Und sie objektiviert damit alle bloß entwicklungs- und bildungsgeschichtlichen Probleme zur Frage nach zeit- und geistesgeschichtlicher Orientierung. Hier spricht nicht mehr nur der Privatmann Keller, sondern der Zeitgenosse der Revolutionszeit.

Der Text beginnt mit dem Versuch einer Klärung von Kellers Romantikverständnis, verbunden mit einer geistes- und literaturgeschichtlichen Definition des Begriffs. Mutmaßlich im kritischen Blick auf Heines Spezifikationen in der *Romantischen Schule* hat der Autodidakt den Mut, eigenen Lektüreerfahrungen vertrauend, einen Begriff von Romantik in Betracht zu ziehen, der alle lokalisierbaren Schulen und ideologischen Gruppierungen sprengt: Keller denkt „nur an die unschuldige, reinliche Romantik an sich, wie sie sich in den liebenswürdigeren Äußerungen der deutschen Schule dargestellt hat". Die Beispiele zeigen, daß er die eigentlich *poetische* Romantik vor Augen hat (im Unterschied etwa zur theoretischen und philosophisch ausgerichteten Jenaer und Berliner Romantik). Denn der *Ofterdingen* und die Gedichte Tiecks sowie dessen *Kaiser Oktavian* mit der Apotheose der romantischen Poesie im Prolog werden ausdrücklich genannt, die Heidelberger Arnim und Brentano finden Erwähnung, und die schwäbischen Dichter sind durch den von Keller sehr geschätzten Balladen- und Romanzendichter Uhland vertreten. In diesen poetischen Texten scheint – so Kellers Urteil – der Geist der Romantik fortzuleben.

Nach solchen Eingangsüberlegungen wechselt der Text unvermittelt und ohne einen Absatz den Diskurs. Im Modus tagebuchartiger Erinnerung redet nun ein auf Rousseaus Spuren gehender promeneur solitaire. Und diese Textpassage muß ausführlich zitiert werden, weil hier die „prächtige Romantik" der poetischen und geschichtsträchtigen Topographie Heidelbergs geschildert wird, woran anschließend Betrachtungen geknüpft werden:

> „Ich ging auf den grünen Bergen zu Heidelberg spazieren, wo man in die Hardt hinüber sieht, zu seinen Füßen die herrliche Ebene, weiter hin den schimmernden Rhein, an ihm südlich der Dom von Speyer und nördlich die Türme von Worms und zuhinterst der blaue schöne Gebirgszug der Hardt. Hinter mir hervor aber kam der Neckar, dem gebrochenen Bergpalaste vorbei, und schlängelte sich ebenfalls in das flache Land hinaus. Er brachte aus seinen Tälern hervor die schwäbischen Erinnerungen mit, während der Odenwald mit seinen Sagen sich fast bis unter die Füße heranschob."

Ein genauer Standort für den Panoramablick in die Ebene läßt sich nicht ausmachen. Keller folgt der von den romantischen Malern bevorzugten „Ansicht von

Osten", aber mit einer signifikanten Abweichung vom romantischen Blickwinkel: ausschließlich die – überdies noch klar begrenzte – Heidelberger Landschaft kommt in den Blick, die Stadt selber tritt nicht (oder nicht mehr) in Erscheinung. Damit wird die um 1800 entdeckte ideale Lage des Ortes, dessen poetischer Reiz ja gerade im harmonischen Zusammenstimmen von Stadt, Schloß und umgebender Landschaft gesehen wurde, um ein vormals unentbehrliches Kompositionselement ärmer. Sollte der Spaziergänger also einen geographisch realen Aussichtspunkt vor Augen gehabt und nicht einen imaginären, sollte also die erinnernde Vorstellung hier einen tatsächlich möglichen ‚Augenblick' nur unwillentlich ‚romantisieren', so wäre wohl an eine Position auf dem Gaisberg zu denken. Ein solcher Versuch einer Verifizierung, wenn sie denn gelingen sollte, trüge jedoch zur Deutung der hier gesehenen Landschaft wenig bei. Entscheidend bleiben die unabhängig von der Überprüfung des mimetischen Wirklichkeitsbezugs und der möglichen Authentizität sinnlicher Wahrnehmung auffallenden Differenzen zu den vormals künstlerisch gestalteten Anschauungen der Heidelberger Landschaft. Abweichungen vom vertrauten romantischen Blick zeigen sich in der Selektion des Wahrgenommenen (oder vielleicht doch nur mit geistigem Auge Erfaßten), also der in den Blick genommenen Gegenstände – und in der Art ihrer Betrachtung. Kellers Aussicht in die Rheinebene öffnet nicht mehr den Vorhang einer Transzendenz: die Weite und die Ferne werden deutlich begrenzt. Der Reiz des „Romantischen", der sich in der Weite des Landschaftsraums auftun kann, der – um mit Jean Paul zu reden – im „Schöne(n) ohne Begränzung" oder „im schönen Unendlichen" gesucht wurde,[35] ist für Keller offensichtlich kein Wesensmerkmal der Heidelberger Landschaft. Keller interessiert die schon vermessene und sinnlicher Wahrnehmung Orientierungshilfen, ja klare Zielrichtungen gebende Kulturlandschaft. Die Bischofsstädte Worms und Speyer im Norden und Süden begrenzen den Landschaftsraum. Von hier ging die Christianisierung der Heidelberger Gegend aus; hier kristallisiert die Geschichte des christlichen Mittelalters und natürlich seine romantische Re-Poetisierung. Geistige Lebensformen werden in Erinnerung gerufen, Denkmäler der ‚Nationalgeschichte' und deutscher ‚Nationalpoesie' in ihrer Verwobenheit mit der Landschaft assoziierbar (Worms verbindet sich dem romantischen Geschichtsbewußtsein mit Kaiserdom und Nibelungenlied).

In einer merkwürdig märchenhaft klingenden Verfremdung erscheint das Schloß als „gebrochener Bergpalast", entheroisiert und aller einstigen „Ruinen-Romantik" doch entrissen. Diese ungewöhnliche Bezeichnung mit bewußter Umgehung der üblichen Begriffe „Schloß“ oder „Burg“ deutet darauf hin, daß Keller weniger die ritterliche Welt, welche doch von den Romantikern gern mit der „schicksalskundigen Burg“ in Verbindung gebracht wurde, hier wachrufen will, als vielmehr die historisch vergangene Macht und Pracht kurfürstlicher Residenz und die vorrevolutionären feudalen Verhältnisse. Eichendorff, der das Schloß von vergangener Pracht hatte „träumen“ lassen, kommt eher in den Sinn als die Erinnerung an die Schloßruine in der Zeit der Napoleonischen Kriege und ihre romantische Stilisierung zum Nationalsymbol.

Der Blick verfolgt den Neckarlauf aus den Tälern in die Ebene, und die Betrachtung transzendiert in einer bildungsgeschichtlichen Reflexion. Die „schwäbischen Erinnerungen“, die der Fluß mit sich führt, reichen in doppelte Zeitentiefe zurück: in erster Linie wird an die romantischen Dichter der jüngsten Vergangenheit (Kerner und Uhland vor allem) zu denken sein; aber vermittelt durch die Romantik dürfte auch die Anspielung auf die „Schwäbischen Minnesinger“ des hohen Mittelalters noch mitzuhören sein. Die Fülle der den „deutschen“ Rhein begleitenden geschichtsträchtigen Vorstellungen allein im Gesichtsfeld der Romantik kann hier nicht entfaltet werden.

Kellers Landschaftsdarstellung, der Bewegung des in die verschiedenen Himmelsrichtungen schweifenden Blicks folgend und auch sprachlich in Form der Aufzählung des Wahrgenommenen der sinnlichen Anschauung nachahmend, registriert die historisch bedeutsamen Orte, erfaßt die poetisch aufgeladenen und kulturgeschichtlich redenden Elemente des Landschaftsraumes. Die ästhetische Wahrnehmung stimuliert allerorten die historische Erinnerung, öffnet kulturgeschichtliche Tiefendimensionen. So bewährt Keller das ästhetische Vermögen einer auch poetischer Gestaltung vorarbeitenden Erinnerung, gelegentlich selber in poetischen Stil verfallend, wenn er beispielsweise in einer an Eichendorff gemahnenden Wendung formuliert: „dem gebrochenen Bergpalaste vorbei“.

Die Geschichtlichkeit der Heidelberger Landschaft wird im späteren Zusammenhang der Skizze *Die Romantik und die Gegenwart* noch einmal thematisiert. Zunächst folgt aber der oben analysierten Schilderung der Landschaft eine Reflexion auf den ihr eigenen ästhetischen Reiz und die Wirkung ihrer Schönheit auf die subjektiven Empfindungen; dies geschieht in generalisierender Optik:

„Ich spekulierte just über die Art von Sehnsucht, welche das Anschaun eines schönen Landstrichs in uns erweckt; denn schon oft glaubte ich beobachtet zu haben, daß die schönste Landschaft, gerade weil sie so schön ist, noch irgend eine Befriedigung unerfüllt läßt und irgend einer unbekannten Ergänzung ermangelt. Besonders die klare Ferne tut dies aller Orten, so wie fern glänzendes Wasser. Ebenso überkommt einen dies Gefühl, in einem tüchtigen, stillen Wald, wenn man allein ist. Wie ich also darüber nachdachte, was dies Fehlende wohl sein möge, gingen Fremde an mir vorüber und ließen das Wort ‚romantisch' in meine Ohren fallen.

Wie ein heller Glockenton ertönte alsobald das Wort Romantik in mir wieder. Ich hatte seit Jahr und Tag dieses Begriffes nicht mit Liebe gedacht, obgleich ich alle Jahre wenigstens einen seiner Vertreter wieder lese; aber in diesem Augenblicke war es mir, als ob er dasjenige sein müßte, was zum Genusse des vor mir liegenden Landes gehört, wie Salz zum Brote. Alle Poesie bedarf zuvorderst eines günstigen Terrains, eines entsprechenden Bodens, auf welchem ihre Gebilde leben und handeln können. Dies nährende Land muß sogar vor den Leuten vorhanden sein und dem Ganzen den Grundton geben. In Neapel und Sizilien, am Strande des Meeres, hat Goethe erst den Homer und das antike Leben recht begriffen, und er wurde sofort zu eigener Produktion in jenem Sinne angetrieben. Der Norden mit seiner düstern See, mit seinen gigantischen Wolkenmassen, mit seinen mattsonnigen Heiden nährt wieder andere poetische Gestalten, welche sich zu den griechischen verhalten wie er selbst zum Süden. In unserer schönen Mittelzone, links und rechts vom Rheine, können aber seine schattenhaften Riesen so wenig Platz finden, als Achill und Odysseus angemessenen Raum für ihre Taten finden würden; es bedarf hier einer dritten Sorte von Leuten und Trachten, von Schicksal und Lebensart, von Göttern und Menschen, und hier mag man sich drehen wie man will, ich glaube, man wird am Ende doch eingestehen müssen, daß die Romantik im oben angedeuteten besseren Sinne der einzige und beste Ausdruck ist für das, was man bisher beim Anblick dieser mäßigen Berge und Flüsse, dieser Wälder und Felder, dieser Burgen und alten Städtchen fühlte, abgesehen von aller lächerlichen und schlechten Tendenz und vorausgesetzt, daß die Geschichte überall einen tüchtigen Boden durchblicken lasse.

Ich sage bisher. Wenn jede Poesie ihren gehörigen landschaftlichen Boden braucht, so braucht auch jede Landschaft ihre poetischen Bewohner; am liebsten möchten wir selbst eine tüchtige Rolle darin spielen; ist dies nicht der Fall, so müssen die Vorfahren, welche auf diesem Boden wandelten, mit ihrem poetischen Leben aushelfen, und dies haben gerade die Romantiker bisher am besten vermittelt; denn mich wenigstens dünkt, daß durch ihre Gläser besehen das Land noch einmal so reizend geworden ist."

In einer generalisierenden Reflexion versucht Keller zunächst, sich die Erfahrungen einer unbefriedigten Aisthesis des Naturschönen überhaupt klarzumachen.[36] Die schöne Landschaft – und hier gilt die Heidelberger Umgebung als Paradigma – wirkt auf die Sinne keineswegs rein ästhetisch; und die Rationalisierung der sinnlichen Wahrnehmung im Sinne der Kantischen Bestimmung des interesselosen Wohlgefallens am geschauten Schönen als einer dem Gegenstand selber zukommenden Zweckmäßigkeit ohne Zweck will nicht gelingen.[37] Die Schönheit der

Landschaft rührt die Affekte auf, ja sie weckt eine Art von Begehren, damit das Gefühl eines Mangels. Ihre Attraktion entspricht einer erotischen Ausstrahlung und Wirkung: das Erotische ruft eine Sehnsucht nach Ergänzung hervor. So hat die Erfahrung einer ungenügsamen Anschauung der Natur in der Struktur des platonischen Eros-Mythos ein Analogon. Das Naturschöne ist für sich selbst nicht bedeutsam genug. Es kommt in den Blick in seiner Energie, die aufs Gefühl, romantisch gedacht: auf die Seele und auf die Empfindungen wirkt. Voraussetzung der von Keller bedachten Begleiterscheinungen sinnlicher Wahrnehmung der Landschaft ist ein gemeinromantisches Naturverständnis. Dies charakterisiert die Verbindung von harmonikaler und sympathetischer Struktur.[38] Die Natur ‚redet',[39] und diese Anrede will verstanden werden. Ihre sinnliche ‚Rede' aber regt auf, irritiert, verlangt nach Klärung, nach einer ‚Katharsis'. Dazu bedarf es einer Vermittlung, einer „Ergänzung", welche dem Gefühl des Mangelhaften abhilft und zu einem geistigen Genuß führt. Keller beruft die Vorstellung des „Salzes", des Gewürzes, womit das vor Augen Liegende erst wirklich genießbar wird.

In typisch romantischen Perspektiven (Blick in die Weite, in die „klare Ferne" und aufs Meer, man denke hier nur an die Bilder Caspar David Friedrichs oder auch an Eichendorffs Landschaften) und in der bevorzugten Situation der Einsamkeit (der romantischen – durch Tieck geprägten – „Waldeinsamkeit") sieht auch noch Keller, romantische Topoi der bildenden Kunst wie der Literatur zitierend, die Erfahrung unbefriedigter Naturanschauung bestätigt. Und wenn beim Stichwort „romantisch" der Gedanke zündet und der Spaziergänger das fehlende „Salz" gefunden zu haben meint, dann verrät die Explikation dieser Erkenntnis, daß Keller an die romantische *Kunst* denkt, welche „zum Genusse des vor mir liegenden Landes gehört". Hegels *Ästhetik* und deren Begründung notwendiger Wiedergeburt des geistlosen Naturschönen im Geist des Kunstschönen wird man hier nicht unbedingt berufen müssen.[40] Keller dürfte indessen die romantische Reaktion produktiv werdender Aisthesis im Sinne haben, den Goetheschen und dann auch romantischen Gedanken einer Zusammenwirkung von Natur und Kunst, notwendiger Verwandlung der Naturanschauung ins Medium künstlerischer Gestaltung. Der als notwendig begriffene Vorgang einer Transformation des Geschauten ins Bild der Kunst oder Literatur könnte noch mit Hegel im Einklang stehen. Doch die Begründung für solche Metamorphose ist keine ontologische mehr, sondern eine psychologische: das dem ‚erotisch' wirkenden Reiz der Landschaft sich aussetzende Subjekt bedarf einer ‚Katharsis' seiner Empfindungen im Medium der künstlerischen

Objektierung. Und die wahrgenommene Landschaft ist auch für Keller wie für die Romantiker nicht „geistlos", sondern als Kultur- und Bildungslandschaft immer schon mit Geschichte verwoben. Künstlerische Gestaltung vermag den Blick für diese Dimension der in Natur einwohnenden Geschichte zu schärfen. Und die romantische Kunst und Literatur, die nun als die Ermöglichung des geistigen Genusses dieser konkreten Heidelberger Landschaft, als die notwendige „Ergänzung" und mögliche Erfüllung der sinnlich wachgerufenen Sehnsucht erkannt wird, erweist sich weiterem Nachdenken Kellers als eine historisch auf diesem Nährboden gewachsene und zugleich als eine historisch vermittelnde (hermeneutische) Erscheinung. Die im Medium romantischer Kunst schon gedeutete Landschaft hilft nun nicht nur den Genuß zu erhöhen; sie klärt die Anschauung auch ab, lenkt die reflektierende Betrachtung der Kulturlandschaft und öffnet den Blick für ihre Geschichtlichkeit, für ihre historische Tiefendimension.

Keller begreift die seine eigene Anschauungsweise noch prägende „romantische Aisthesis" in ihrer künstlerischen Vermittlung freilich als eine bereits „historische"; und auch ihre Landschaftsgebundenheit wird als eine raum-zeitliche und geschichtliche Kondition eingesehen. Die Romantik ist dem historischen Bewußtsein Gottfried Kellers eine vergangene (wenn auch noch immer wirkende) Epoche; ihre in Kunst und Literatur manifest gewordene Anschauung von Natur und Geschichte wird als eine historische und geschichtlich fortwirkende ‚Weltanschauung' erkannt. Keller erfaßt in einem nächsten Gedanken auch noch die Wechselwirkung von Landschaft und Anschauungsform: die Romantik ist in einer besonderen Weise mit dieser Heidelberger Landschaft verbunden; ja nur in dieser „schönen Mittelzone", in dieser spezifischen Seelenlandschaft konnte sie überhaupt entstehen. Keller sieht also den historischen Kairos romantischer Kunst (und nun muß man hinzufügen: in Deutschland) mit der Heidelberger Landschaft verknüpft. Romantik gilt ihm als die angemessene produktive Anwort auf die spezifische Landschaft, die als ein günstiges Terrain eine freilich historisch begrenzt wirksame ‚Rede' der Natur als Herausforderung an die Kunst darstellt.

Keller hat erkannt, daß die „poetischen Bewohner" dieser Landschaft unter den eigenen Zeitgenossen nicht mehr zu finden sind. Sein Blick in die Gegenwart, der die neuen zeitgeschichtlichen Tendenzen und die veränderte ‚Weltanschauung' erfaßt, bestätigt ihm, daß die romantische Anschauungsweise als ein authentisch-geschichtlicher Augenblick nicht mehr möglich scheint. Nur noch mit den geborgten Augengläsern der romantischen Vorfahren scheint die Wiederholung produktiver und genußvoller Aisthesis möglich. Der rasche „Verfall der alten Welt“, den Keller beispielsweise in einem Brief an Hermann Hettner reflektiert,[41] schärft das historische Bewußtsein für die immer größer werdende Distanz zur Romantik, ihrer Naturanschauung und ihrer Kunst. Die modernen Künstler, die als Erben der romantischen „poetischen“ Bewohner dieses Landes unter veränderten historischen Bedingungen ihrerseits „eine tüchtige Rolle darin spielen“ wollen, können freilich nicht mehr naiv zurück ins Vergangene. Die gegenwärtigen zeitpolitischen Umstände machen es unausweichlich, daß auch die moderne Kunst die Romantik nicht einfach reproduziert, sondern daß sie sich auf den neuen Zeitgeist engagiert einläßt. Die unmittelbar zurückliegenden Jahre, die Geschichte nach 1830, die politischen Bewegungen der Gegenwart, haben in Kellers Augen die Notwendigkeit politischer Orientierung auch der Kunst ergeben; und die jüngste Geschichte hat – Kellers Urteil zufolge – auch die ideologische Bedeutung der Kunst, besonders der historisch gewordenen Romantik, erkennen lassen. Solchen Einsichten verdankt sich indessen auch die Hoffnung auf eine ganz neue Natur- und ‚Weltanschauung‘ – und auf eine neue Kunst, welche im Unterschied zur Romantik Natur und Lebensverhältnisse vielleicht prosaischer und nicht mehr in erster Linie „unter der Form der Vergangenheit“ anschaut, aber ihr romantisches Erbe, das Poetische, dabei nicht preisgibt. Das Recht auf eine „Reichsunmittelbarkeit der Poesie“[42] muß Gottfried Kellers Überzeugung entsprechend auch noch dem Dichter im „Zeitalter der Prosa“ bleiben:

> „Gegenwärtig aber ringt alle Welt nach einem neuen Sein und nach einem neuen Gewande. Ein Teil sucht dies im Vergangenen, von oben herab möchte man am liebsten sich wieder ganz zurückstürzen und wird es im ersten besten günstigen Momente versuchen, von unten herauf will man vorwärts, in ein neues Leben. (...)
>
> Doch komme es, wie es wolle: aus der Reibung dieser verschiedenen Tendenzen ist schon Handlung und Poesie die Fülle entstanden, und mithin sind die bisherigen Surrogate entbehrlich in Hinsicht der poetischen Bevölkerung unserer Räume. Die Junitage zu Paris, der ungarische Krieg, Wien, Dresden, und vieleicht auch Venedig und Rom, werden unerschöpfliche Quellen für poetische Produzenten aller Art sein. Eine neue Ballade sowohl wie das Drama, der historische Roman, die Novelle werden ihre Rechnung dabei finden. Daß man sie aber auch unmittelbar am Leben selbst findet, habe ich nun in der badischen Revolution gesehen.“[43]

Gottfried Keller verabschiedet die romantische Poetisierung der Natur und der Welt als historisch vergangen; und er nimmt zugleich von seiner eigenen Romantik selbstkritisch Abschied. Aber dies geschieht in der geschichtlich begründeten Hoffnung, daß etwas Neues „aus der Dialektik der Kulturbewegung hervorgeht“,[44] an der als bewußter Zeitgenosse er selber teilhat, aber auch die Kunst.

Anmerkungen

1 Joseph von Eichendorff, Werke, hrsg. v. Wolfdietrich Rasch, München/Darmstadt 1971, S. 1527. – Vgl. hierzu den Beitrag von Peter Pfaff, S. 153–169.

2 Über die lebensgeschichtlichen Zusammenhänge, die Voraussetzungen und Motive für Kellers Heidelberg-Stipendium sowie über die mit dem Heidelberger Studienaufenthalt verknüpften Bildungspläne informiert am ausführlichsten: Emil Ermatinger, Gottfried Kellers Leben. Mit Benutzung von Jakob Baechtolds Biographie, Stuttgart/Berlin 4./5. Auflage 1920, Kap. VII, S. 189 ff. – Ferner: Erwin Ackerknecht, Gottfried Keller. Geschichte seines Lebens, Konstanz 1961 (4. Aufl. hrsg. v. Carl Helbling), S. 119–145. – Keller selbst gibt Auskunft hierüber in seiner autobiographischen Skizze von 1883.

3 Vgl. z. B. Kellers Brief an Johann Salomon Hegi vom 28. 1. 1849. Kellers Studien der Landschaftsmalerei und ihrer Geschichte in München sowie seine künftige Beschäftigung mit dem Malen in den Züricher Jahren hat extensiv sein autobiographischer Roman *Der grüne Heinrich* dargestellt. Einige Landschaftsbilder Kellers findet man neuerdings abgedruckt bei: Walter Baumann, Gottfried Keller. Leben–Werk–Zeit, Zürich und München 1986. – Natürlich geht Keller auch in seinen Skizzen zur Autobiographie auf die Erfahrungen dieser Jahre ein: vgl. Gottfried Keller, Sämtliche Werke und ausgewählte Briefe, hrsg. v. Clemens Heselhaus, Bd. III, (Hanser) München 1958, S. 831 ff. – Nach dieser Ausgabe wird auch im Folgenden zitiert (mit der Abkürzungssigle „SW“ und Bd.-Nr.), wenn nicht auf die kritische Ausgabe ausdrücklich verwiesen wird.

4 Die Briefe aus der Heidelberger Zeit sind ein beredtes Zeugnis für die große Bedeutung Feuerbachs. Ludwig Feuerbachs *Vorlesungen über das Wesen der Religion* im Wintersemester 1848/49 – nicht in Räumen der Universität, sondern auf dem Rathaussaal gehalten, denn Feuerbach war nicht offiziell von der Universität, sondern von Studenten eingeladen worden – hat Keller besucht. Der Text dieser Vorlesungen „ vor einem gemischten Publikum“ (wie Feuerbach selber schreibt) findet sich in der Werkausgabe des Akademie-Verlags Berlin 1984 (3. Aufl.), Bd. 6. – Über die Wirkung Feuerbachs, dieser „gegenwärtig weitaus wichtigste(n) historische(n) Person in der Philosophie“, sagt Keller das Wichtigste im Brief an Wilhelm Baumgartner vom 28. 1. 1849 (= SW Bd. III, S. 1082 ff.; Zitat = S. 1083).

5 SW Bd. III, S. 301.

6 Vgl. Kellers Brief an Wilhelm Baumgartner aus Berlin vom 27. 3. 1851 = SW Bd. III, S. 1119 ff.; Zitat = S. 1120.

7 SW Bd. III, S. 1083.

8 Ebd. S. 1084.

9 So hat er beispielsweise dem Maler-Freund Bernhard Fries gelegentlich geholfen „untermalen“. Vor allem aber sind eine ganze Reihe von Gedichten hier entstanden, so z. B.: *Heimweh*, *Melancholie* oder Gedichte auf Johanna Kapp wie „Ich bete in der Frühe“ und „Ich fühlte

wohl, warum ich dich/ O teures Weib so sehr geliebt,/ So stark, so wahr, so inniglich,/ So ohne Wahn geliebt!" u. a. m. – Baumgartner berichtet Keller im schon erwähnten Brief vom 28. 1. 1849 (= SW Bd. III, S. 1085) über ein episches Gedicht und fügt hinzu, es seien „auch aus hiesiger Landschaft schon ein paar lyrische Gedichtchen entsprungen". Vermutlich denkt er an *Die Schifferin auf dem Neckar I/II.*

10 Brief an August Adolf Ludwig Follen vom Herbst 1849 (= SW Bd. III, S. 1089). – Follen hatte übrigens früher in Heidelberg studiert, gehörte zum dortigen republikanischen Kreis der Burschenschaft und ist auf einer Federzeichnung Fohrs („Fohr und seine Freunde von der Deutschen Lesegesellschaft im Heidelberger Schloßgarten") ‚verewigt' worden.

11 Diese Erkenntnis verdanke ich einem bisher noch ungedruckten Vortrag von Jens Christian Jensen (Kiel) über „Heidelberg in der Bildkunst um 1800", der in einem Sammelband *Heidelberg im säkularen Umbruch* (hrsg. v. Friedrich Strack) Stuttgart 1987 bei Klett-Cotta erscheinen wird.

12 Vgl. zu Kellers zeitpolitischen Beobachtungen in Heidelberg und zur kritischen Auswertung seiner Zeugnisse aus dieser Zeit u. a.: Carl Winter, Gottfried Keller. Zeit – Geschichte – Dichtung, Bonn 1971 (= Literatur und Wirklichkeit Bd. 9), S. 251 ff. – Das Wort vom „Kriegslärm", „welcher sich lange um Heidelberg herumzog", findet sich im Brief an die Mutter und Schwester vom 24. 7. 1849 (= Ges. Briefe, hrsg. v. Carl Helbling, Bern 1950 ff., Bd. I, S. 97. Dort heißt es auch: die badische Revolution (Mai/Juni 1849) habe seine „Finanzverhältnisse ganz verwirrt" (ebd. S. 96).

13 SW Bd. III, S. 1079.

14 Vgl. den Anm. 13 nachgewiesenen Brief an die Mutter und Schwester vom 31. 10. 1848 (ebd., S. 1078) und die Briefe an Hegi vom 28. 1. 1849 und an Baumgartner vom nämlichen Datum und die Fortsetzung vom 21. 2. (ebd., bes. S. 1087).

15 Vgl. Anm. 4. – Zur Bedeutung Heidelbergs für Kellers Bildungsgeschichte vgl. z. B. auch: Erwin Ackerknecht, Heidelberg im Leben Goethes und Gottfried Kellers, Heidelberg 1949.

16 Über den Privatdozenten Dr. Hettner, „welcher in Italien war und ein vortreffliches Buch zum Verständnis der antiken Kunst geschrieben" habe, und welcher „außer Spinoza" auch „Literaturgeschichte" lese, „sehr gut" zudem über Ästhetik, berichtet Keller z. B. im Brief an Baumgartner vom 28. 1. 1849. Dort heißt es auch in höchster Anerkennung von Hettner: „Er ist, sozusagen, eine vollkommene Blüte unserer modernen Geisteskultur" (SW Bd. III, S. 1084). – Keller und Hermann Hettner werden Freunde.

17 Auch Professor Henle wird im Brief an Baumgartner porträtiert (vgl. SW Bd. III, S. 1084 f.). Sein Vortrag sei „ein wahrer Kunstgenuß". Keller bedauert nur, „daß Henle ein eigentlich leidenschaftlicher Monarchist ist."

18 Die historischen Studien bei den bekannten Heidelberger Historikern sollten Keller auf seine ins Auge gefaßte Laufbahn als Dramatiker vorbereiten.

19 Bernhard Fries ist der Bruder des neben Fohr vielleicht bedeutendsten Heidelberger Malers der Romantik, Ernst Fries.

20 Über Christian Philipp Koester, der keineswegs als ein Landschafter abgestempelt werden kann, welcher sich stilistisch an Vorläufern Hackerts orientiere (wie Keller vermutet), äußert sich Keller überhaupt ungerecht. Koester hat durchaus Bilder gemalt, die romantischen Stimmungslandschaften nahekommen. Diesen Hinweis danke ich Herrn Dr. Bahns vom Kurpfälzischen Museum.

21 SW Bd. III, S. 1080. – Im Zusammenhang des Briefes ist mit dem „eigentlichen Platze der Literatur" nicht Heidelberg, sondern Deutschland allgemein gemeint.

22 Textabdruck des Brücken-Gedichtes hier nach SW Bd. III, S. 430. – Vgl. Sämtliche Werke hrsg. v. Jonas Fränkel und Carl Helbling, Erlenbach/München und Bern/Leipzig 1926–1949, Bd. 15, 2, S. 3; Kommentar zum Text = S. 200.

23 Vgl. Anm. 22 (Krit. Ausg. Bd. 15, 2, S. 3). – Vgl. Walter Muschgs Kommentar zum Text in seiner Anthologie „Gottfried Keller. Ausgewählte Gedichte", Bern 1956, S. 196; ferner zum Kontext dieses Heidelberg-Gedichtes das Vorwort, S. 11ff. passim. – Vgl. ferner Rudolf K. Goldschmits Deutung dieses Gedichts als eines „privaten Bekenntnis(ses)" Kellers in der Einleitung zu seinem Buch „Heidelberg als Stoff und Motiv der deutschen Dichtung", Berlin/Leipzig 1929, S. 27f.

24 Vgl. Kellers Brief an Johanna Kapp vom 7. 12. und 11. 12. 1849 (= SW Bd. III, S. 1089ff.; Zitat = ebd., S. 1089). – Zum Biographischen ferner die schon genannten Biographien!

25 Vgl. Anm. 24.

26 Vgl. Sämtl. Werke, krit. Ausg., Bd. 15, 2, S. 200.

27 Zur Phasengliederung der Lyrik Kellers vgl.: Luzius Gessler, *Lebendig begraben*. Studien zur Lyrik Gottfried Kellers, Bern 1964, S. 7ff.; ferner: Bernd Neumann, Gottfried Keller. Eine Einführung in sein Werk, Königstein/Ts. 1982, Kap. VIII, S. 303–330.

28 Diesem Motiv, welches eine „Grunderfahrung Kellers von der schönen Welt" und vom „Sinn der Sinnlichkeit im weitesten Verstande" begreift (wie Arthur Henkel in seinem Nachwort zum *Grünen Heinrich*, 1. Fassung, Frankfurt (M) 1961, S. 573 schreibt), geht Herbert Anton im Blick auf die Lyrik nach: H. Anton, *Stille Grundtrauer*. Die Schwerkraft der Dichtungen Kellers, in: ders. (Hrsg.), Invaliden des Apoll. Motive und Mythen des Dichterleids, München 1982, S. 113–131. Das Zitat „ Stille Grundtrauer" entstammt einem Brief Kellers an W. Petersen vom 21. 4. 1881; Ges. Briefe, hrsg. v. Carl Helbling, Bd. III, 1, Bern 1952, S. 381.

29 Goethe: Tagebuch der dritten Schweizer Reise vom 26. 8. 1797 = zitiert hier nach der Artemis-Gedenkausgabe von Goethes Werken, hrsg. v. Ernst Beutler, Bd. 12 (Biographische Einzelschriften), Zürich 1949, S. 110.

30 Adolf Muschg, Gottfried Keller: München 1977 (auch als Suhrkamp TB Nr. 617, Frankfurt (M) 1980).

31 Gerhard Kaiser, Gottfried Keller: Das gedichtete Leben, Frankfurt (M) 1982.

32 SW Bd. III, S. 1090.

33 SW Bd. III, S. 1088f. (Hervorhebungen im Text vom Vf.).

34 SW Bd. III, S. 1017–1020.

35 Jean Paul, Vorschule der Ästhetik § 22, zitiert nach: Sämtliche Werke, hist.-krit. Ausg., 1. Abt., Bd. 11, Weimar 1935, S. 77.

36 Zum Problem vgl. Hans Robert Jauß, Aisthesis und Naturerfahrung, in: Jörg Zimmermann (Hrsg.), Das Naturbild des Menschen, München 1982, S. 155–182.

37 Kant, Kritik der Urteilskraft § 2, § 10 und 11, zitiert nach: Immanuel Kant, Werke, hrsg. v. Wilhelm Weischedel, Bd. 8, Darmstadt 1968, S. 280f.; S. 298–300.

38 Die geistesgeschichtlichen Voraussetzungen des romantischen Naturverständnisses beleuchtet Jörg Zimmermanns Versuch einer Geschichte des ästhetischen Naturbegriffs, wobei er vor allem auch auf die Nachklänge des metaphysischen Naturbegriffs eingeht: vgl. J. Z., Zur Geschichte des ästhetischen Naturbegriffs, in: ders. (Hrsg.), Das Naturbild des Menschen, aaO., S. 118–154.

39 Zum Topos „Buch der Natur" vgl. Ernst Robert Curtius: Europäische Literatur und lateinisches Mittelalter, 2. Aufl. Bern 1954, S. 323–329 u. ö. – Für die romantische Rezeption dieses Topos scheint mir das Buch von Alexander von Bormann sehr wichtig zu sein, auch wenn

er den Blick hier auf Eichendorff konzentriert: A. von Bormann, Natura loquitur. Naturpoesie und emblematische Formel bei Joseph von Eichendorff, Tübingen 1968 (= Studien zur deutschen Literatur Bd. 12). – Zur Wirkungs- und Deutungsgeschichte vgl. zudem: Hans Blumenberg, Die Lesbarkeit der Welt, Frankfurt (M) 1986 (= stw 592).

40 Vgl. Hegel, Ästhetik, hrsg. v. Friedrich Bassenge, Bd. I, Frankfurt(M) o. J., S. 134 ff., wo Hegel den Mangel des Naturschönen begründet und zu zeigen versucht, inwiefern dieser Mangel „uns auf die Notwendigkeit des *Ideals* als des *Kunstschönen* hinleiten wird" (S. 137). – Auf die „Inhalte" der Landschaftsmalerei kommt Hegel zu sprechen: Bd. II, aaO., S. 206 f.

41 Vgl. SW Bd. III, S. 1116 (= Brief an Hermann Hettner, Berlin, 4. 3. 1851, in dem Keller die Unmöglichkeit, zu den klassischen Mustern „zurück"-zukönnen, reflektiert und sich die Geschichtlichkeit des Humanitätsstrebens bewußt macht).

42 Vgl. hierzu Kellers Brief an Paul Heyse vom 27. 7. 1881 = SW Bd. III, S. 1249 ff.; Zitatnachweis = S. 1251.

43 SW Bd. III, S. 1018 f.

44 Vgl. hierzu den Brief Kellers an Hermann Hettner vom 26. 6. 1854 = SW Bd. III, S. 1136 ff.; Zitatnachweis = S. 1139. Auf Kellers Romantikkritik gehen ein: Rätus Luck, Gottfried Keller als Literaturkritiker, Bern/München 1970, S. 210 ff.; Emil Staiger, Gottfried Keller und die Romantik, Zürich 1938 (= 6. Jahresbericht der G. Keller-Gesellschaft 1937, S. 3 ff.).

Bibliographische Notiz zu Heidelberg in der Dichtung

von

Udo Benzenhöfer

Bibliographien

Goldschmit, Rudolf K.: Heidelberg als Stoff und Motiv der deutschen Dichtung. Berlin und Leipzig 1929 (Stoff- und Motivgeschichte der Deutschen Literatur Bd. 5). Darin S. 37–46: Bibliographie.
Kosch, Wilhelm: Heidelberg, in: Deutsches Literatur-Lexikon. Biographisches und bibliographisches Handbuch. 2., vollständig neubearbeitete und stark erweiterte Auflage. Bern 1953, Bd. 2, S. 883f.
Luther, Arthur, Friesenhahn, Heinz: Heidelberg, in: Land und Leute in deutscher Erzählung. Ein biobibliographisches Literaturlexikon. 3. gänzlich veränderte und ergänzte Auflage von „Deutsches Land in deutscher Erzählung" und „Deutsche Geschichte in deutscher Erzählung". Stuttgart 1954, Sp. 125–128.
Pfeffer, Ilse: Geschichte Heidelbergs – Heidelberger Geschichten. Ein Auswahlverzeichnis heimatkundlichen Schrifttums aus dem nordbadischen Raum anläßlich des Jubiläums der Stadtbücherei Heidelberg 1906–1981. Stadtbücherei Heidelberg 1981. Darin S. 103–106: Heidelberger Literatur.
Rosenberg, Marc: Quellen zur Geschichte des Heidelberger Schlosses. Mit einer Einleitung: Das Heidelberger Schloss in seiner kunst- und culturgeschichtlichen Bedeutung von K. B. Stark. Heidelberg 1882. Darin S. 186–204: Heidelberger Schloß-Literatur bis 1733; S. 204–226: Heidelberger Schloß-Literatur nach 1733.
Schmitt, Franz Anselm: Heidelberg, in: Stoff- und Motivgeschichte der deutschen Literatur. Eine Bibliographie. 3., völlig neu bearbeitete und erweiterte Auflage. Berlin und New York 1976, S. 127.

Quellensammlungen

Benzenhöfer, Udo und *Erdmann, Eva* (Hrsg.): Dir schenken ein kunstlos Lied. Heidelberg-Gedichte. Essen 1985.
Buselmeier, Michael (Hrsg.): Heidelberg-Lesebuch. Stadt-Bilder von 1800 bis heute. Frankfurt am Main 1986.
Goldschmit, Rudolf K. (Hrsg.): Heidelberg in Gedichten und Bildern. Stuttgart 1925.
Hartmann, Emil (Hrsg.): Wir rühmen dich, Heidelberg. Dichter und Denker preisen Stadt und Schloß. Heidelberg (1964).
Heidelberg. Ein Lesebuch. Die Stadt Heidelberg einst und jetzt in Sagen und Geschichten, Erinnerungen und Berichten, Briefen und Gedichten. Gesammelt und herausgegeben von Diethard H. Klein und Teresa Müller-Roguski. Husum 1986.
Hoenninger, Waldemar (Hrsg.): Alt-Heidelberg im Burschenlied. Heidelberg 1910.
Lange lieb' ich dich schon Heidelberg. Textauswahl Wolfgang Gensheimer, Heidelberg 1986.
Mays, Albert (Hrsg.): Heidelberg gefeiert von Dichtern und Denkern seit fünf Jahrhunderten. Heidelberg 1886.

Pfeffer, Dieter (Hrsg.): Heidelberger Almanach. 2. Auflage Heidelberg 1968 (1. Auflage Heidelberg 1949).
Poensgen, Georg (Hrsg.): Heidelberg. Ansichten aus alter Zeit. Honnef 1957 (Die Rheinbücher Neue Folge Bd. 15).
Ruperto Carola. Illustrierte Festchronik der V. Säcular-Feier der Universität Heidelberg. Redaktion Karl Bartsch. Nr. 1–12. Heidelberg 1886.

Darstellungen

Benz, Richard: Heidelberg. Schicksal und Geist. Konstanz 1961.
Buselmeier, Michael: Mythos Heidelberg, in: Auch eine Geschichte der Universität Heidelberg, hrsg. von Karin Buselmeier, Dietrich Harth und Christian Jansen. Mannheim 1985, S. 491–500.
Derwein, Herbert: Ein Führer durch moderne Heidelberg-Erzählungen, in: Kurpfälzer Jahrbuch (1928), S. 146–155.
Derwein, Herbert: Heidelberg und die deutsche Literatur, in: Die Stadt Heidelberg, hrsg. von Ernst Walz, Joseph Friedrich Amberger und Erwin Stein. Berlin 1928, S. 76–90 (Monographien deutscher Städte Bd. 28).
Goethe und Heidelberg. Unter Mitarbeit von Richard Benz u. a. hrsg. von der Direktion des Kurpfälzischen Museums. Heidelberg 1949.
Goldschmit, Rudolf K.: Das Heidelberger Schloß in der deutschen Dichtung, in: Preußische Jahrbücher 192 (1923), S. 29–42.
Günther, Herbert: Heidelberg und das neuere deutsche Schrifttum, in: Friedrich Ernst Meinecke (Hrsg.): Große Liebe zu Heidelberg. Bekenntnisse deutscher Dichter und Schriftsteller zu einer deutschen Stadt. Heidelberg 1954, S. 273–286.
Heinemann, Günter: Heidelberg, 2., durchgesehene Auflage, München 1984.
Letsch, Maximilian: Die Vergangenheit, o du Teilhaber meiner Leiden. In: Badische Heimat 43 (1963), S. 10–23.
Pfaff, Karl: Heidelberg und Umgebung. 3., umgearbeitete Auflage besorgt von Rudolf Sillib. Heidelberg 1910 (Frankfurt r1978).
Sauer, Fritz: Das Heidelberger Schloß im Spiegel der Literatur. Eine Studie über die entwicklungsgeschichtlichen Phasen seiner Betrachtungsweise. Heidelberg 1910 (Heidelberger Abhandlungen zur mittleren und neueren Geschichte Heft 27).
Strack, Friedrich (Hrsg.): Heidelberg im säkularen Umbruch. Traditionsbewußtsein und Kulturpolitik um 1800, Stuttgart 1987.
Witkop, Philipp: Heidelberg und die deutsche Dichtung. 2., durchgesehene Auflage Leipzig 1925 (1. Auflage Leipzig 1916).
Zimmermann, Hans-Joachim: Der alte Affe zu Heidelberg. Quellen, Probleme und Bedeutungen, in: Der Heidelberger Brückenaffe. Beiträge zur Stadtgeschichte, hrsg. von Wilm Weber. Heidelberg 1979, S. 17–82.

Verzeichnis der Abbildungen

in alphabetischer Reihenfolge der Künstler

Bildnachweise

Der überwiegende Teil der Abbildungen beruht auf Vorlagen, die das Kurpfälzische Museum, Heidelberg, zur Verfügung gestellt hat. Die Abbildungen S. 80 und 144 bis 149 gehen auf Vorlagen zurück, die aus Privatbesitz stammen. Die Genehmigung zur Wiedergabe der Abbildung auf S. 171 erteilten die Nationalen Forschungs- und Gedenkstätten der klassischen deutschen Literatur in Weimar, Goethe-Nationalmuseum Weimar.